高等院校通识课教育精品系列教材
“互联网+”新形态一体化精品教材

新时代劳动教育教程（微课版）

主　编◎赵　明　周葛龙　栾长雨

U0921821

微课音频
微课视频
教学课件
电子教案
资源丰富

配套教学资源扫码学习

湘潭大学出版社
XIANGTAN UNIVERSITY PRESS

图书在版编目（CIP）数据

新时代劳动教育教程 / 赵明，周葛龙，栾长雨主编．
湘潭 ： 湘潭大学出版社， 2024．7．-- ISBN 978-7-5687-1524-9

Ⅰ．G40-015

中国国家版本馆 CIP 数据核字第 2024ED4521 号

新时代劳动教育教程

XINSHIDAI LAODONG JIAOYU JIAOCHENG

赵明 周葛龙 栾长雨 主编

责任编辑：张宝香 唐姝莹
封面设计：李 杰
出版发行：湘潭大学出版社
社　　址：湖南省湘潭大学工程训练大楼
电　　话：0731-58298960 0731-58298966（传真）
邮　　编：411105
网　　址：http://press.xtu.edu.cn/
印　　刷：定州市新华印刷有限公司
经　　销：湖南省新华书店
开　　本：787 mm×1092 mm 1/16
印　　张：14.75
字　　数：325 千字
版　　次：2024 年 7 月第 1 版
印　　次：2024 年 7 月第 1 次印刷
书　　号：ISBN 978-7-5687-1524-9
定　　价：48.00 元

本书编委会

主　编　赵　明　周葛龙　栾长雨

副主编　裴　培　张　旭　黄占宇　林占东

编　委　陈友伟　李　坤　史　艺　孙桂岩

王　婷　张胜平　冀勇钢　王　月

任　龙　宋　阳　孙　冲　娄文涛

金永亮　张春尧　陈洪亮　赵宇航

前 言 PREFACE

党的二十大报告中指出，要“深入实施人才强国战略”，“坚持尊重劳动、尊重知识、尊重人才、尊重创造”，并号召“在全社会弘扬劳动精神、奋斗精神、奉献精神、创造精神、勤俭节约精神”。本书以党的二十大报告中习近平总书记关于劳动教育的重要论述和教育部印发的《大中小学劳动教育指导纲要（试行）》为指导编写而成，并根据《中华人民共和国爱国主义教育法》相关要求，将爱国主义教育内容融入了本书中。全书紧扣职业院校育人要求，坚持落实立德树人的根本任务，立足培养学生正确的劳动价值观念。

本书内容充分反映行业前沿技术，积极体现产业发展的新技术、新工艺、新规范、新标准，在内容编排上，本书设置了劳动创造美好生活、劳动能力认知、劳动精神认知、劳模精神认知、工匠精神认知、日常生活劳动教育、社会生产劳动教育、社会服务性劳动教育、劳动安全认知等 9 个项目；在编写体例上，该书的每个专题均设置“学习目标”“榜样引领”“任务工单”“拓展阅读”“思政之窗”等模块，内容由浅入深，引导学生循序学习。

本书具有以下特点：

1. 本书从职业学校学生的实际出发，突出职业院校学生学习的特殊性，以培养学生的劳动意识、劳动行为和劳动精神为目标，注重提高学生的生活技能和劳动技能，促进学生德智体美劳全面发展，社会适应能力和整体素质明显提升。

2. 把满足社会发展的需要和个人发展的需求有机结合起来，易于学生掌握基本的生活技能和必要的劳动技能，增强社会竞争力。

3. 注重实用性，内容充实、图文并茂，可操作性强。通过本教材的学习，学生不仅可以掌握基本的生活技能和劳动技能，而且能够培养感恩意识、吃苦耐劳的精神，磨炼意志。

本书内容翔实，应用性强，适合各职业院校作为教材选用，也适合对劳动教育感兴趣的个人自学选用。

在本书的编写过程中，我们参考、引用了大量相关书籍和资料，在此向原作者表示衷心的感谢。

由于编者水平有限，缺漏或不当之处在所难免，敬请读者批评指正。

编 者

CONTENTS

目 录

3
项目三
劳动精神认知

4
项目四
劳模精神认知

5
项目五
工匠精神认知

9 项目九 劳动安全认知

1 项目一 劳动创造美好生活

学习目标

知识目标

△了解劳动的内涵及本质。

△了解劳动教育的主要内容。

△了解当代青年学生正确劳动观。

能力目标

△理解劳动的属性。

△体悟新时代劳动的新内涵。

△理解学校劳动教育的意义。

素质目标

△在生活中体会劳动创造美好生活。

△热爱劳动，尊重普通劳动者。

△在日常生活中培养自己的劳动意识。

榜样引领

山东省劳动模范孔祥配

2023 年 4 月 27 日，在山东省庆祝“五一”国际劳动节暨省劳动模范和先进工作者表彰大会上，济南机务段动车组司机孔祥配荣获山东省劳动模范荣誉称号。从内燃机车司机到动车组司机，从时速 120 千米到 350 千米，从业 21 年来，孔祥配见证了“中国速度”的不断提升和中国铁路的高质量发展。

在万里铁道线上，孔祥配心怀高铁梦，扎根“三尺台”，精益求精、追求卓越，开一趟车保一趟安全、保一趟正点，在平凡的岗位上作出了不平凡的业绩。截至 2023 年 3 月底，他累计安全行车 241 万千米，相当于绕地球赤道 60 余圈。

2002 年，孔祥配毕业来到中国铁路济南局集团有限公司济南机务段工作，凭借着扎实的理论功底和刻苦努力，孔祥配在同批学员中连续创造了多个“第一”，第一个考上副司机，第一个考上内燃机车司机，第一个走上全国青年文明号——共青团号 0039 机车组的驾驶台，第一批电力机车司机，同时也是完成济南局集团公司电力机车牵引任务的第一人。2007 年 3 月，孔祥配以济南局第二名的成绩通过选拔，获得了去西南交大参加动车组培训的机会。同年 6 月，24 岁的他顺利通过了铁道部第十批动车组司机考试，成为当时全路最年轻的动车组司机。

走上动车组司机岗位以后，孔祥配认真践行“手握闸把子、心系坐车人”的工作理念，将平稳操纵、让旅客体验更美好作为自己的努力方向，苦练业务本领，提高驾驶技艺，迅速成长为能够熟练掌握各型动车组的“全能手”。先后参与了胶济客专、京沪高铁、济青高铁、鲁南高铁、潍莱高铁、日兰高铁、济莱高铁等山东省省内所有新建高铁的联调联试工作，也让他成了身边职工群众心目中实至名归的“开路先锋”。

2019 年 8 月，经过胶济客专、京沪高铁等多次联调联试考验的孔祥配，再一次加入了鲁南高铁联调联试工作中。这次他要面对 4 次不同速度试验且速度误差不超过 3% 的挑战，其中莒南北站到临沂北站有一个坡度为 25‰的 500 米节点，要求控速 5 千米 / 时，允许的误差只有 1 千米 / 时。他实地勘察现场，白天与同事们驾驶试验列车在新线上平稳运行采集检测数据，晚上跟同事们对重点区段的操纵要点进行整理、分析，总结形成了“准时机、稳加速、精制动”操纵法。在孔祥配的努力下，试验不但实现了列车在“过山车”式的路况面前如履平地的舒适感，还取得了长大坡道低速控速误差 0.5 千米 / 时的好成绩，更是创造了鲁南高铁第一速 388 千米 / 时的记录。

2021 年 8 月，孔祥配作为济南机务段济南动车车间业务骨干率队参加日兰高铁曲阜至菏泽至庄寨段联调联试工作，在这条 190 多千米的线路上，300 千米时速以下限速变化地点多达 10 余处，列车运行时速达到 300 千米以上时，限速变化达到 20 多处，且全部采用人工控车，任务难度系数极大。面对一系列的“拦路虎”，孔祥配先后查阅技术资料，将全线所有的数据汇入操纵提示卡。他还组织团队成员集思广益，列出 18 项亟待解决的技术难点，由大家按照各自特长自选课题，全部攻克。并在雨天条件下完成了巨野北至菏泽东、菏泽东至庄寨间多个地点的时速 385 千米加速、制动“零误差”，为恶劣天气安全行车收集了精准且宝贵的数据。

2022 年，在济莱高铁联调联试过程中，全长 117 千米的济莱高铁给孔祥配出了一个难题，25 处隧道，最长的达 4.8 千米，还有长度为 5 千米、坡度 13‰的连续上坡，如何保障综合检测列车实现高于线路设计速度 10% 的速度运行即运行时速 385 千米，完成达标测试，成为他工作的重中之重。经过数据分析，孔祥配研究制定动能闯破实验法，在雪野至莱芜北间圆满完成了试验任务，为济莱高铁顺利开通奠定了基础。

……

手握闸把子，心系坐车人，练就真本事，开好安全车。参加工作21年来，孔祥配干一行、爱一行、精一行，凭借高度的责任感和过硬的操纵本领，在“三尺驾台”展现着高铁司机的亮丽风采，9 个联调联试登乘证、5 本厚厚的行车日记，见证了这位高铁“开路先锋”与新建高铁的不解之缘，也见证了中国高铁建设的飞速发展历程。

（来源：国铁济南局：山东省劳动模范孔祥配，情系高铁鉴赤诚，《齐鲁晚报·齐鲁壹点》2023 年 4 月 28 日）

任务一 劳动和劳动教育

任务工单

“致敬普通劳动者”主题活动

没有环卫工人，哪有干净整洁的大街；没有保安员，哪有小区的祥和平安；没有快递员，哪能方便、快捷地买到心爱之物……每一座城市的美丽，都离不开基层劳动者辛勤的汗水和无私的付出。只要为社会创造价值，服务于人民，就是光荣的，只要是劳动者，就该得到承认和尊重。

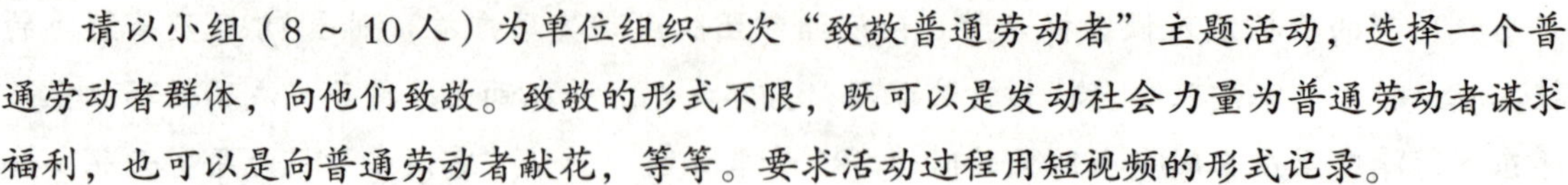

请以小组（8～10人）为单位组织一次“致敬普通劳动者”主题活动，选择一个普通劳动者群体，向他们致敬。致敬的形式不限，既可以是发动社会力量为普通劳动者谋求福利，也可以是向普通劳动者献花，等等。要求活动过程用短视频的形式记录。

【过程记录】

活动开展计划：

____

____

活动开展关键点：

____

____

活动开展难点及解决方案：

____

____

心得体会：

____

____

【结果评价】

教师可参考表1–1对各小组“致敬普通劳动者”主题活动进行评价。

表1–1 “致敬普通劳动者”主题活动评价表

评价标准	分值	得分	教师评价
提前做好活动方案的策划	20分		
给劳动者们带来了感动	20分		
分工合理，各成员均积极参与	20分		
活动形式有新意	20分		
短视频剪辑精美	20分		

一、劳动与劳动教育认知

（一）劳动概说

劳动是人类社会中最为普遍的活动，每个人每天都需要从事。它发生在我们身边，是我们最为熟悉的活动之一。然而，尽管劳动如此普遍，我们却未必能够清晰地理解它的内涵、过程、不同类型、属性、价值以及对社会和个体的意义。因此，本项目旨在通过深入探讨劳动及劳动价值观等相关内容，帮助学生形成对劳动的清晰和正确认识。

劳动不仅仅是一种生存必需的活动，还是社会发展和繁荣的关键因素之一。它包括各种不同类型的工作，从体力劳动到脑力劳动，都有其独特的特点和价值。劳动的过程涵盖了计划、执行、评估等多个阶段，它不仅仅是为了赚取生计，还可以带来自我实现感和社会认可度。

在社会主义社会中，劳动被视为实现自我价值、创造社会财富的重要途径，同时也被视为培养人的品德、提高人的能力的重要手段。因此，树立正确的劳动价值观对于个人和社会的发展都具有重要的意义。劳动价值观念是指人们对劳动的看法和重要性的理解，它可以因文化、社会背景和个人信仰而异，但它们对一个社会的发展和价值观念有着深远的影响。正确的劳动价值观可以促进社会公平和人类尊严，而错误的观念则可能导致不平等和社会不稳定。

因此，通过对劳动及劳动价值观的深入研究和教育，我们可以帮助学生更好地理解劳动的本质、重要性以及对个体和社会的意义。这将有助于培养有责任感、社会意识和尊重他人劳动的公民，从而为更加繁荣和和谐的社会作出贡献。

1. 劳动的内涵与本质

（1）劳动是人类最普遍的活动

在人类的生活中，要生产某种产品，比如衣服，就需要进行特定种类的生产活动。这种生产活动虽然是最为常见和相对简单的劳动活动，但它包括了劳动的本质特征和所有必要要素。通常情况下，生产衣物的活动包括生产的目的、操作方式、操作对象、操作手段和操作结果等方面。我们通常将这种生产活动称为劳动。实际上，劳动活动的对象和手段可以多种多样，但从最终结果来看，所生产的物品都具备有用性。这意味着劳动活动总是以不同程度的方式产生有益效果。例如，清洁工的劳动使环境变得干净卫生，理发师的劳动则让他人的发型变得美观整洁等等。尽管这两种劳动没有生产出具体的产品，但它们同样具有对他人有益的特点。

劳动之所以成为人类最常见的活动，是因为它满足了人的生存需求。首要的是人需要生存。只有生存下来，人才能涉足更高级的精神、意识、科学和艺术领域。劳动是满足这一基本需求的手段，它为人类提供了食物、衣物、住所以及其他必需品，使人们能够生存并追求更高层次的文化和智慧。

（2）劳动的本质

劳动作为人类最基本的活动，其内涵往往并不为人们所认识。马克思指出："如果把生产活动的特定性质撇开，从而把劳动的有用性质撇开，劳动就只剩下一点：它是人类劳动力的耗费。尽管缝和织是不同质的生产劳动，但二者都是人的脑、肌肉、神经、手等等的生产消耗，从这个意义上说，二者都是人类劳动。"

关于劳动的内涵，马克思明确地指出："劳动力的使用就是劳动本身。"劳动过程就是个体运用其智力和体力的过程。正是在这个过程中，人不仅改变着自然对象，同时人自身也得到了重塑和改善。不同的劳动形式都是体力作用于自然物的方式，即人借助一定的工具使物发生形式上的改变，从而使形式得到改变的物成为对人来说有用的东西。因此，物品之所以有价值，正是因为它们都凝结着劳动。

（3）劳动的双重塑造意义

因劳动而改变的并不仅仅是对象物，还有劳动者自身。“臂和腿、头和手运动起来”作用于自然对象，一方面改变了劳动对象，另一方面也改变着劳动者自身的“臂和腿、头和手”。从劳动即对劳动力的使用角度看，劳动既是个体应用其智力和体力的过程，同时也是普遍地增加和改善个体智力和体力的过程。正是在后一种意义上，劳动才具有了真正的教育意义和价值。劳动作为个体对自己劳动力的使用，即通过身体的智力和体力的付出而介入对象物。由此，劳动一方面使得对象物发生改变，从而实现劳动的对象化；另一方面则实现个体的自我改变。

2．劳动的分类

为了更好地理解劳动，我们可以按照不同的标准对劳动进行分类。

（1）生产劳动与非生产劳动

就劳动结果的物质形态而言，劳动结果既有存在物质实体的商品，也有非物质虚拟的商品，由此便有非生产劳动之说。

若按劳动的自然形态区分，生产劳动指的是创造物质财富的劳动，包括工业、农业、建筑业、交通运输业和邮电业等生产部门中的劳动，以及生产过程在流通领域中继续的那部分劳动，如商品的分类、加工、包装、保管等。从事生产劳动的劳动者并不一定都亲自动手或直接参加生产，只要他的劳动属于生产劳动总体的一部分，如从事劳动管理、技术管理、人事管理、工艺流程设计等，就都属于生产劳动。

非生产劳动相对于生产劳动，指的是直接或间接进行非物质资料生产的劳动，它不是人类社会一开始就有的，而是随着物质资料生产的发展，随着人们对精神生活、医疗教育、生活服务等各方面需求的不断增长而出现的。

生产劳动是人类社会存在与发展的基础，它为非生产劳动提供了存在和发展的条件，而非生产劳动又为生产劳动的发展提供了精神动力和智力支持。自从人类社会出现非生产劳动后，非生产劳动与生产劳动一样，它们都是社会分工体系中不可缺少的部分。例如，作家创作启迪思想的文艺作品，以丰富读者的思想内涵，陶冶读者的思想情操，这是非生产劳动。若作家想将自己创作的文艺作品印刷成书，供读者阅读和欣赏，则需要到印刷厂交给工人印刷，并且需要纸张、油墨等生产资料。印刷成书过程中的排版、校对、装订等活动，都是生产劳动。

若按劳动创造的价值区分，既能创造使用价值又能创造剩余价值的劳动为生产劳动，而只能创造使用价值的劳动是非生产劳动。

在社会主义社会里，人们所进行的社会管理活动是非生产劳动，创造精神财富的基础科学研究、教育、文学艺术等也属于非生产劳动，这些都对促进经济繁荣、社会进步和丰富人民生活有重要作用。

（2）体力劳动与脑力劳动

体力劳动是指以使用或消耗体力为主的劳动；脑力劳动是指以使用或消耗脑力为主的劳动。体力劳动是脑力劳动的基础，脑力劳动支配体力劳动，二者共同创造劳动价值。也就是说，在劳动中体力劳动和脑力劳动是共有的，只是对某项或某类具体劳动来说，从计划到完成的过程中，其体力劳动和脑力劳动所占的比例不同而已。

人的任何活动都是体力劳动和脑力劳动共同作用的结果。例如农业劳动中的种植，虽然它以体力劳动为主，但它需要人通过脑力劳动来确定植株的位置等。又如写作劳动，虽然它以脑力劳动为主，但它需要人依靠双手在纸张上写字或在计算机的键盘上进行操作。

（3）具体劳动与抽象劳动

具体劳动是指在一定的具体形式下进行的劳动。具体劳动体现着人和自然的关系，是劳动的自然属性。

抽象劳动是指一种去除具体形式、具有普遍性和无差别的劳动形式，它代表了人类劳动力在生理学意义上的支出或消耗。这种劳动形式反映了商品生产者之间的经济关系，并展现了劳动的社会属性。

在商品生产条件下，当人们的经济联系通过劳动产品的相互交换实现时，耗费在这些劳动产品上的人类的劳动力，才能被当作一般人类劳动被“抽象”出来。因此，抽象劳动是一种社会关系，是商品经济所特有的。

具体劳动和抽象劳动是统一且对立的。一方面，商品生产者在进行具体劳动时，同时也付出抽象劳动，它们在时间上和空间上都是统一的，二者不可分割；另一方面，具体劳动和抽象劳动是生产商品时劳动的两种不同属性，对应的分别是劳动的自然属性和社会属性。

（4）简单劳动与复杂劳动

一般情况下，简单劳动表示的是在一定社会条件下，不必经过特别训练，每个正常的劳动者都能从事的劳动。复杂劳动则是指需要经过专门训练，具有一定技术专长的劳动者才能从事的劳动。复杂劳动包含较多技巧和知识的运用，是加倍的简单劳动。

除了以上 4 种分类，根据劳动者付出劳动的必要程度，劳动还可分为必要劳动和剩余劳动；根据是否使用新知识、新技术、新方法，劳动还可分为常规劳动和创新劳动；根据生产产品的不同，劳动还可分为物质生产劳动和精神生产劳动。总之，劳动可以按照不同的标准，分为不同的种类。

3. 劳动的属性

马克思主义的劳动理论中关于劳动的属性可概括为：劳动是积极的、创造性的活动。

（1）劳动的积极性

劳动作为一种积极的活动，其本质在于劳动者有目的地进行操作。劳动产品的概念，在劳动行为启动之初，便已在劳动者的思维中得以客观预设。所谓积极的活动，不仅体现在劳动者对自然力的有效利用上，更重要的是它彰显了作为主体的人在此过程中的活跃参与。因此，劳动应当被视为一种积极的介入过程，而非消极的承受状态。在劳动实践中，劳动者需全面调动体力、智力、注意力及意志力等多维度能力，以确保劳动的高效与优质。

（2）劳动的创造性

劳动的创造性是马克思主义劳动理论对劳动价值的深刻洞察与认知。它强调劳动本身所蕴含的创造性价值。从普遍意义上讲，劳动的创造性主要体现在其物质财富的创造、人类社会历史的推动，以及人的生命本质的塑造上，这一过程同时促进了个体的自我实现。从实际劳动过程来看，劳动的创造性体现在克服劳动目的实现过程中所面临的种种障碍。劳动，作为连接人与自然的物质交换活动，其核心在于改变劳动对象的外在形态，这一过程实质上也是个体主观意愿的客观化过程。无论是生产性劳动还是非生产性劳动，均蕴含着创造性要素。即便是那些看似重复的家务劳动，也无不体现出劳动的创造性特质。

（3）劳动的要素

劳动的要素是：劳动客体（劳动对象）、劳动中介（劳动工具）、劳动主体（劳动者）。劳动是这三要素所组成的静态结构以及这三要素相互作用的动态过程。

①劳动客体

劳动客体，又叫作劳动对象，是劳动活动作用于其上的客观物质实体。一般而言，劳动客体包括两大类：未经人类改造的天然的、纯粹自然的客体和经过人类改造的人工客体。前者不包含人的劳动，后者则是天然客体与人的劳动活动的合成物，已经物化、凝结了人的劳动活动。

②劳动中介

劳动中介，又叫作劳动工具，是人类赖以与自然界进行物质变换的桥梁和通道，是人类实现改造自然、创造物质财富的绝对必要的手段。劳动中介不仅仅实现了劳动生产力的量的增长，更重要的是，它使人的劳动与动物的活动具有了本质区别，可以说，制造和使用工具是劳动的本质特征，而不制造和使用工具的活动就不能叫作劳动。

③劳动主体

劳动主体，又叫作劳动者，是整个劳动过程的出发点，是直接物质资料生产的发起者，是通过制造和使用工具改造自然界的积极力量。劳动者的积极性、主动性、能动性和创造性表现在：第一，劳动者是劳动目的的设定者，劳动或者是为了满足劳动者的自然物质需要，或者是为了满足劳动者的主体性需要，或者是为了同时满足这两种需要；第二，劳动者是劳动计划的制定者，劳动总是按照劳动者事先制订的程序和蓝图而展开的；第三，劳动者是劳动工具的制造者和使用者，即使是智能化和自动化的劳动工具，最终也离不开劳动者的设计、制作、操纵和控制；第四，劳动者是劳动对象的发现者、加工者和改造者；第五，劳动者是劳动结果即劳动产品的吸收者和消化者，他们不仅把劳动产品看作是劳动目的的实现和对自己辛勤劳动的回报，而且将其看作是自己主体性力量的实现和确证。人们不仅通过物质消费活动吸取来自自然界的物质、能量和信息，而且通过精神消费活动来吸取劳动产品中所包含的精神价值和意义。

4. 数字经济下的劳动形态

随着移动互联网、大数据、云计算、人工智能等信息技术的不断发展，数字经济时代已经全面来临。伴随着数字经济的蓬勃兴起，一种新型的劳动模式——数字劳动也应运而生。数字劳动的出现改变了人们的传统认知，日益成为数字经济时代人们生产生活中不可或缺的劳动形式，并催生出新兴的职业。

“数字劳动”一词最早由意大利学者蒂齐亚纳·泰拉诺瓦于2000年在《免费劳动：为数字经济生产文化》一文中提出。随后，以“数字劳动”为主题的学术会议陆续召开。目前，学术界对数字劳动的看法有两种：一种认为，数字劳动是区别于物质劳动的文化、知识、信息生产和消费的非物质劳动；另一种认为，数字劳动涵盖了数字媒介生产、流通与使用所牵涉的脑力与体力劳动的多种形式，即使在互联网领域，脑力劳动仍是基于人类肉体的物质性大脑活动，并未离开自然与物质，因此，数字劳动归根结底也是物质劳动。虽然上述两种观点对数字劳动概念的界定存在属性上的差别，但二者都认为数字劳动是非物质性或物质性的生产劳动，能够生产商品和剩余价值。

不同学者对数字劳动具体形式的划分有所差异，但他们都认为数字劳动是数字技术、互联网领域中创造剩余价值的非物质劳动形式，可以大体划分为有酬劳动和无酬劳动两种形式。

2019年4月、2020年2月、2020年7月和2021年3月，人力资源和社会保障部、国家市场监督管理总局与国家统计局联合向社会分批发布的4批新职业中，人工智能工程技术人员、大数据工程技术人员、网约配送员、人工智能训练师、全媒体运营师、互联网营销师、信息安全测试员、电子数据取证分析师等都可归属于数字劳动者范畴。大数据时代，各国学界、学者为改善数字劳动者的工作和生活状况，不断创新研究方法。而我国的正面回应和建制化，是对数字劳动者的认同，同时对其职业行为规范、权益保障和社会监管提供了进一步发展、改善的空间和可能。

（二）劳动教育概说

劳动教育，简而言之，是一种旨在培养个体劳动技能、劳动习惯以及劳动精神的教育活动。它不仅涵盖了劳动技能的学习和实践，还包括了对于劳动价值观的培养和认同。

1. 劳动教育的主要内容

（1）学生要树立正确的劳动观点，懂得劳动的伟大意义。要认识到人类的历史是劳动人民创造的历史，是一部生产发展的历史。辛勤劳动是社会主义和共产主义建设的根本保证，是公民的神圣义务和权利。轻视体力劳动和体力劳动者是数千年来剥削阶级的思想残余，必须予以摒弃。同时，把脑力劳动同体力劳动相结合具有十分重要的意义。只有通过劳动实践，才能培养热爱劳动的习惯和艰苦奋斗的精神。因此，应该重视劳动，尊重劳动者，以劳动为荣。

（2）培养劳动习惯与劳动精神

在每个人的成长道路上，培养和弘扬劳动习惯与劳动精神是至关重要的一环。正如古语所言："勤能补拙，俭以养德。"劳动不仅能够强健体魄，更能够磨砺人的意志，增强其责任感。

然而，劳动习惯与劳动精神的培养并非一蹴而就，而是需要持之以恒、不断实践和探索的过程。在这个过程中，我们可能会遭遇困难和挫折，但只要坚定信念、勇往直前，定能收获丰硕的成果。

同时，学生必须清醒认识到，劳动习惯与劳动精神的培养是一个长期且持续的过程。必须不断学习、提高自己的劳动能力，积极适应社会的变化和发展。只有这样，才能在未来的生活中更好地发挥自身价值，为社会的进步和发展作出更大的贡献。

（3）学习是学生艰巨的脑力劳动

青年学生从小勤奋学习，不仅是为了应对当前的学业挑战，更是为了储备知识和技能，以备将来担负起艰巨的建设任务。此外，还应正确对待升学、就业和分配。在面对这些人生抉择时，理性思考，积极面对挑战，作出明智的决策。同时，树立正确的职业观念，以积极的态度迎接就业市场的挑战。

劳动教育，还要通过生产劳动和公益劳动等来实施。学生在校期间，要按照教学计划的规定，适当参加劳动。

拓展阅读

劳动教育的缘起

劳动本身具有"教育"之义，而"劳动教育"是以体力劳动与物质生产劳动为基础，在家庭生活、职业生活、社会生活等场域中进行的教育活动。劳动教育源于劳动与教育的有机融合，出自个人发展的需要，又出于现实实践的缺失。

1. 源于劳动与教育的融合

所谓"劳动教育"，一言以蔽之，就是"劳动＋教育"。但劳动教育并不是劳动和教育的简单相加，而是劳动与教育的有机融合。从教育性方面来看，劳动教育是一种劳动的教育，教育者对学生进行劳动知识、劳动技能、劳动态度以及劳动情感等方面的教育；从劳动性方面来看，劳动教育是一种教育的劳动，学生的劳动知识、劳动技能、劳动态度以及劳动情感等方面的发展是通过劳动获得的。

2. 出自个人全面发展的需要

"劳动教育"是以提升学生劳动素养的方式促进学生全面发展的教育活动。劳动教育是在一定教育思想的指导下，树立正确的劳动观和劳动态度、传授科学的劳动知识和技能、开展有效的劳动实践、养成良好的劳动习惯、提高实践能力和创新精神、促进个体全面发展的育人活动。

3. 出于教育践行的缺失

在基础教育阶段，劳动教育的相关课程改革早已开展，但是实施落实的效果并不是很好。这种课程的边缘化形态、知识或技术为学习导向的结果评价以及“劳心者治人、劳力者治于人”的传统观念，极大地阻碍了劳动教育的开展，阻碍了学生正确的劳动观念的形式。

2. 劳动教育的意义和目标

劳动是推动社会进步的原动力，也是人们成长的必要课堂。我国古人既有“一屋不扫，何以扫天下”之问，也有“一室之不治，何以天下家国为”之训。

（1）劳动教育的意义

2018 年，“要在学生中弘扬劳动精神，教育引导学生崇尚劳动、尊重劳动，懂得劳动最光荣、劳动最崇高、劳动最伟大、劳动最美丽的道理，长大后能够辛勤劳动、诚实劳动、创造性劳动。”这对劳动教育提出了新的更高要求。习近平总书记对在学生中弘扬劳动精神的讲话主要有三个层次：一是积极引导，努力让学生崇尚劳动、尊重劳动，对劳动有端正的态度；二是持续教育，让学生懂得劳动最光荣、劳动最崇高、劳动最伟大、劳动最美丽的道理，对劳动有正确的认识；三是大力提倡，让学生长大后能辛勤劳动、诚实劳动、创造性劳动，为党、国家和人民作出更大的贡献，对劳动有具体的行动。

①重视劳动、强调教育与劳动相结合是马克思主义重要的主张

马克思主义哲学认为，劳动推动社会历史进步，是人作为人之最本质最显著的特征。马克思在《1844 年经济学哲学手稿》中指出：“正是在改造对象世界中，人才能真正地证明自己是类存在物。”他强调：“对社会主义的人来说，整个所谓世界历史不外是人通过人的劳动而诞生的过程。”因此，人民创造历史，劳动开创未来。劳动是推动人类社会进步的根本力量，是人民美好生活的源泉。构建德智体美劳全面培养的教育体系，加强劳动教育，是回归人之本质、回归学生自身的主体性教育方式，能够帮助学生在自主实践中发现自我，通过双手改变和创造自己的生活。

②加强辛勤劳动教育，培养学生奋斗精神

《周易》中说：“天行健，君子以自强不息。”自强不息是中华民族的优良传统，是改善民生、创造人民幸福生活的重要保证。正如习近平总书记指出的，“人世间的一切幸福都需要靠辛勤的劳动来创造”。从一定意义上说，学生德行的养成、奋斗精神的培养始于辛勤劳动教育。引导学生在成长过程中能辛勤劳动并以此为荣，树立劳动最光荣、劳动最崇高、劳动最伟大、劳动最美丽的信念，这是教育的重点与方向。鼓励学生主动辛勤劳动，践行孝敬父母、尊重老师、乐于助人等德行，通过日积月累的点滴劳动塑造学生正确的人生观价值观。在教学中，以体验式教学使学生感悟自身的变化与成长，理解辛勤劳动

对于丰富和发展自我的重要性，激发学生在未来学习生活中努力奋进、自主追求与实现梦想的勇气。

③加强诚实劳动教育，培养学生诚信品质

所谓“诚实劳动”，在于敬业实干，热爱并踏实做好自己的工作，充分发扬工匠精神；还在于发乎本心，遵循天道。习近平总书记在讲到“诚实劳动”对国家发展、人民生活的意义时指出，“人世间的美好梦想，只有通过诚实劳动才能实现；发展中的各种难题，只有通过诚实劳动才能破解”。“诚者，天之道也。”每个人要从集体利益出发，不弄虚作假、消极怠工，要诚实劳动，遵守职业道德，学习并遵循社会发展的规律，努力为国家社会经济发展作出贡献。在诚实劳动教育的实践中，重在学生“诚”的品质的培养。

④加强创造性劳动教育，提高学生创造能力

建设中国特色社会主义现代化强国，要大力实施创新驱动发展战略，将经济发展与科技创新紧密结合。这对我国教育事业的发展提出了新的更高要求。通过提倡“创造性劳动”，重点培养一支专业技能过硬、自主创新能力高的新型劳动者队伍，以适应时代发展需要，实现教育、科技与经济三者协调统一发展。我们要推动教育与劳动相结合，发挥劳动教育在人的全面发展中的重大作用，为国家人才培养、科技创新、经济发展提供强有力的力量。正如马克思所言，真正的问题“在于改变世界”，而“劳动教育”就是新时代我们砥砺前行、创造美好生活最有力的实践。

（2）劳动教育的目标

①劳动教育的总体目标，是让学生有创造幸福生活的能力。劳动教育是对学生进行人生教育的根本。只有劳动，人类才能生存、繁衍和发展；只有劳动，社会才能进步、繁荣和昌盛。开展劳动教育，就是要让学生懂得幸福的生活是建基于辛勤劳动之上的。

让教育回归到实际的劳动实践。比如：杜威和陶行知他们所主张的开设烹饪、缝纫、家用电器维修、农作物种植与培管等，这些与我们实际生活密切相关，而又能力所能及的实际操作，我们的创造力被激活，使学生的成长与生活紧密地联系起来了。劳动教育，不但要致力于观念培育，而且重在教学生如何从劳动中体验生活的乐趣。培育一种现代“新生活”方式，推向社会，在于让孩子们获得持续创造好生活的能力。

②学校的劳动教育目标，是培养与社会主义现代化建设要求相适应，德、智、体、美、劳等全面发展，具有综合职业能力，在生产、服务、技术和管理第一线工作的高素质劳动者、专业技能人才。职业教育以培养各行各业的高素质劳动者为主旨，注重培养学生的从业技能，同时要加强学生的创业意识与就业能力的培养，使学生具有较强的适应职业，不断变更转移和自谋职业的能力。

（3）劳动习惯的养成

①从家务做起，养成劳动习惯

作为学生，要认清做家务劳动的必要性，端正劳动态度，要有意识地进行家务劳动，培养劳动习惯。家务劳动是“生活的小百科全书”，对于体质增强、智力增长、品德健全都有积极的意义。此外，通过参与家务活动，学生还能够学到实用的生活技能，为未来的生活奠定坚实的基础。因此，养成好的劳动习惯是十分必要的。

②从社会实践中做起，培养劳动习惯

良好的劳动习惯既影响劳动速度，也影响劳动质量。21 世纪是竞争更趋激烈的时代，只有具有较高的劳动素质、一定的自理能力、动手能力和创新能力，才能立足于社会，创造美丽的人生。

社会实践是学校生活中一项重要的劳动项目。大学生如何在社会、在实践中养成良好的劳动习惯呢？

首先，主动形成劳动意识。通过多种途径体会劳动的重要性和必要性。其次，学会正确使用劳动工具。最后，掌握保管劳动材料、工具的常识。知道工具的正确存放、保管方法，学会分类存放，做到分类有序，从而逐渐养成操作规范、认真细致的劳动习惯。

③合理安排劳动程序，形成高效劳动习惯

合理安排劳动程序是提高劳动效率的有效手段。在劳动中要学会统筹安排，巧妙掌握技巧。我们在劳动之前要考虑：怎样安排时间最合理？怎样的流程操作避免窝工？这次劳动中哪个环节难度最大？长期坚持这样的训练，就能养成从小处着手、节省时间的良好习惯，争取劳动前做到心中有数，杂而不乱。

④发挥集体劳动意识，打磨团结创新劳动智慧

劳动离不开协作，遇到困难要善于发挥集体的智慧，才能获得更高的劳动价值，所以我们要养成尊重和虚心听取别人的意见，与别人团结协作的良好习惯。同时，在劳动中，我们还要养成勇于创新、热爱创造的劳动习惯，要学会在劳动中去思考、发明、创造，成为一个高素质的、有智慧的劳动者。

拓展阅读

劳动教育就是素质教育

劳动教育是全面贯彻党的教育方针的基本要求，是实施素质教育的重要内容。习近平总书记在全国教育大会上的重要讲话强调：“要在学生中弘扬劳动精神，教育引导学生崇尚劳动、尊重劳动，懂得劳动最光荣、劳动最崇高、劳动最伟大、劳动最美丽的道理，长大后能够辛勤劳动、诚实劳动、创造性劳动。”高水平的人才培养需要构建德智

体美劳全面培养的教育体系。可见，劳动教育就是素质教育。

马克思指出，劳动是人的本质需要。无论体力劳动还是脑力劳动，都是劳动的类型，二者不存在价值上的优劣之分。“格物致知”的中国传统教育观念体现了深刻的实践观念，“学而时习之”的“习”指的也是“践行”。在波澜壮阔的革命、建设、改革的各个时期，我们党也一直高举“实践出真知”的大旗。当代的教育体系中，劳动教育在课程体系中更多地体现为课外活动、社会实践等形式。在教育类型的划分中更多与职业技术教育相关联。教育成就与社会分工体系、社会阶层流动的关联，使得职业教育与劳动教育一起逐渐被固化为“治于人”的地位，不被重视、受人鄙薄。

其中，高中阶段教育的职业选择较为典型地体现了当下社会的“普通教育”观。现实中，一些地方升入普通高中比升大学还难。以分数为政策标准进行分流，引发了不少学生家长的不满，在一定程度上也打击了部分孩子的学习积极性。当仔细去追问他们的“大学梦”时，他们给出的回答多是因为读大学能够找到一份好工作，好工作就是“收入高、坐在办公室、受人尊敬……”农村居民的回答更简约，就是“不用脸朝黄土背朝天”。

对此，对劳动教育、职业教育的重视不能仅仅停留在政策倡导，亦不能一直靠硬性的分数标准。更深层次的问题是应该保障职业教育人才的社会地位，一流的技术人员、工匠应该得到同等的社会尊重。当前无论多么优秀的技术技能人才，除了经济上的嘉奖，在荣誉上的尊重还是少了些。部分地区放开了公务员考试资格、落户资格，但力度还比较小，影响的范围还比较窄，没有在根本上撼动“劳心者治人”的主流观念，如此，又如何吸引、激励后来之人呢？

3. 新时代劳动教育的使命

（1）劳动树德

①劳动教育在人才培养体系中的独特地位

劳动教育是全面教育体系的重要组成部分，劳动教育与德育、智育、体育、美育既密切联系又各有特点。劳动教育在整个学校的教育体系中处于最突出的重要地位，它决定了劳动教育的自身课程体系建设应汲取德育、智育、体育、美育之精华，让学生在劳动教育的载体上以德育中塑造的世界观、人生观、价值观为指引，以体育中练就的顽强毅力和坚强体魄为基础，充分发挥在智育中培养的专业技能，呈现美育熏陶下的劳动成果，让学生在能够尽情发展其自身能力、展现其创造力的普遍性和连续性劳动中，真实体验劳动所带来的尊严感、幸福感和价值感。这体现了劳动可以树德、增智、强体、育美。但“五育”又各有侧重，不能彼此替代。

②劳动教育支撑学校立德树人的逻辑维度

在实施劳动教育以发挥其文化育人作用的过程中，通常采用“以理服人、以情感人、以行带人”的传统指导思想。所谓“以理服人”，是指教师通过“晓之以理”的方式，不仅作为传授知识的“经师”，更作为树立正确劳动价值观的“人师”，引导学生解决思想认识问题。所谓“以情感人”，是指用真正为学生谋福利的情感去打动他们，用真挚的关怀和关注去感化他们。所谓“以行带人”，是通过各种传播途径，用榜样的事迹去感染和影响他人。例如，校园里树立的励志传奇、向上向善的动人故事、刻苦努力的勤奋模范等，都是用模范的优秀劳动品格去影响和塑造学生。此外，通过“大国工匠进校园”等活动形式，让学生能够近距离感受工匠精神和劳模精神。这种以行动影响人的方式，已经成为新时代劳动教育的有效载体，帮助学生们树立劳动光荣、劳动伟大的精神观念。在劳动教育的具体实施中，我们始终保持严谨、稳重、理性、官方的语言风格。

③劳动教育在学校立德树人中的功能整合

劳动教育不是一蹴而就的，而是融于青少年成长成才的全过程。劳动教育具有鲜明的实践性特征，因此，劳动教育的有效开展既需要与人才培养体系有机匹配，又必须在现实行动中予以实施，从而实现对立德树人的支撑。

人只有在劳动中能动地发挥聪明才智，才能真正地认识自己。通过劳动，特别是集体劳动和一些富有创造性的劳动，有助于培养和激发人的集体意识、责任意识和担当意识。同时，职业院校生也要在日常生活、学习中落实好敢于吃苦、勇于奋斗的精神。在生活上，提倡勤俭节约、艰苦朴素，反对铺张浪费的生活作风；在学习上，刻苦钻研、奋发图强，孜孜不倦地学习专业知识。另一方面，艰苦锻炼铸就干事的历史担当。在恶劣的自然条件下，繁重的劳动生活能够磨炼其顽强拼搏的奋斗精神、坚毅刚强的意志品质和勇于担当的品格风范。作为青年学生来说也同样适用，在创业就业的初始阶段都是艰辛的，只有拥有吃苦耐劳的拼搏、艰苦卓绝的努力，才有可能实现人生价值。而这些都需要树立正确的劳动观，展现热爱劳动、磨炼劳动意志的精神，拥有推陈出新的魄力和勇气，提升劳动意志克服一道道难关，真正承担起为中华民族伟大复兴而奋斗的历史担当。

（2）劳动强智

①劳动是发展青少年智力和能力的阶梯

身体动作的灵敏会促进大脑的发育。人在劳动时，信号从手传到脑，又从脑传到手，脑指挥手，手又丰富了脑，刺激了脑细胞，使大脑状态更加活跃。通过对学生动手操作能力的培养，不仅能够规范学生的实验操作，更能够让学生通过具体的实验操作，增强对相关知识的理解和应用，从而构建更加完备的知识体系。

②劳动是开发青少年思维能力和创造力的桥梁

十四五岁的青少年，想象力丰富，思维灵活，而且动手能力、实践应用能力强，具有丰富的创造力。在劳动中通过擦、洗、修理、种植，让他们认识纸、木、铁、铝等物质的性质、特点、用途等；炒菜、做饭可以懂得烹调知识；修理手机可以了解电器知识；洗碗时，发现筷子漂浮，勺子下沉，从而懂得物理学的浮沉现象……在劳动中观察现象、感受知识，在劳动中解决问题、运用知识，这既可以丰富青少年的知识，拓宽眼界，把“印”书上的知识运用到实践活动中，又能够培养他们的观察、分析、判断、创造的能力，促进青少年逻辑思维和形象思维的发展，更有助于提高动手能力和学习能力。

随着科技进步，未来社会需要的是开拓型、创造性的人才，而开拓创新，既需要动脑能力，也需要动手能力。青少年只有在动手实践活动中，才能有所发现、有所发明、有所创新，才具有敏锐的洞察力、质疑能力、辨识能力、善于思考和探索的能力。而只有参加劳动实践活动，帮助学生把课堂、书本学到的知识，应用到实践中去，他们创造性思维才能得到开发。以劳启智是提高青少年智力水平有效的途径。

（3）劳动健体

劳动在培养健康体魄上也起着必不可少的作用，是有助于青少年身体健康发展的好方法。劳动能锻炼身体，增强体质，经常劳动，可以锻炼肌肉筋骨，从而使肌肉结实，关节灵活，体魄健全。医学研究表明，劳动过程是多种生理器官协调活动的过程，有利于改善呼吸和血液循环，促进肌肉、骨骼的发育，促进身体各器官的发育。法国著名教育家卢梭认为，培养身心两健的人，必须在体力劳动中才能完成。

劳动锻炼在促进青少年身体正常发育、保证其健康成长等方面起着功不可没的作用。适当的劳动锻炼，能促进青少年身体各器官的正常发育，能提高其各器官功能和其相互间的协调性；适当的劳动锻炼，能促进青少年的身高增长、体重增加，能强健其体魄、增强其体能。

劳动教育能够引导青少年树立健康生活的意识。青少年是长身体、长知识的关键时期，学习要劳逸结合，长时间使用大脑得不到放松，效率就降低，而紧张、繁重的学习之余，参加适当的劳动锻炼，能使大脑得到适当的调节、放松，从而提高学习效率。同时，在参加劳动实践中，学生能够逐渐培养卫生干净的良好生活习惯，自觉采取有益于健康的行为和生活方式，减轻、消除影响健康的危险因素，从而预防疾病，促进健康，提高生活质量。劳动教育为美育之发现者和创造者。

（4）劳动育美

①劳动发现美

马克思在《1844 年经济学哲学手稿》中多次谈道：“美就是在劳动、实践的基础上，人本质的对象化的产物和结果。”美表现在劳动上，劳动发现美。青少年在劳动中形成发现美、鉴赏美的能力，从而提高审美能力和人文素养，培养健康的审美态度和加强审美的正能量，是当今素质教育的重要任务，是培育和践行社会主义核心价值观的有效途径。通过劳动教育强化美育，以劳育美、以美育人，让青少年在劳动中感受美的各种形式，感受冷盘热炒的色香味俱全，感受手工艺品的款式各异，感受科技发明的精巧匠心，也让青少年明白“劳动不仅创造美，劳动本身就是美”，明白辛勤耕耘、皮肤黝黑的农民最美，明白默默无闻、日晒雨淋的工人最美，明白坚守岗位、默默奉献的劳动者最美。

在劳动中发现美、欣赏美，有利于青少年提高审美情趣，净化心灵。在劳动的同时，领略到“采菊东篱下，悠然见南山”之美，审美经验丰富了，人文素养提高了，生活情趣就自然而然地随之高雅起来。

②劳动创造美

人是社会的主体，生活的主人，人不仅能够发现美、鉴赏美，而且希望能够表现美和创造美。凡是有人生活的地方，那里必然有美的创造能力，人类社会一切美好的东西，都离不开人们聪明的人脑和勤劳的双手。青少年思想活跃，感情丰富，对美好的事物有无限的憧憬和不懈地追求。在劳动实践中发现美、鉴赏美的同时，会创造出属于自己心目中的美，这种审美创造力的源泉和动力来自青少年的心理需要，它为青少年张扬个性提供了广阔的空间，让青少年的情感得到释放，思维受到启迪，通过自己的思考与想象，把自己所领悟到的美用自己的双手表现出来。在劳动中创造美、体现美，能够使他们收获一种享受、一种鼓舞、一种慰藉，更能有效提高青少年的综合素质与社会实践能力，促进他们身心全面、健康地发展。

劳动与美紧密联系、不可分割。教育者应努力发现与利用劳动实践的美育因素，来培养青少年的审美能力，引导他们在劳动实践中发现美、欣赏美、创造美、体验美。在求知中领略美感，在实践中追求创新，让学生通过对劳动美的感知、体验与追求，接受美的滋润和熏陶，成为具有一定审美创造能力的人，是当今素质教育的目标。

（5）劳动提能

现代社会的工业化进程太快，加上数字化、信息化，导致现在的青少年心智成熟缓慢。为什么会出现这样的倒退呢？很重要的一个因素就是工业化进程太快，动手机会大大减少了，动手能力也都大大减弱了。

①劳动能力就是生存能力

劳动教育从某种意义上说是一种生存教育。对青少年进行素质教育，不仅要提高他们的学习成绩，更要让他们学会课本以外的知识。现在的青少年大多是独生子女，劳动的概念对他们来说都很模糊。

要让学生了解劳动是推动历史前进的动力，是社会发展的纤绳，是时代进步的阶梯。劳动创造财富，劳动创造辉煌，劳动创造世界。试看中国的“四大发明”，美国的航天飞机，英国的“克隆羊”，推动世界历史前进的伟大成果都离不开劳动。了解劳动不仅推动了历史前进，还创造着我们的今天。

②大学生提高劳动技能的途径

随着社会的快速发展和竞争的日益激烈，劳动技能已经成了大学生必备的素质之一。劳动技能不仅能够帮助大学生更好地适应市场需求，提高就业竞争力，还能为他们的未来职业生涯奠定坚实的基础。那么，大学生应该如何提高劳动技能呢？

首先，大学生应该通过课堂学习来掌握基本的劳动技能。无论是专业知识的学习，还是通识教育课程，都能够为大学生提供丰富的知识和技能储备。在学习过程中，大学生应该注重理论与实践相结合，积极参与课堂讨论和实践活动，不断加深对所学知识的理解与掌握。

其次，大学生可以通过实习和兼职等方式来积累实际工作经验。通过实习，大学生能够亲身感受职场环境，了解工作流程和规范，培养解决实际问题的能力。同时，兼职工作也能够让大学生更好地了解市场需求，提高自己的职业技能和综合素质。

另外，大学生还可以通过自我学习和实践来不断提高自己的劳动技能。随着互联网的普及，大学生可以利用网络资源自主学习各种知识和技能。同时，他们还可以通过参与各种社团活动和志愿服务等实践项目，锻炼自己的组织能力和团队协作能力。

总之，提高劳动技能对于大学生来说具有重要意义。大学生可以通过多种途径提升自己的劳动技能，为未来的职业生涯奠定坚实的基础。在这个过程中，大学生还需要保持积极的学习态度和进取精神，不断追求进步和突破，以应对日益激烈的市场竞争。只有这样，他们才能在未来的职场中立于不败之地，实现自己的人生价值。

二、生产力与劳动教育的关系

（一）生产力和新质生产力概说

1. 生产力概说

按照恩格斯的观点，从本源看，生产力是具有劳动能力的人和生产资料相结合而形成的改造自然的能力。古猿通过劳动转化为人产生劳动生产力，是生产力形成的标志和历史上的开始。所以，生产力就是人实际进行生产活动的能力，也是劳动产出的能力，是具体劳动的生产力。生产力的表现是生产中的主体行为以及这些行为的结果的存在，即劳动产物。按主体性质的不同，生产力可分为自然生产力和社会生产力。

在科学研究活动中，生产力的研究是分两块进行的。一是工艺学对生产的物质内容的研究，把握物质世界的物质运动以及人本身的生理运动及其实践模式。这就是以生产力实践科学为依托的各门自然学科。二是生产力理论科学。后者对生产力运动方式和运动构造进行研究。这一方面的工作内容是多学科的交叉渗透的结果，如涉及地理学、文化学、考古学，因此不独是自然科学，而同时囊括了社会科学的一些基础领域。

在狭义上看，生产力指的是再生生产力，即人类创造新财富的能力。

从横向来看，生产力分为个人生产力、企业生产力、社会生产力；从纵向来看，生产力分为短期生产力和长期生产力；从层次来看，生产力分为物质生产力和精神生产力。

生产力是生产力系统的功能，组成生产力系统的要素包括劳动者、劳动资料、劳动对象。学术界把马克思关于劳动者、劳动资料和劳动对象的这一论述后来概括为生产力的三要素，这是生产力的实体性要素（硬件构成），即它们是一切时代的生产力所共有的基本要素。除此以外，还有科学技术、科学管理、劳动的热情和积极性，被称为生产力的非实体性要素（软件构成），社会文化制度体制环境——生产力系统的结构就是组成生产力系统的要素之间的关系。生产力系统结构的对称程度决定生产力的发展速度，生产力系统的结构如果对称，生产力发展速度就快；生产力系统的结构如果不对称，生产力发展速度就慢，所以生产力的发展是主客体相互作用、资源再生的结果，是社会系统的整体功能，是增长向发展转化的中间环节。

生产力发展水平的高低是由生产力要素构成的系统与其所处的政治、经济、社会、文化、生态等环境体系相互聚合匹配的结果。

2. 新质生产力概说

2023 年 9 月，习近平总书记在黑龙江考察调研期间提到“新质生产力”。

2024 年 1 月 31 日，习近平在中共中央政治局第十一次集体学习时强调，加快发展新质生产力，扎实推进高质量发展。

2024 年 3 月 5 日，李强总理在作政府工作报告时强调，大力推进现代化产业体系建设，加快发展新质生产力。

那么，什么是新质生产力呢?

（1）新质生产力的概念、定义及核心要素（图 1–1）

新质生产力是创新起主导作用，摆脱传统经济增长方式、生产力发展路径，具有高科技、高效能、高质量特征，符合新发展理念的先进生产力质态。它由技术革命性突破、生产要素创新性配置、产业深度转型升级而催生，以劳动者、劳动资料、劳动对象及其优化组合的跃升为基本内涵，以全要素生产率大幅提升为核心标志，特点是创新，关键在质优，本质是先进生产力。

新质生产力是生产力现代化的具体体现，即新的高水平现代化生产力（新类型、新结构、高技术水平、高质量、高效率、可持续的生产力），是以前没有的新的生产力种类和结构，相比于传统生产力，其技术水平更高、质量更好、效率更高、更可持续。

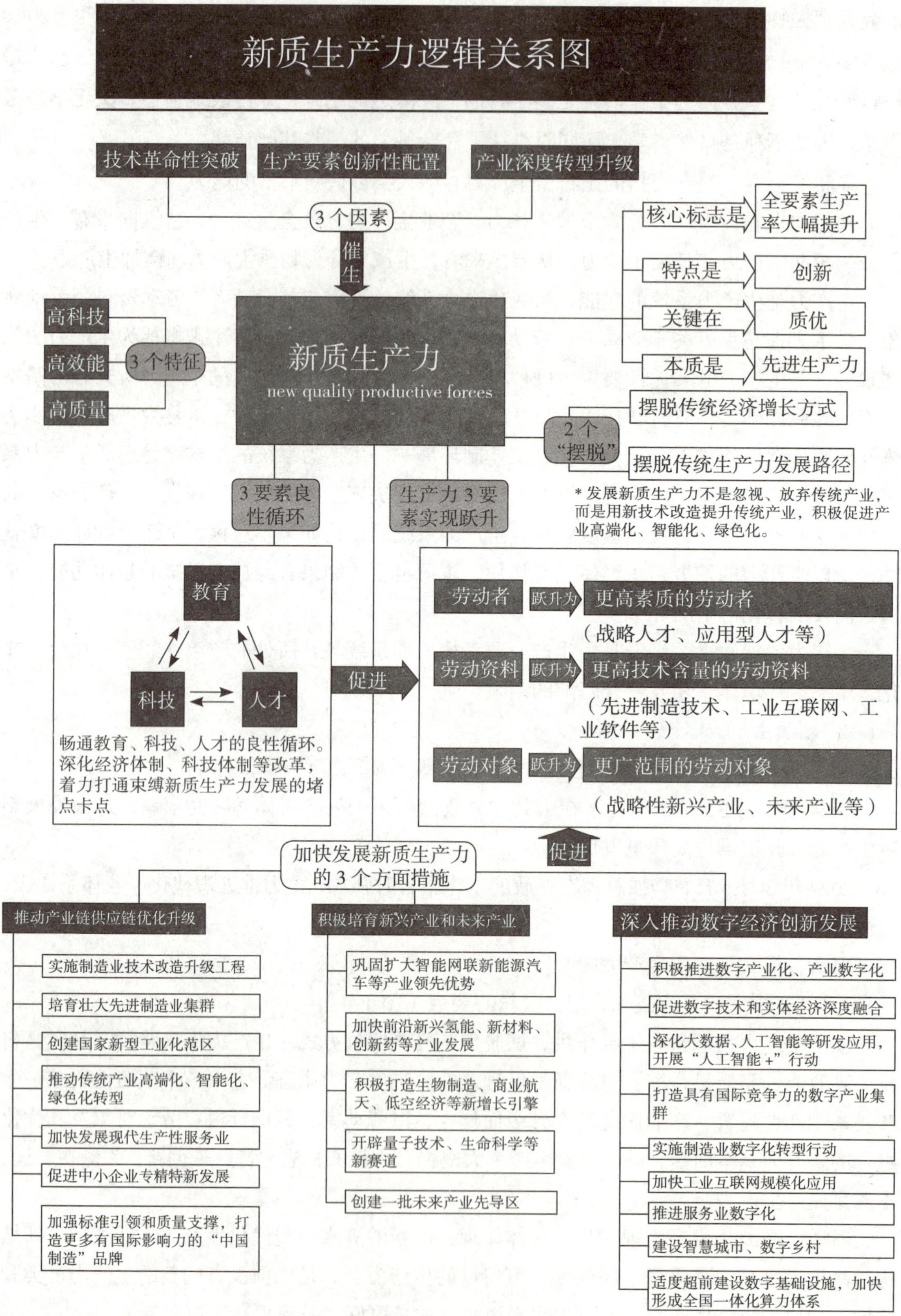

新质生产力逻辑关系图

技术革命性突破
生产要素创新性配置
产业深度转型升级

3 个因素

催生

高科技
高效能
高质量

3 个特征

新质生产力
new quality productive forces

核心标志是 全要素生产率大幅提升
特点是 创新
关键在 质优
本质是 先进生产力

2 个"摆脱"
摆脱传统经济增长方式
摆脱传统生产力发展路径

* 发展新质生产力不是忽视、放弃传统产业，而是用新技术改造提升传统产业，积极促进产业高端化、智能化、绿色化。

3 要素良性循环

教育
科技
人才

畅通教育、科技、人才的良性循环。深化经济体制、科技体制等改革，着力打通束缚新质生产力发展的堵点卡点

促进

生产力 3 要素实现跃升

劳动者 跃升为 更高素质的劳动者
（战略人才、应用型人才等）

劳动资料 跃升为 更高技术含量的劳动资料
（先进制造技术、工业互联网、工业软件等）

劳动对象 跃升为 更广范围的劳动对象
（战略性新兴产业、未来产业等）

促进

加快发展新质生产力的 3 个方面措施

推动产业链供应链优化升级
- 实施制造业技术改造升级工程
- 培育壮大先进制造业集群
- 创建国家新型工业化范区
- 推动传统产业高端化、智能化、绿色化转型
- 加快发展现代生产性服务业
- 促进中小企业专精特新发展
- 加强标准引领和质量支撑，打造更多有国际影响力的"中国制造"品牌

积极培育新兴产业和未来产业
- 巩固扩大智能网联新能源汽车等产业领先优势
- 加快前沿新兴氢能、新材料、创新药等产业发展
- 积极打造生物制造、商业航天、低空经济等新增长引擎
- 开辟量子技术、生命科学等新赛道
- 创建一批未来产业先导区

深入推动数字经济创新发展
- 积极推进数字产业化、产业数字化
- 促进数字技术和实体经济深度融合
- 深化大数据、人工智能等研发应用，开展"人工智能+"行动
- 打造具有国际竞争力的数字产业集群
- 实施制造业数字化转型行动
- 加快工业互联网规模化应用
- 推进服务业数字化
- 建设智慧城市、数字乡村
- 适度超前建设数字基础设施，加快形成全国一体化算力体系

图 1–1　新质生产力逻辑关系图

科技创新能够催生新产业、新模式、新动能，是发展新质生产力的核心要素。必须加强科技创新，特别是原创性、颠覆性科技创新，加快实现高水平科技自立自强，打好关键核心技术攻坚战，使原创性、颠覆性科技创新成果竞相涌现，培育发展新质生产力的新动能。

（2）新质生产力的基本特征

①新质生产力是面向新兴领域的先进生产力

新兴领域主要指随着新一轮科技革命和产业革命发展，在新一代高新技术群的孕育催化下，不断拓展、衍生并独立形成的领域，是认知域、物理域、信息域、产业域、资本域等综合构成的统一整体。每个新兴领域的形成、发展和演变，都建立在特定的历史条件和生产力发展水平上，曾经的新兴领域可能成为当前的传统领域，而现在的新兴领域也将成为未来的传统领域。新兴领域大多孕育脱胎于传统领域，但其发展演变过程，反映了不同时代最先进生产力的发展要求，在当前的时代发展阶段和科技创新背景下，着力培育好新一代信息技术、生物技术、新能源、新材料、高端装备、新能源汽车、绿色环保以及航空航天、海洋装备等战略性新兴产业，即体现了新质生产力的发展要求。

②新质生产力是面向未来产业的先进生产力

科技是第一生产力，是先进生产力的集中体现和主要标志。人类历史上每一次重大科技进步都改进了劳动工具，提高了劳动者素质，带来劳动生产率极大提高、产业结构快速优化升级，给经济社会发展增添强大驱动力。而新质生产力作为当前先进生产力的具体表现形式，推动着未来产业的诞生和成长，也有赖于类脑智能、量子信息、基因技术、未来网络、深海空天开发、氢能与储能等未来产业的培育，并在主导产业和支柱产业持续迭代优化升级的过程中不断更新和壮大。从人工智能、工业互联网到大数据，纵观近年来全球经济增长的新产业引擎，无一不是由新技术带来的新产业，进而形成的新生产力。

③新质生产力是着力高质量发展的先进生产力

新质生产力的形成和发展依靠科技创新，而创新驱动发展是我国实现高质量发展的前提和保障，以创新驱动发展为主要特征的高质量发展是推进中国式现代化的必由之路。没有创新驱动高质量发展，就没有中国式现代化道路的成功实践。因此，党的二十大报告强调，坚持创新在我国现代化建设全局中的核心地位，加快实施创新驱动发展战略，坚持面向世界科技前沿、面向经济主战场、面向国家重大需求、面向人民生命健康，加快实现高水平科技自立自强。以国家战略需求为导向，积聚力量进行原创性引领性科技攻关，坚决打赢关键核心技术攻坚战。当然，高质量发展还包括协调发展、绿色发展、开放发展和共享发展等内容，但这些都需要通过创新驱动发展来实现和引领，需要通过新质生产力来推动和支撑。

（3）新质生产力的时代内涵

从经济学的视角看，新质生产力象征着生产力的显著跃迁。其核心驱动力在于科技创新，展现了高效能、高效率、高质量的特性。相较于依赖大量资源投入和高度消耗资源能源的传统生产力发展方式，新质生产力摒弃了传统的增长路径，满足了高质量发展的标准。在数字时代，新质生产力更加凸显其创新性、融合性和新内涵。新质生产力的核心要素主要体现在以下几个方面：

①新质生产力是新时代党领导下先进生产力的具体表现形式

党的二十大报告提出，必须坚持科技是第一生产力、人才是第一资源、创新是第一动力，深入实施科教兴国战略、人才强国战略、创新驱动发展战略，开辟发展新领域新赛道，不断塑造发展新动能新优势，这深刻体现出党对科技推动生产力发展的规律性认识。科技创新推动生产力发展，孕育先进生产力。新时代以来，科技创新的广度、深度和融合度使生产力的发展水平与先进程度不断提高，逐步形成了涉及领域新、科技含量高、交叉属性强、符合高质量发展要求的新质生产力，实现了生产力的跃迁和质变。

②新质生产力是新时代我国经济社会高质量发展的必然产物

要实现经济社会高质量发展，进一步解决不平衡不充分的发展问题，需以创新驱动为引领，逐步摆脱传统的人力和资源能源驱动型增长模式，实现低成本优势向创新优势的转变，创造新产业、培育新动能、形成新优势。与高速增长相比，高质量发展的要素条件、组合方式、配置机制、发展模式等都发生了根本性改变，这就要求大力推动动力变革、效率变革、质量变革，提升全要素生产率，实现创新驱动发展，这就为新质生产力的形成和发展创造了条件。

③新质生产力是引领全球创新性可持续发展的关键驱动要素

科技创新催生的先进生产力对经济全球化的产生和发展起决定性作用，并深刻影响着全球的经济结构和经济发展。当今世界，新一轮科技革命与产业变革正在深入推进，数字经济与实体经济深度融合，各国之间围绕产业、技术特别是关键核心技术的竞争日趋激烈。以科技创新驱动产业创新，加快推进新型工业化，持续推动产业结构优化升级，大力推动创新链、产业链、资金链、人才链“四链”融合，大力推动数字技术与实体经济深度融合，全面推动工业绿色发展，赋能支柱产业迭代升级、新兴产业培育壮大、未来产业前瞻布局，打造具有核心竞争力的优势产业集群，加快构建具有智能化、绿色化、融合化特征和符合完整性、先进性、安全性要求的高质量现代化产业体系，形成并发展先进程度跃迁的新质生产力，从而为全球生产力创新性可持续发展贡献中国方案。

（4）如何发展新质生产力？

①应用科创成果

及时应用科技创新成果。要及时将科技创新成果应用到具体产业和产业链上，改造提升传统产业，培育壮大新兴产业，布局建设未来产业，完善现代化产业体系。

②布局产业链

要围绕发展新质生产力布局产业链，提升产业链供应链韧性和安全水平，保证产业体系自主可控、安全可靠。

要围绕推进新型工业化和加快建设制造强国、质量强国、网络强国、数字中国和农业强国等战略任务，科学布局科技创新、产业创新。

要大力发展数字经济，促进数字经济和实体经济深度融合，打造具有国际竞争力的数字产业集群。

③形成新型生产关系

发展新质生产力，必须进一步全面深化改革，形成与之相适应的新型生产关系。

要深化经济体制、科技体制等改革，着力打通束缚新质生产力发展的堵点卡点，建立高标准市场体系，创新生产要素配置方式，让各类先进优质生产要素向发展新质生产力顺畅流动。

要扩大高水平对外开放，为发展新质生产力营造良好国际环境。

要按照发展新质生产力要求畅通教育、科技、人才的良性循环，完善人才培养、引进、使用、合理流动的工作机制。

要根据科技发展新趋势优化高等学校学科设置、人才培养模式，为发展新质生产力、推动高质量发展培养急需人才。

要健全要素参与收入分配机制，激发劳动、知识、技术、管理、资本和数据等生产要素活力，更好体现知识、技术、人才的市场价值，营造鼓励创新、宽容失败的良好氛围。

（二）劳动教育和生产力的关系

劳动教育作为现代教育体系的重要组成部分，其本质在于培养学生正确的劳动观念、劳动技能和劳动习惯。这一过程不仅涉及个体的成长与发展，更与生产力与生产关系的宏观背景紧密相连。本文将从生产力与生产关系的角度，深入探讨劳动教育的内涵及其在现代社会的重要性。

首先，劳动教育与生产力的发展密不可分。生产力作为社会发展的根本动力，决定了劳动教育的方向和内容。随着科技的进步和工业的发展，现代劳动教育不仅要求学生掌握基本的劳动技能，还要培养他们的创新能力、团队协作能力和终身学习的意识。这样的劳动教育才能适应生产力的发展，培养出适应未来社会需求的劳动者。

其次，劳动教育与生产关系的调整相互影响。生产关系作为社会关系的核心，直接影响着劳动教育的实施方式和效果。在现代社会，随着产业结构的升级和职业需求的变化，劳动教育需要不断调整和完善。例如，对于新兴产业的发展，劳动教育应更加注重培养学生的创新能力和实践能力；对于传统产业的转型，劳动教育则需要关注学生的职业素养和适应能力。同时，劳动教育的改进和优化也有助于推动生产关系的调整和完善，为社会的和谐发展提供有力支持。

此外，劳动教育在培养个体全面发展方面发挥着重要作用。在生产力与生产关系的共同作用下，劳动教育不仅能够提高学生的劳动技能，还能培养他们的劳动观念、劳动态度和劳动习惯。这些品质对于个体的全面发展至关重要，有助于他们在未来的职业生涯中取得更好的成就。同时，劳动教育还能增强学生的社会责任感，使他们在劳动中感受到自身的价值和意义。

综上所述，劳动教育实际就是在生产力与生产关系的语境下进行的。它既是生产力发展的必然要求，也是生产关系调整的重要手段。在现代社会，我们应该充分认识到劳动教育的重要性，加强对其的研究和实践，为培养更多优秀的劳动者、推动社会的和谐发展贡献力量。同时，我们也需要不断探索和创新劳动教育的方式和方法，使其更好地适应生产力的发展和生产关系的调整。只有这样，我们才能培养出更多具备创新精神和实践能力的劳动者，为社会的持续进步和发展奠定坚实的基础。

任务二 新时代的劳动观

任务工单

做有尊严的劳动者

一、活动主题

做有尊严的劳动者。

二、活动宗旨

通过本次活动，品味劳动者的喜悦与自豪，并懂得运用有关法律法规保护劳动者的合法权益。

三、活动时间

1周。

四、活动主体

全班同学。

五、活动实施

1. 把班级成员分成若干小组，寻找你身边的“幸福劳动者”，采访他们的劳动故事，重点了解他们是如何通过劳动收获幸福、赢得尊严的。然后完成表1-2，准备在班会课上进行交流。

表 1-2　采访记录

小组成员	
访谈对象	
访谈内容	
总结感悟	

2. 各小组上网搜集一个侵犯劳动者合法权益的典型案例，然后查阅并学习与案例相关的保护劳动者权益的法律法规，完善表 1-3。

表 1-3　资料收集

小组成员	
资料来源	
典型案例	
法律法规	

3. 分小组进行交流讨论，根据上述两方面的案例得出结论，并制作海报。
4. 各小组代表上台完成活动汇报。
5. 评选出最佳调研小组、最佳海报等。

自党的十八大以来，以习近平同志为核心的党中央，充分考虑新时代的历史特性，对马克思主义劳动观进行了具有创新性的阐释。在继承和发展马克思主义劳动观的基础上，逐步构建了适应新时代要求的中国特色社会主义劳动思想体系。

一、新时代劳动价值观

（一）坚守劳动价值论

劳动是人类社会中创造一切物质财富和精神财富的根本源泉，对人类的生存和发展起着关键作用。习近平总书记对劳动价值表示热情赞扬，他强调："一切幸福都需要通过辛勤的劳动来创造""劳动创造了中华民族，造就了中华民族的辉煌历史，也必将创造出中华民族的光明未来"。

在新时代坚守劳动价值论具有重要意义。它有助于我们深化对社会主义本质的理解，促进经济发展，保障劳动者权益，推动社会进步，应对全球化挑战。因此，我们应该在全社会范围内广泛宣传劳动价值论，营造尊重劳动、崇尚劳动的良好氛围。

（二）弘扬劳动精神

进入新时代，习近平总书记指出："在我们社会主义国家，一切劳动，无论是体力劳动还是脑力劳动，都值得尊重和鼓励；一切创造，无论是个人创造还是集体创造，也都值得尊重和鼓励。全社会都要以辛勤劳动为荣、以好逸恶劳为耻，任何时候任何人都不能看不起普通劳动者，都不能贪图不劳而获的生活。”

弘扬劳动精神，既是对时代的深刻响应，也承载了人民的热切期待。劳动，作为生命之源和幸福之基，其价值在飞速发展的现代社会中愈发凸显。因此，我们必须珍视劳动，传承并弘扬劳动精神，使其成为推动社会持续进步的强大动力。

案例

快递小哥被评定为杭州高层次人才

快递小哥李庆恒，被评定为“高层次人才”，获得100万元政府补贴的新闻火了。

只有高中学历的他，在普通人眼里，也许高层次人才跟他就是截然对立的两面。作为90后的李庆恒，高中毕业后就独自开始闯荡社会，在不起眼的快递行业已工作5年。

从服务岗，到一线快速员工，李庆恒的能力也在不断提升，真所谓厚积薄发。在被领导看到娴熟的业务能力后，李庆恒被指派参加了快递员有奖比赛，这也是他第一次参赛，却捧回了一个奖杯。此后，每年的比赛他都会参加，即使在最难的环节，李庆恒也都可以带领团队突破难关，结果奖励证书铺满了整个桌子。

而在2019年的浙江省第三届快递职业技能竞赛中，李庆恒更是带领团队得到了金牌大奖。由于此次比赛的含金量高，李庆恒最终获评杭州市高层次人才。

案例思考：随着快递业的迅猛发展，需要从事这行工作的快递员越来越多，对技能的要求也越来越高。俗话说三百六十行，行行出状元，李庆恒的热情和努力，为他带来了许多荣誉和奖金，而这些荣誉和奖金就是支撑他继续前行的力量。作为新时代职业院校学生，我们应该树立正确的劳动观，干一行，爱一行，在喜欢的领域努力钻研，终有出彩的一天！

（三）弘扬劳模精神

劳模精神是我国优秀传统劳动文化的时代结晶。习近平总书记强调，长期以来，广大劳模以高度的主人翁责任感、卓越的劳动创造、忘我的拼搏奉献，谱写出一曲曲可歌可泣的动人赞歌，铸就了“爱岗敬业、争创一流，艰苦奋斗、勇于创新，淡泊名利、甘于奉献”的劳模精神，为全国各族人民树立了光辉的学习榜样。劳模精神生动诠释了社会主义核心价值观，丰富了民族精神和时代精神的内涵，是我们极为宝贵的精神财富，是激励全国各族人民团结奋斗、勇往直前的强大精神力量。

（四）弘扬工匠精神

工匠精神表现为精于工、匠于心、品于行（图1-2）。在中华民族数千年的历史长河中，工匠精神源远流长。“巧夺天工”“独具匠心”“技进乎道”等成语典故，体现的正是匠人们卓绝的技艺和精益求精的价值追求。工匠精神宣传进入黄金时段、重要版面，影响和带动更多职工崇尚劳动、爱岗敬业。社会各方要为劳动模范、大国工匠发挥作用搭建平台、提供舞台，为劳模、工匠传承技能、传承精神创造条件，培养造就更多劳动模范、大国工匠。

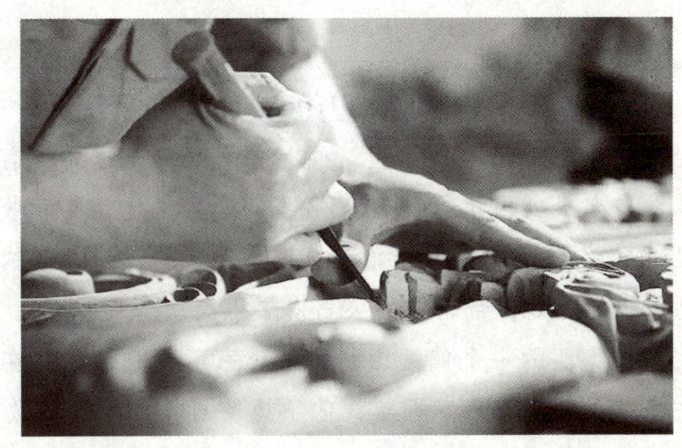

图 1-2　工匠精神

二、新时代劳动实践观

（一）大力倡导辛勤劳动

“辛勤劳动”是苦干。人生在勤，勤则不匮。幸福不会从天而降，美好生活靠劳动创造。一段时间以来，一些人忽视了劳动对推动人类历史发展的决定性意义，以为在市场经济和信息时代，劳动不再那么重要了，于是不重视劳动、不尊重劳动者。这些错误认识严重脱离我国经济社会发展的实际。我国是一个发展中的大国，而且是一个人口大国、劳动力大国。解决中国一切问题的关键是发展，而发展最根本的是要靠劳动。要破除妨碍劳动力、人才社会性流动的体制机制弊端，使人人都有通过辛勤劳动实现自身发展的机会。

（二）大力倡导诚实劳动

“诚实劳动”是实干。中国发展的伟大成就是中国人民用自己的双手创造的，是一代又一代中国人接力奋斗创造的。要努力营造鼓励脚踏实地、勤劳创业、实业致富的社会氛围，组织动员广大劳动群众立足本职岗位诚实劳动，用劳动成就伟业。无论从事什么劳动，都要干一行、爱一行、钻一行。正如习近平总书记指出的，“人世间的美好梦想，只有通过诚实劳动才能实现；发展中的各种难题，只有通过诚实劳动才能破解；生命里的一切辉煌，只有通过诚实劳动才能铸就。”

（三）大力倡导创造性劳动

“创造性劳动”是巧干。它是通过人的脑力劳动萌发出技术、知识、思维的革新，从而高效提升劳动效率、产生出超值社会财富或成果的劳动。习近平总书记指出：“当代工人不仅要有力量，还要有智慧、有技术，能发明、会创新，以实际行动奏响时代主旋律。”

必须举全社会之力，深入推进产业工人队伍建设改革，健全技能人才培养、评价、使用、激励、保障等制度，激励广大劳动者走技能成才、技能报国之路，培养造就一大批知识型、技能型、创新型人才，为实现我国高质量发展提供智力支持和人才保证。

案例

从贫困生到营收千万的公司执行董事

他是中南财经政法大学一名大四学生，同时也是武汉爱鲸科技有限公司创始人、武汉华清捷利科技发展有限公司执行董事。23 岁的李金龙已是年营收数千万公司执行董事。2020 年，正当很多应届毕业生开始为自己毕业后的工作而苦恼时，同样是应届毕业生的李金龙要想的却是如何带领他的公司发展得更快。

李金龙出生在甘肃陇西的一个偏远山村，从小家境贫寒，父亲在镇上开了一家兽药铺，以此维持一家人的生计。6 岁那年，他不慎使自己的右眼受伤导致很难看清书上的字，虽然视力带给了他很多学习上的不便，但他还是凭努力考入了中南财经政法大学公共管理学院。入学后的李金龙想要通过自己的努力尽可能地减轻家里负担，于是通过开培训班、做驾校代理、卖新生用品的方式赚钱贴补家用。

李金龙虽然开过培训班、做过驾校代理、卖过新生用品，而真正意义走上创业道路，机会来自一次调研。在调研中作为班长的他不仅每天晚上要安排调研行程和对接社区，还要说服同学克服早起和期末复习的困难。那时的李金龙几乎每天都要工作到夜里一两点钟，5 天下来瘦了 6 斤，也正是这次社区调研让老师看到了李金龙出色的能力和坚强的意志。于是老师把他推荐给当时正在创业的师兄们，让李金龙和他们一起创业。

在师兄们的带领下，李金龙开始负责运营更多的项目，涉及在线教育、社会调查、智能洗护设备等多个领域，并且和师兄一起开始了新的创业项目——智慧校园，该项目主要以共享洗衣机的刚需聚拢流量、搭建智慧校园生态，设备从最初的 15 台发展到 7000 余台，公司营收超过千万。

“大二上学期买了车，大三上学期买了房。”李金龙凭借自己的辛勤劳动和创造性劳动尚在读书阶段就实现了人生几个小目标。

案例思考：李金龙经历过生活的艰辛困苦，但他没有向困难低头，凭借着自己的努力和坚持考入了大学。在校期间他开始创业且取得了成功，从事着创造性的劳动。他的成功是个人能力积累的过程，它与个人劳动观紧密相连，而劳动观也是一个长期培养的过程。任何人的成功都不可能是随随便便获得的，都需要付出辛勤劳动，作为职业院校学生的我们未来不一定创业，但若想获得成功需要树立科学的劳动观，并在劳动中培养自己会劳动、能劳动的本领。

三、新时代劳动正义观

（一）尊重劳动和劳动者，公平对待劳动

尊重劳动首先要尊重在一切劳动形式下从事劳动的主体——劳动者。习近平总书记指出："任何时候任何人都不能看不起普通劳动者，都不能贪图不劳而获的生活""在我们社会主义国家，一切劳动，无论是体力劳动还是脑力劳动，都值得尊重和鼓励；一切创造，无论是个人创造还是集体创造，也都值得尊重和鼓励""劳动没有高低贵贱之分，任何一份职业都很光荣"。曾几何时，社会上出现了不重视劳动、不尊重劳动者的现象，不少人不愿意从事具体劳动，期望不通过踏实劳动而一夜暴富，这不利于重视劳动、尊重劳动者、鼓励劳动创造风气的保持，不利于劳动者正确思想道德观念的形成和树立，甚至给社会和谐稳定埋下隐患。对此，我们要保持足够的警惕和清醒。

（二）坚持分配正义，共享劳动成果

2020 年 5 月 11 日，中共中央、国务院《关于新时代加快完善社会主义市场经济体制的意见》明确提出，坚持多劳多得，着重保护劳动所得，增加劳动者特别是一线劳动者劳动报酬，提高劳动报酬在初次分配中的比重，在经济增长的同时实现居民收入同步增长，在劳动生产率提高的同时实现劳动报酬同步提高。健全劳动、资本、土地、知识、技术、管理、数据等生产要素由市场评价贡献、按贡献决定报酬的机制。经济发展的根本目的在于让劳动者共享改革发展成果，促进社会公平正义。

（三）构建和谐劳动关系，实现体面劳动

劳动关系是生产关系的重要组成部分，是最基本、最重要的社会关系之一，其协调稳定影响并决定着一个社会和谐。劳动创造了人类社会，在劳动基础上产生了各种各样的社会关系，劳动构成了人自身发展、人类社会进步的原动力。习近平总书记指出："要维护和发展劳动者的利益，保障劳动者的权利。要坚持社会公平正义，排除阻碍劳动者参与发展、分享发展成果的障碍，努力让劳动者实现体面劳动、全面发展。"党的十九届四中全会通过的《中共中央关于坚持和完善中国特色社会主义制度　推进国家治理体系和治理能力现代化若干重大问题的决定》强调："健全劳动关系协调机制，构建和谐劳动关系，促进广大劳动者实现体面劳动、全面发展。"

四、新时代劳动幸福观

幸福劳动是通往美好生活的起点和归宿，幸福劳动不同于体面劳动，它高于体面劳动，应该是"体面劳动 + 全面发展"，既是通往美好生活的起点，也是追求美好生活的归宿。对此，习近平总书记有过许多精彩的阐述："人民对美好生活的向往，就是我们的奋斗目标""幸福不会从天而降，梦想不会自动成真""造福劳动者"，等等。习近平把劳动与

成功、幸福联系起来，进一步丰富了马克思主义劳动范畴。人得以自由全面发展，能够更有尊严、更加智慧、更加优雅、更加幸福地生活，全面打造一个属于劳动者的时代，真正实现国家富强、民族振兴、人民幸福。

任务三

职业院校的劳动教育

任务工单

“劳动与美好生活”社会调查

活动目的：社会调查

活动时间：一周

活动实施如下：

（1）各学习小组结合所学内容，任意选择一项与“劳动与美好生活”相关的主题，开展社会调查，通过问卷、访谈等方法，分析、提取、凝练、总结出该主题的词频情况，并制作一份词频图海报和一份活动总结材料，最后以小组汇报的方式进行成果展示。

（2）在活动中分配好各个组员的具体工作，并在总结材料中体现。

（3）在成果展示阶段，各组成果展示可以选择 PPT、视频或表演的形式，展示时间为 3 至 8 分钟。

（4）展示结束后，以小组为单位回顾交流社会调查准备阶段、实施阶段、展示阶段的心得体会。

（5）根据展示结果修改完善成果，并将最终成果上交给劳动教育指导教师。

一、职业院校劳动教育的新内涵

新时代职业院校教育的核心宗旨，是培养有用的应用型和技术型人才，注重学生的道德和劳动素养。这一教育模式以课堂教学和实践工作相结合，强调劳动教育，促进职业教育的全面发展，帮助学生建立正确的人生观和价值观。

新时代职业院校教育的主要目标，是引导学生通过劳动创造追求幸福感，激发创新灵感，培养具备社会责任感、创新精神和实践能力的专业人才。

新时代职业院校劳动教育的内涵如下：

（一）在地位上，职业教育应成为人才培养体系的重要组成部分

职业教育，作为劳动力市场获取专业人才的直接渠道，在培养各领域所需的专业人才方面发挥着至关重要的作用。它是为年轻人步入职业生涯提供的最后的培训环节，具有极高的价值。通过职业教育，年轻人能够获得实用的技能和知识，以及丰富的实践经验，从而更好地适应职场需求，为国家和社会的发展作出贡献。

（二）在内容上，职业教育应紧密反映新时代劳动发展的趋势

现代劳动已经越来越强调智力的投入，这使得生产效率得到了不断提高。在这种情况下，人才的重要性也日益凸显出来。由于各国之间对人才的竞争愈加激烈，职业教育需要紧跟时代发展，以适应新的劳动形态和要求。为了培养出更多优秀的人才，职业教育需要注重实践能力的培养，以及加强理论知识的传授。只有这样，才能确保人才具备足够的实力，能够在激烈的竞争中脱颖而出。

（三）在形式上，职业教育应包括思想教育、技能培养以及实践锻炼三个主要领域

思想教育强调培养学生在劳动中的德育素养，包括劳动的价值观念、情感态度、伦理责任感以及维权意识等方面；技能培育着重培养学生的智力素养，包括专业理论学习、实习实训、产业与教育的结合等，更加侧重于技能的培养；实践锻炼则强调培养学生的实际操作能力，通过广泛的生产劳动和社会实践，促使学生增长知识、磨炼意志、培养才干，并增强社会责任感。

（四）在目标上，职业学校应以全面提升学生的劳动素养为主要目标

这意味着职业教育应该充分挖掘劳动教育的潜力，发挥其独特的价值，通过培养学生的道德、智力、体育、美育、创新等方面的素养，以满足新时代社会对人才的需求。

在劳动教育中，学生可以亲身参与实践活动，体验工作的辛勤与快乐，从而培养出热爱劳动、认真负责、诚实守信的优良品质。这种品质对于他们未来的职业生涯至关重要。同时，劳动教育也是培养学生智力的重要途径之一，学生在实践中可以锻炼解决问题的能力，提高创新思维和创造力。

此外，通过劳动教育，学生还可以锻炼身体素质，培养坚韧不拔的精神和团队合作精神。同时，学生在实践中可以发现自己的兴趣爱好，从而培养出对美的欣赏能力和表现能力。

总之，职业教育应该充分发挥劳动教育的价值，通过培养学生的全面素养，帮助他们成为新时代社会需要的人才。只有这样，我们才能更好地应对新时代社会的挑战和机遇。

二、职业院校劳动教育的时代意义

案例

最美清洁工20年未过春节

在新春佳节，家家户户都会燃放烟花爆竹，欢度春节，却给环卫工人增加了繁重的工作量，他们的工作量比平常至少增加了两三倍。李萍叶是兰州市七里河城管局清扫所清扫二站的环卫工人，她当环卫工人20多年来，每年春节，基本上都在马路上清扫垃圾。

（一）凌晨3点起床 清扫垃圾

李萍叶所在的清扫二站负责敦煌路的清扫工作，从西站到十里店黄河大桥，由于此路段属于兰州市商业中心和交通枢纽站，每天产生的垃圾也特别多。春节期间她们分早、中、晚三班清扫。由于早班的工作量最大，全站人员的80%常会派去做早班的清洁工作。春节期间，每天李萍叶都把闹铃调到凌晨3点钟，从安西路的家骑车10余分钟，就抵达负责的清扫路段。大年三十由于燃放的烟花爆竹比较多，她和同事们早晨2点钟就开始出动了。

（二）上班20年 春节从未放过假

李萍叶在七里河城管局清扫所当环卫工人已经20多年了，春节从未放过假，并且还要比平时忙很多倍。以往上最早班时一天能清扫两三车垃圾，春节期间，因为燃放烟花爆竹，经常一天就能扫五六车垃圾，除夕和元宵节还要多。每年的除夕夜和正月十五这两个团圆的日子，她基本上都在马路上做清扫，没有和家人一起团聚过。她告诉记者，春节期间的工作量比平常增加两三倍，而且非常难扫，烟花爆竹遍地开花，纸屑和残渣随风乱飘，有些还刮到了绿化带里，清扫难度也增大了。

案例思考：平凡的工作，更需要坚守。劳动没有高低贵贱之分，任何一份职业都很光荣。美好的城市环境，正是来自一位位普通的清洁工的辛苦劳动。是什么样的信念让她能够把这样一份工作坚守二十多年？是什么样的力量支撑她20年未过春节一直坚守岗位？这份力量来自她对工作的热爱，对劳动的热爱。工作虽然辛苦，但内心是快乐的。我们作为当代青少年，是祖国的未来，是民族的希望，更需要这种坚守平凡岗位、努力工作的精神和毅力。

（一）引导学生在劳动过程中，培养习惯、磨炼意志、锤炼品格

劳动教育的关键就是引导学生从生活劳动做起，从体力活动到衣食住行的生活做起，让学生在劳动中动手、动腿、动身。在此基础上，可以围绕开展综合实践、专业技术实践等新型劳动形式开展劳动教育，进一步拓展劳动教育的内容与形式，丰富劳动教育的领域与形态，发展学生多样的劳动体验与积累不同的劳动经验。

（二）引导学生在劳动过程中，增强意识、拓宽视野、提升能力

通过劳动教育，学生可以发展求真和创造能力，这种能力不仅在学术上有所体现，更是在实际生活中得到应用。通过这些实践经验，学生不仅能够掌握实用的技能，更能够培养出独立思考、创新思维的能力。劳动教育不仅能够生产美好的作品，更能够让学生体验生命的价值和力量。在创造美好的过程中，学生能够感受到自己的价值和存在意义，从而激发他们的内在动力和创造力。通过劳动实践，学生还能够培养出审美能力，对美的事物更加敏感和欣赏。

（三）引导学生在劳动情境中感受创造的乐趣

让学生充分享受劳动的成果、激活学生在劳动中的审美体验，让学生感受劳动的光荣、生命的价值和智慧的力量。充分发挥劳动教育的磨炼价值，培养学生吃苦耐劳、克服困难、敢于拼搏的意志品质，让劳动教育成为建构学生良性人格的过程。

三、职业教育成就绚丽人生

职业教育是一种包括就业教育、谋生教育和职业生涯教育在内的综合性教育体系。在职业教育中，知识是通过积累获得的，能力是通过不断磨炼培养的，品质是通过修养培养的。其目标是培养学生在不同职业领域中都能够胜任，无论是口头表达、书面沟通，还是实际工作能力。

职业教育可以比喻为一首充满朝气、充满活力的歌曲。它代表着青春的朝气，充满希望和活力，同时也代表着未来的无限可能性。职业教育如同一艘扬帆起航的航船，载着无数学子向着知识的海洋进发，展开一次又一次的知识探索之旅。它也是一只自由翱翔的雄鹰，代表着学生在职业领域中自由飞翔，展望着未来的辉煌。

在中国职业教育改革的推动下，学子们应当紧随时代的脚步，以自信和坚定的信念，积极投身到职业教育中。他们是社会主义新时代的突击手，是时代的践行者，他们的青春、勤奋、诚信、友爱将会成为创造美好生活和社会主义事业发展的重要力量。通过勤劳和努力，他们将建设社会主义的高楼大厦，用自己的汗水和劳动创造出美丽的人生，为国家的繁荣和进步贡献力量。

职业教育是培养未来职业人才的重要途径，它的价值远远超出了知识和技能的传授，还包括品德和职业素养的培养。学子们将在这个过程中成长、奋发向前，不断为社会的进步和发展作出贡献。

拓展阅读

马克思主义劳动观

马克思认为“全部人的活动迄今都是劳动”。劳动是马克思思想体系中的核心观念，是马克思主义理论研究的基础。马克思把劳动比喻成整个社会为之旋转的太阳，劳动是人类生存的本质，人类的发展过程就是劳动的发展史。马克思主义对于劳动的论述，主要体现为劳动本质论、劳动价值论以及劳动解放论。

一、劳动本质论

“人的本质”是什么，一直是困扰哲学界的一个重要命题。马克思主义认为劳动是人的本质，人的本质是一切社会关系的总和。

第一，劳动创造了人本身。恩格斯在《劳动在从猿到人转变过程中的作用》一文中，详细描述了劳动在人类从猿进化为人的过程中的作用，即会使用和创造劳动工具把人类社会与猿群世界得以区分开来。

第二，劳动创造了人类生活。马克思、恩格斯在《德意志意识形态》中明确指出：“全部人类历史的第一个前提无疑是有生命的个人的存在。”而这“有生命的个人”之所以能够存在，最主要是因为他们能通过自己的劳动来创造和生产物质生活资料。因此，马克思认为劳动的过程就是人通过自身的劳动作用于自然的过程，是人的本质力量与自然之间的一种物质交换过程。

第三，劳动是一切价值的创造者。马克思认为“劳动是一切价值的创造者。只有劳动才赋予已发现的自然产物以一种经济学意义上的价值”。所以说，劳动是人类创造物质和精神财富的活动。

第四，劳动创造了社会关系。劳动不仅创造了人与自然的关系，劳动还形成了人与人之间（即“劳动资料的占有和使用关系，劳动的分工和协作关系，劳动产品的交换、分配和消费关系等”）以及人与主观意识之间的关系，而这些关系成为人类社会的基本关系。

二、劳动价值论

劳动价值论是马克思主义政治经济学的基础理论，它详细阐述了商品经济的本质和运行规律。马克思从商品入手，引出商品的二重性——价值和使用价值。商品的使用价值就是“物的有用性”，而商品的价值是指凝结在商品中的无差别的人类劳动。劳动的二重性决定了商品的二重性。具体劳动创造使用价值，抽象劳动创造价值。比如在资本主义生产方式下，资本家通过买卖劳动力，劳动力成为商品，资本家按照劳动力的价值支付劳动者一定的工资。

三、劳动解放论

马克思主义立足于“实践论”的基础之上，推翻了先前旧哲学先验主义本体论的思维方法，从对“人的本质”的论述和对“异化劳动”的批判中，寻求人的解放的最终途径。在《1844年经济学哲学手稿》中，马克思批判了黑格尔只承认“精神劳动”的价值，只知道劳动的积极方面，而忽略了其消极方面。他进一步指出：“劳动这种生命活动、这种生产生活本身对人说来不过是满足他的需要即维持肉体生存的需要的手段……一个种的全部特性、种的类特性就在于生命活动的性质，而人的类特性恰恰就是自由的自觉的活动。”

马克思对于人的解放的思考并没有停留在对于资本主义“劳动异化”的批判，他还进一步提出了“劳动复归”理论。只有彻底消除私有制，社会生产得到极大的发展，人类才能从劳动的束缚和奴役状态中解放出来，真正享受劳动所带来的创造的快乐，自由地分配自己的时间，拥有自己的劳动成果，从而实现劳动的解放和人类的解放。

爱国主义与劳动

爱国主义与劳动教育

爱国主义与劳动教育之间存在密切联系，这种联系体现在各行各业的方方面面：

（1）青少年义务劳动：在很多国家包括我国，青少年通过义务劳动计划，参与社区服务和公益活动。这种活动可以培养青少年对国家的热爱和责任感，同时也教育其认识到劳动的重要性。

（2）社区服务项目：学校、社会团体和政府机构组织各种社区服务项目，鼓励人们参与志愿活动，如清理公共场所、支援弱势群体、环保工作等。这些活动不仅教育人们懂得了劳动的重要性，还促进了他们对国家和社会的关心。

劳动教育可以成为培养爱国主义精神的有力工具，促使人们认识到他们的工作和努力如何有助于国家的繁荣和进步。通过实际的劳动和服务，个体不仅提高了技能，还培养了对国家的深厚感情。

思政之窗

《大中小学劳动教育指导纲要（试行）》主要考虑与要求

教育部教材局

劳动教育是新时代党对教育的新要求，是中国特色社会主义教育制度的重要内容，是全面发展教育体系的重要组成部分。《中共中央 国务院 关于全面加强新时代大中小学劳动教育的意见》（以下简称《意见》），对新时代大中小学劳动教育作了全面部署。为全面贯彻落实《意见》，加快构建德智体美劳全面培养的教育体系，我局牵头组织研制了《大中小学劳动教育指导纲要（试行）》（以下简称《指导纲要》），于2020年7月印发试行。

一、基本考虑

《指导纲要》重点针对劳动教育是什么、教什么、怎么教等问题，面向各地和学校提供专业指导。注重处理三个关系：一是《指导纲要》和《意见》的关系。在劳动教育内涵和基本要求上，与《意见》保持贯通一致，如都强调了当前实施劳动教育的重点是组织学生参加劳动实践，出力流汗，磨炼意志，培养正确的劳动价值观和良好的劳动品质；同时依据《意见》，细化有关要求，强化可操作性。二是基础教育、职业教育和普通高等教育的关系。突出劳动教育面向全体学生的共性要求，同时适当兼顾各自特点。如基础教育以使用传统工具、传统工艺为主，引导学生体会劳动人民的艰辛与智慧；职业院校、普通高等学校要注重结合产业新业态、劳动新形态，提升创造性劳动能力。三是学校和教育行政部门的关系。把落脚点放在学校，加强对学校实施指导，兼顾教育行政部门的统筹管理。

二、主要内容

《指导纲要》包括劳动教育性质和基本理念，目标和内容，途径、关键环节和评价，学校劳动教育的规划与实施，条件保障与专业支持五个部分，着重强调了这样几点：

一是强调劳动教育注重发挥劳动的育人功能，对学生进行热爱劳动、热爱劳动人民的教育，具有鲜明的思想性、突出的社会性和显著的实践性，防止把劳动教育窄化为上课，或者泛化为学生的一切学习活动。

二是强调劳动教育以日常生活劳动、生产劳动和服务性劳动中的知识、技能与价值观为主要内容，注重全面提升学生劳动素养，防止把新时代劳动教育与过去的劳技训练混为一谈。

三是强调通过独立开设劳动教育必修课，在学科专业中有机渗透，在课外校外活动中安排，在校园文化建设中强化四个途径，将劳动教育贯穿到学校教育的各个方面，解决有教育无劳动的问题。

四是强调围绕讲解说明、淬炼操作、项目实践、反思交流、榜样示范等关键环节，加强劳动教育，努力克服有劳动无教育的问题。

五是强调通过配备实施机构和人员、加强劳动安全风险防范与管理、建立协同实施机制等措施，严格组织实施要求，把劳动教育做细做实。

三、下一步打算

《指导纲要》已印发试行一年。目前我局正在组织开展大中小学劳动教育推进情况调研评估，探索建立劳动教育质量监测和改进机制。

2021年8月24日

劳动教育成长评价手册

请参加一次养护校园绿植的活动，按提示操作，然后按要求填空，完成下面的劳动教育成长评价手册。

劳动教育成长评价手册

劳动主题	养护校园绿植
所需工具	铁锹、水桶
劳动步骤	1．用铁锹将绿植根部周围的土打起一圈地垄。 2．将根部周围的土壤松一松。 3．用水桶提水浇到地垄里，要浇透。
劳动照片	
自我评价	
同学评价	
教师评价	
我的感悟和收获	

2 项目二 劳动能力认知

学习目标

知识目标

△了解劳动基础知识。

△了解劳动能力的概念。

△认识劳动工具。

能力目标

△培养自我管理能力和时间管理能力。

△熟悉劳动工具，会使用简单的劳动工具。

素质目标

△提升对劳动能力的认知。

△感受劳动过程的美好，形成正确的劳动价值观。

“最美铁路人”马小利

2024年1月23日，中央宣传部、中国国家铁路集团有限公司通过央视向全社会公开发布2023年“最美铁路人”先进事迹，中铁二十一局三公司成渝中线铁路项目钢构班班长马小利名列其中，是铁路建设行业唯一一名受表彰者。

中央宣传部副部长、国务院新闻办公室主任孙业礼，中国国家铁路集团董事长、党组书记刘振芳为马小利等颁发荣誉证书。“闪亮的名字——2023年最美铁路人发布仪式”在中央广播电视总台举行，现场播放了马小利的事迹短片。

马小利自18岁起辗转多地打工，在农机修理厂、建筑工地干零工时，学会了电气焊、机械加工等技能，来到中铁二十一局三公司项目工地后，开始参加铁路工程建设，从事钢构件加工、混凝土供应和施工设备研制。以工地需求为导向，他就地取材，自主钻研，先后研制出20多种隧道、桥梁、无碴轨道等施工设备，在保安全、创优质、赶进度、节能减排和减轻劳动强度等方面，有效促进了铁路建设多快好省。

2015年，中铁二十一局成立了以马小利名字命名的“马小利劳模创新工作室”，又先后被命名为中国铁建劳模创新工作室、火车头劳模和工匠人才创新工作室。截至2023年，马小利和他的劳模创新工作室取得各类技术创新成果、国家专利超过100项。马小利先后获得“全国五一劳动奖章”、全国职工演讲比赛金奖第一名、全国职工职业道德建设标兵个人，还被延安南泥湾劳模工匠学院聘任为特聘教授。2022年3月，中国铁建党委作出决定，在全系统开展向马小利学习的活动。2023年10月，马小利作为铁路系统代表参加了中国工会第十八次全国代表大会。

（来源：马小利被中宣部、国铁集团联合授予“最美铁路人”称号，中铁二十一局集团有限公司官网2024年1月25日）

任务一

劳动知识概说

任务工单

搜寻文艺作品中的劳动之美

一、活动宗旨

1. 通过实践活动，体验劳动创造美丽，让学生有成就感。

2. 通过实践活动，体验劳动创造知识财富，让学生体会艺术的价值。

3. 通过实践活动，体验劳动创造荣誉，让学生在劳动创造中感受劳动所带来的被肯定和被赞美的满足感。

二、活动指导

1. 文艺作品的形式有很多种，如诗歌、画、照片等。

2. 分小组发现在不同形式的文艺作品中所表现的劳动之美，并对作品进行赏析。

（1）诗歌当中的劳动之美

晋代诗人陶渊明在他的诗作中写出了田园风情的宁静幽美和耕种劳作的惬意、悠然。

《归园田居·其三》

种豆南山下，草盛豆苗稀。
晨兴理荒秽，带月荷锄归。
道狭草木长，夕露沾我衣。
衣沾不足惜，但使愿无违。

（2）画家笔下的劳动之美

请同学查找当代画家庞茂琨的著名画作《扬》。

庞茂琨的作品《扬》用古典主义的方式刻画了一个彝族女子撒下玉米粒的温暖一刻。细腻的笔触惟妙惟肖地呈现出女子劳动的身形和自然祥和的神情。这是一首关于劳动和收获的“赞歌”，传递着一种静谧永恒的美。

三、活动实施

1. 学生画作展览。学生根据自己对用艺术表现劳动的理解，通过绘画表达创作赞美劳动的绘画作品。

2. 学生摄影作品展览。以照片形式展出，让观众亲切感受到用艺术形式表现的劳动之美。

3. 开展艺术作品创作现场活动。如在校园中进行现场艺术创作。

四、活动分享

各小组分享、讨论所找到的文艺作品中的劳动之美。

【找一找】

通过参与劳动实践活动，我发现还存在以下问题：________________________________

____

心理健康对劳动者的工作表现有着重要影响。具备一定的劳动心理健康知识并能够进行自我调整，有助于提高劳动效率，巩固劳动价值观和劳动精神的基础。

一、劳动心理健康

（一）精神压力

精神压力是一种由心理压力源和心理压力反应相互作用而产生的认知和行为体验过程。简而言之，精神压力就是个体感到无法应对环境要求时所产生的负面情感和消极信念。

精神压力对人们的身心健康有着重要影响。虽然在某些情况下，精神压力可以激发个体的积极动力，但它也可能成为影响工作表现和职业健康的不利因素。劳动者在工作过程中可能因各种原因感受到精神压力，如工作负担重、责任重大、时间紧迫等。对于劳动者来说，如何有效应对精神压力至关重要。如果能够有效自我调适，精神压力可以转化为动力，提高工作效率；但如果无法有效处理，精神压力可能会导致不良的工作态度，如回避工作或生产能力下降，甚至可能引发心理健康问题。

为了应对精神压力，我们可以采取一系列措施，包括确保充足的睡眠、合理的饮食、适时的身心放松、创造宜人的工作环境以及有效释放负面情绪等。然而，更关键的是，要培养正确的劳动观念和劳动精神。通过养成辛勤劳动的习惯，并践行爱岗敬业、无私奉献等劳动精神，我们能够更好地应对工作中的压力，使其成为促进个人成长和发展的动力，而不是负担。

（二）身心疲劳

疲劳是在从事劳动过程中正常的生理反应。当人体感到疲劳时，可以通过适当的休息来缓解疲劳。例如，在进行写作工作时，如果出现视觉疲劳，可以通过适当的眼部休息来保护视力；而建筑工人在体力劳动后感到疲劳时，可以通过适当的身体休息来恢复精力，减轻疲劳感。

然而，相对于身体疲劳，心理疲劳对劳动者的影响更为重要。当出现心理疲劳时，劳动者可能会失去对工作的积极性。

为了应对心理疲劳，我们需要采取一些措施。首先，建立良好的劳动价值观对于职业导向至关重要。其次，需要确保有合理的劳动节奏，保障足够的休息时间，并学会有效地放松，这样才能在工作中保持高效的状态，创造更多价值。职业倦怠是一种心理疲劳的表现，当劳动者感到身心俱疲、精力耗尽时，就可能出现这种情况，因此需要特别注意预防和应对。

（三）职业倦怠

职业倦怠是由长期承受过度压力导致的情绪、精神和身体的极度疲惫状态。虽然不被视为疾病，但它会对身心健康产生不利影响。职业倦怠通常表现出三个主要特征：一是感到精力不足或耗竭；二是对工作失去热情，情绪不稳，易怒，对周围的事物漠不关心；三是工作效率下降，感到自己无法胜任工作，对未来感到无望等。

为了缓解职业倦怠的状态，可以采取以下措施：首先，要认清自己的自我价值，了解自己的优点和不足，避免给自己施加过大的压力。其次，在工作之外培养自己的兴趣爱好，这有助于调节情绪，提供精神放松。最后，要实现工作与生活的平衡，懂得享受工作中的乐趣和生活中的美好细节。这些方法有助于减轻职业倦怠的症状，维护身心健康。

二、劳动常识与专业知识

我们在劳动时需要用到一些劳动常识与专业知识。越是复杂或困难的劳动，越需要我们具备丰富的劳动知识。一方面，具备一些劳动常识与专业知识是我们劳动的必备条件；另一方面，具备一些劳动常识与专业知识有助于我们更简单、更高效地劳动。

（一）劳动常识

劳动常识是我们应当具备的劳动基础知识。在日常生活和工作中，我们即使面对的是简单的劳动任务，也需要一定的劳动常识。通常，我们可以通过自我学习、借鉴他人的劳动方法和经验或者通过自己的劳动实践等途径来掌握劳动常识。

（二）劳动专业知识

一些劳动不仅要求我们具备劳动常识，还要求我们具备相应的专业知识，否则我们很难胜任具体工作。不同的劳动都有其对应的专业知识，我们一般可以通过学校的专业课程学习、各种渠道的培训（如岗前培训、专业培训）等途径来掌握劳动专业知识。

任务二

劳动能力概说

任务工单

请仔细阅读表 2-1 中的问题，回答“是”或“否”，然后简要说明理由。

表 2-1　自我管理测评

1. 你是否了解自我管理不足的不利影响？
回答：
2. 你是否认识到自我管理能力的重要性？
回答：
3. 你是一个自律的人吗？
回答：
4. 你是一个自觉的人吗？
回答：
5. 你是一个自省的人吗？
回答：
6. 你是否为自己设立了明确的目标？
回答：
7. 你是否通过自我管理提高了学习效率？
回答：
8. 你是否认为一个人的成功需要善于自我管理？
回答：

上述问题中，回答“是”越多，越能说明你认识到了自我管理的重要性，并善于自我管理。

能力是指人们解决问题的个人心理特征，是完成任务或达到目标所必需的条件。能力直接影响劳动者的工作效率，是顺利完成工作任务的重要内在因素。因此，劳动者需要具备一定的劳动能力以胜任工作。

劳动能力可以分为广义和狭义两种。广义的劳动能力包括劳动的一般性知识、劳动技能、劳动素养等，适用于生产、生活和服务等各个领域。此外，广义劳动能力还包括职业和专业领域的特殊知识、专业技能和职业素养。狭义的劳动能力指的是完成工作所需的体力和脑力。不论是一般性劳动能力、职业性劳动能力还是更专业的专业性劳动能力，都需要通过培训和学习不断提升，然后在实际工作中应用。

如今，知识更新速度快，劳动工具和技术不断智能化。为了保持竞争力，个人需要培养能够应对终身学习和适应技术进步的劳动能力。对于职业学校的学生来说，培养自我管理和时间管理能力尤为重要，这有助于他们更好地应对不断变化的工作环境和需求。

拓展阅读

劳动能力的内涵

法律上所指的劳动能力，是劳动者以自己的行为依法行使劳动权利和履行劳动义务的能力，即劳动行为能力。一般意义上的劳动能力则是指保障个体顺利完成相应劳动任务的胜任力，是个体的劳动知识、劳动技能、思维方式等在劳动实践活动中的综合表现，能够直接影响个体的劳动效率。劳动知识是劳动能力形成的必要条件。

2020 年 7 月发布的《大中小学劳动教育指导纲要（试行）》中指出，要全面提高学生的劳动素养，使学生具有必备的劳动能力。具体而言，就是要掌握基本的劳动知识和技能，正确使用常见劳动工具，增强体力、智力和创造力，具备完成一定劳动任务所需要的设计能力、操作能力及团队合作能力。

劳动能力需要在认识和使用劳动工具、熟悉劳动过程中形成。与记忆数学公式、物理公式和记忆化学反应方程式这类学科学习的能力不同，劳动能力不仅强调知识记忆，更强调按照预期劳动要求高效地完成任务，得到满意的产品或服务。比如，数学中用长、宽、高三者乘积来计算体积的公式，只有结合建筑形状与材料特征才能应用于建筑工地。一线建筑工人的劳动能力，就是将这些公式和建筑形状、材料联系起来思考和行动的能力。

一、自我管理能力

自我管理能力是指个人依靠主观能动性（主观能动性也称“自觉能动性”，指人的主观意识和实践活动对于客观世界的能动作用，是人对外界或内部的刺激或影响作出的主观反应），按照社会目标，有意识、有目的地对自己的思想、行为进行转化和控制的能力。简单来说，自我管理就是自律，自我管理能力就是进行自我控制的能力。

（一）自我管理能力的重要性

自我管理在我们的生活和生产劳动中扮演着十分重要的角色。缺乏自我管理能力的人容易做事不积极、半途而废，往往需要比别人更多的直接监督。因此，自我管理能力对于个人健康成长和发展十分重要。

1. 自我管理能力决定人生价值取向

自我管理能力能够决定一个人的价值取向。例如，为了奋发图强，战国时的苏秦“锥刺股”，东汉时的孙敬“头悬梁”，东晋时的祖逖“闻鸡起舞”；现代科学家钱学森、钱伟长等，为了报效祖国，毅然放弃国外的优越条件，冲破重重困难，回到祖国。

人的头脑中始终有正义和邪恶在较量，而决定它们胜负的就是自我管理能力。

2. 自我管理能力决定竞争力

纵观历史上的杰出人才，他们不但拥有不同于常人的天资，而且很多人在年少时就显示出超常的自我管理能力。例如，匡衡、王充、贾逵、孙康、顾炎武、陶行知等，这些人都是年少时就好学不倦，勤于学习。

谁能够更早地培养和提高自我管理能力，谁就会处处抓住先机、掌握主动，否则，只会步步落后，失去竞争力。凡是善于自我管理的人，他们的思维都比较清晰，会为自己确定切实可行的奋斗目标，并制订详细科学的计划，使自己有限的精力集中有效地投入实现目标的行动中。

3. 自我管理能力影响其他素质形成的质量

自我管理能力是随着人的意志品质、行为习惯等素质的养成一起逐渐形成的。信念、意志、毅力、自律、自控、自强等都体现了自我管理能力，认知能力、接受能力、自育能力也反映出自我管理能力。自我管理能力决定着道德情操的高低和行为习惯养成的质量。如果没有一定的自我管理能力，一切都靠别人监督管理，那么很难提高其他素质。

（二）自我管理不足的原因及不利影响

1. 自我管理不足的原因

对职业院校学生而言，自我管理不足的原因有很多，最主要的见图 2-1。

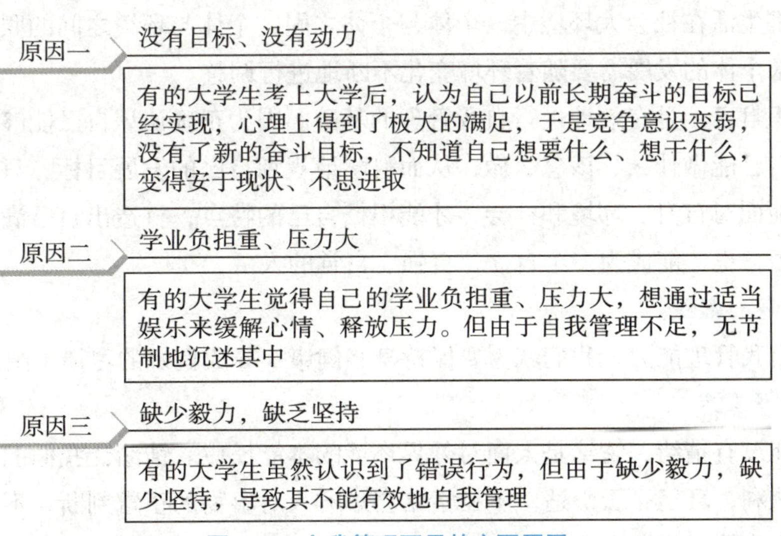

图 2-1 自我管理不足的主要原因

2. 自我管理不足的不利影响

自我管理不足的不利影响是显而易见的，主要体现在以下 5 方面（图 2-2）。

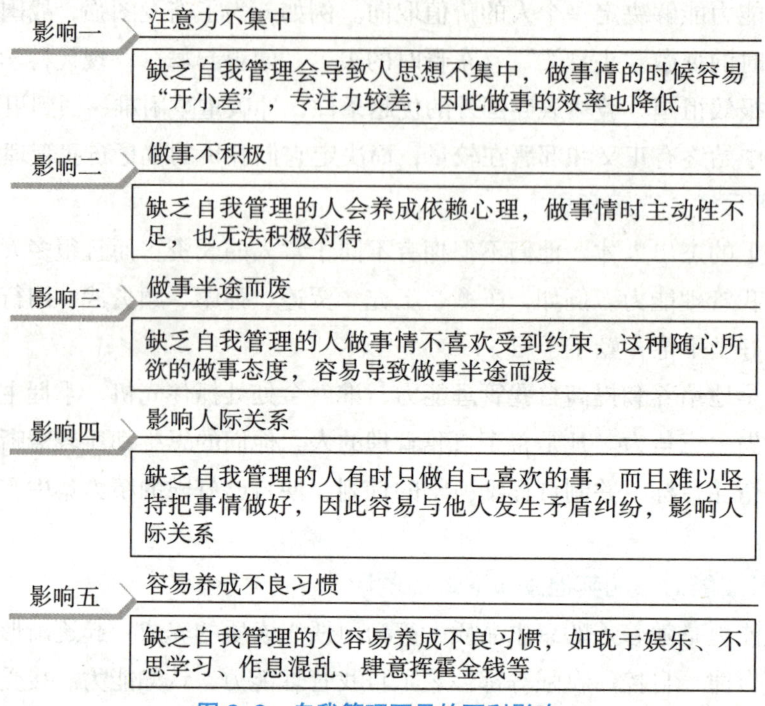

图 2-2　自我管理不足的不利影响

（三）自我管理能力的培养

我们认识到了自我管理能力的重要性之后，就应当及时、积极地培养和提高自己的自我管理能力。这样我们才能更好地发挥自己的长处，取得更高的成就。

1. 认识自己

每个人都生活在社会大环境中，个体与个体之间、个体与环境之间的联系不断发展变化，这就要求个体的发展需要随着环境变化不断地进行调整。

正确认识自己，是有效地进行自我管理的基础。因为正确认识自己能够发现自己的优缺点，知道自己能做什么、该怎么做，从而科学地规划自己的发展目标。只有正确认识自己才能正确地面对自身、环境和社会，才能根据自己的特点，打造出自己满意、社会需要的核心竞争力，也才能成为一个自立、自强、自觉的人。

2. 保持身心健康

要培养自我管理能力，我们就需要保持身心健康，养成良好的习惯（图 2-3）。

3. 处理好情绪

人不可能没有情绪，情绪是人面对外界环境的本能反应。情绪让我们能够感知到外界的事情是否顺利，环境是否舒适。不良情绪会影响人对事物的正常判断，不能如实地对待事情。培养自我管理能力，我们应该做情绪的主人，不能让不良情绪影响自己。

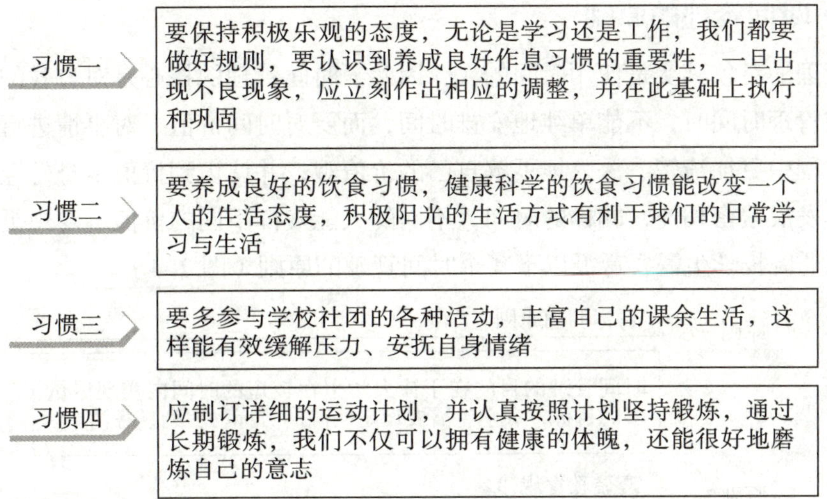

图 2-3　培养良好习惯

4. 拒绝“拖延症”

培养自我管理能力，我们应该拒绝“拖延症”。今天的事情就要在今天完成，要马上行动，不能拖延到明天。拖延的事情会成为我们明天的负担，从而没完没了地延续。

5. 明确职责的优先顺序

培养自我管理能力，我们要明确界定现阶段哪些职责是最重要的，把自己的时间、精力和技能集中在最关键的任务上，避免分散注意力。在进入下一项任务之前，先完整地完成上一项任务，这样才能有效地管理自己的时间和精力。

6. 进行自我激励

进行自我激励是培养自我管理能力的较为常见的有效手段。个人的动力往往来源于对成功的渴望，进行自我激励，可以让工作更有效率。

归根结底，人最大的对手是自己，自己成为什么样的人，最根本的原因在于自身。我们需要为自己负责，知道自己想做什么，从而知道怎么做，这样才能管理好自己。

二、时间管理能力

所谓时间管理，是指为提高时间的利用率和有效性而对时间进行合理计划与控制、有效安排与运用的管理过程。时间管理与个人的生活质量密切相关。通过时间管理，我们可以合理地安排个人生活，并有效利用任何可以支配的时间，更高效地完成任务，将时间效益发挥到最大。

虽然我们不能创造时间，但可以创造性地开发和利用时间资源。对于当代职业院校学生，时间管理不仅是克服拖延症的有力武器，也是帮助职业院校学生高效支配时间的方法，帮助职业院校学生做一个有效率、有计划、适应当代社会竞争的人。

（一）时间管理的原则

时间管理的对象其实是使用时间的人，因此，时间管理的核心是对自我的管理。职业院校学生在管理时间时，不能单纯地安排时间，而要对时间价值、对事情进行衡量，从时间管理的过程中更加清楚、深入地了解自己的价值观，并认识到价值本身的重要性。时间管理与个体发展紧密相连，同样的时间，不同的人能发挥不同的价值。要想更有效率地安排时间，职业院校学生需要遵循以下 4 个时间管理的原则（图 2–4）。

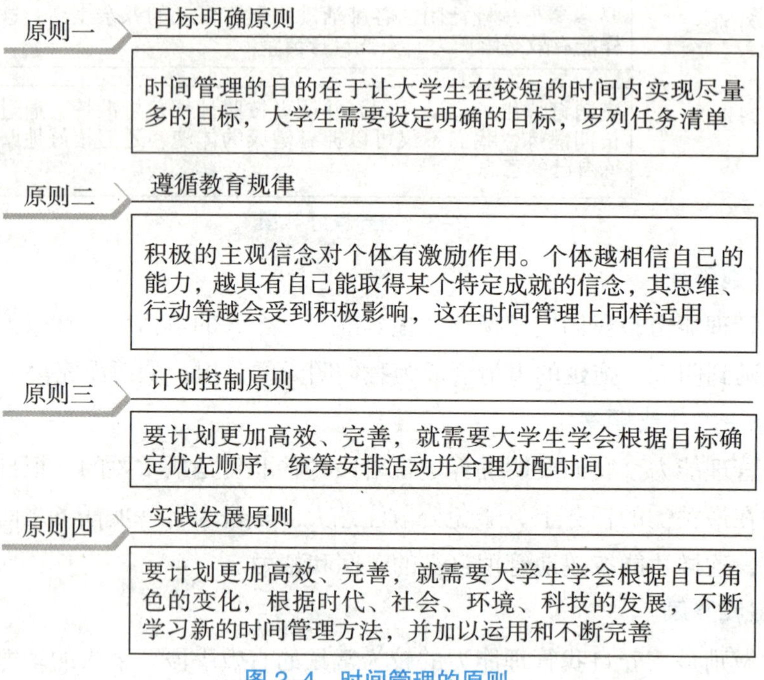

图 2–4 时间管理的原则

（二）时间管理的策略

时间管理的策略有许多，如番茄工作法、打卡表格法、项限时间管理法、计划清单表格法、吞青蛙表格法、甘特图法等。职业院校学生可以根据自己的实际情况选择喜欢的、适合自己实际情况的时间管理策略。

1. 番茄工作法

番茄工作法由弗朗西斯科·西里洛提出。研究表明，人的注意力很难集中半个小时以上，而番茄工作法则将工作或学习时间进行拆分，以 25 分钟为一个单位，将这个时间单位称作一个番茄钟。通过这种强迫式的分解，职业院校学生可以更好地专注于当下的时间和任务。每天，职业院校学生可以将要完成的活动列一个代办清单，然后使用番茄工作法，方法如下。

（1）开始活动时，将时间设定为 25 分钟，启动闹钟。

（2）当闹钟铃响时，在该任务栏右侧画一个“√”或画一个番茄图案，代表一个番茄钟的时间。

（3）接下来休息 3 ~ 5 分钟，活动、喝水、解决生理问题等。

（4）开始下一个番茄钟，继续做该任务，直到任务完成，将任务划掉。

（5）每 4 个番茄钟后，休息 25 分钟。

在番茄钟的中途，学生可能会遇到内、外部干扰。内部干扰如自己觉得冷，想要取个暖手宝等；外部干扰表现为受到同学和朋友的干扰等。这时学生需要立刻将自己的想法记录下来或立马与他人进行协商，表示稍后再议，使自己尽快回归学习状态。总之，要等番茄钟结束后再处理。如果学生不严格遵循番茄钟，总是被打断或按自己的想法做事，那么使用番茄工作法没有任何意义。

需要注意的是，不要在非工作或非学习时间使用番茄钟，也不能把一个番茄钟进行分割。如果在一个番茄钟未结束时有其他的事需要处理，这个番茄钟需宣告作废并在之后重新开启新的番茄钟。另外，如果一个任务需要的番茄钟超过 5 个，那么最好将该任务进行合理拆分。如果完成一个任务的时间不满一个番茄钟，则应将该任务与其他任务合并。

2. 打卡表格法

打卡表格法是比较简单、易上手的时间管理方法。学生可利用表 2–2 确定自己需要完成的目标。例如，早上 7 点起床，目标完成则画“√”标记；未完成则保留空白，或画“×”标记。若连续获得多个“√”标记，学生可奖励自己，如吃一顿美食、看一次电影等。

表 2–2　打卡表格

周一	周二	周三	……	周日
7 点起床√				
预习两篇课文√				
完成 5 张卷子 ×				
打 1 小时羽毛球√				
完成命题诗一首√				
背 30 个新单词√				

这种时间管理策略可以对学生起到正面的暗示作用，更有助于帮助其建立自信心。

3. 四象限时间管理法

四象限时间管理法也叫 ABCD 时间管理法，是以事项的紧急程度和重要性为指标安排工作事项，从而提高时间利用率的方法。这种时间管理法以事项的重要与否和紧急与否设立坐标系，将所有的待办事项划入 A、B、C、D 等 4 个区域。A 区（第一象限）代表重要又紧急的事项，B 区（第二象限）代表重要但不紧急的事项，C 区（第三象限）代表紧急但不重要的事项，D 区（第四象限）代表不紧急也不重要的事项。

需要注意的是，B 区和 C 区的划分很关键，职业院校学生一定要对待办事项仔细区分，一般 B 区的事项更有价值，C 区的事项则没有太大价值。在这 4 个象限中，事项的重要程度关系是“A 区 >B 区 >C 区 >D 区”，职业院校学生应该按照从大到小的顺序完成事项。

4. 计划清单表格法

计划清单表格法比较简单。首先，职业院校学生每天需要花费约 10 分钟对一整天进行规划，也就是罗列出待办事项，不用思考这些事项是否合理或是否有必要；然后，职业院校学生要区分事项的主次关系，选出最有价值和必须做的事放入计划清单中；最后，职业院校学生要按照二八原则（二八原则又名二八定律，即花费 80% 的时间来做 20% 最重要的事情），优先将主要精力放在最有价值的事情上，不太重要、对自己帮助不大且耗费时间的事情可延后处理、交给别人处理或者直接放弃。职业院校学生可参考表 2–3 来进行准备。

表 2–3　计划清单表格

每日计划（____ 年 ____ 月 ____ 日）			
时间	整日规划	计划清单	备忘 / 笔记
8 点			
9 点			
10 点			
11 点			
12 点			
……			
22 点			

5. 吞青蛙表格法

吞青蛙表格法来源博恩 · 崔西，他在《吃掉那只青蛙》里说：“如果你必须吃掉一只青蛙，不要长时间盯着它看。如果你必须连着吃掉 3 只青蛙，记得要先吃掉最大、最丑的那只。”这里的“青蛙”，就是一天中最重要的任务。

职业院校学生总是有各种各样即将面对或想完成的事情，但并不是所有事情都能得到解决，只有学会放弃，将自己的时间和精力放在那些最重要、最有价值的事情上，才能有效地安排好事情。

职业院校学生需要找出一年、一个月、一周、一天中最重要的 3 件事，即必须吃掉的“3 只青蛙”。表 2–4 所示为吞青蛙表格示例。

表 2–4　吞青蛙表格

青蛙列表	周一	周二	……	周日
1				
2				
3				
总结				

在运用吞青蛙表格法时，职业院校学生需要谨记以下原则。

（1）“先吃掉最大、最丑的那只”，即先解决最具挑战性、最重要、最困难的任务。

（2）“不要长时间盯着它看”，即职业院校学生需要马上行动，立即动手完成任务。

在“吞青蛙”的时间中，职业院校学生要学会对浪费时间的其他琐事说“不”，专注于解决优先事项，同时尽量在规定时间内高效率地“吃完青蛙”。职业院校学生可以将这种吞青蛙表格法运用到学习、生活、工作、健康等领域，通过这种专注于重要事项的时间管理策略，养成有效利用时间、将时间用在“刀刃”上的好习惯。

6. 甘特图法

甘特图由亨利·劳伦斯·甘特提出，又称为横道图、条状图。甘特图一般以横轴表示时间，以纵轴表示任务或项目，以条状线条表示项目的进度或完成情况。当然，职业院校学生也可以使用表 2–5 所示的表格制作甘特图，原理基本一致。

表 2–5　表格式甘特图

时间 任务	时间 1	时间 2	时间 3	时间 4	时间 5	时间 6
任务 1						
任务 2						
任务 3						
任务 4						
任务 5						
任务 6						

表 2–4 中的任务和时间需要具体标明，如将时间 1 和时间 2 分别设置为“8 时”“10 时”或“1 月 1 日”“1 月 2 日”等。这需要职业院校学生根据自己的任务计划来决定。

利用甘特图，职业院校学生可以通过任务列表和事件刻度，清楚记录任务的持续时间，还可将完成任务的时间与自己的预期完成时间做对比，让自己及时按需调整进度。职业院校学生还可用甘特图记录同一时间进行的任务，十分方便、醒目，且易于编制。

（三）制作时间管理计划表

了解了时间管理策略后，职业院校学生需要制作属于自己的时间管理计划表。许多管理专家都认为，一天中最有价值的时间是用来制订计划的时间。既然时间管理如此重要，职业院校学生应当如何制作时间管理计划表呢?

1. 确定一份可行的计划清单

时间管理的目标是在有限时间里更好地完成待办事项，因此，职业院校学生做好时间管理的第一步就是确认自己的待办清单，确定自己的日度、月度和年度待办事项。不少人都有“鸵鸟心态”，他们会错误地认为逃避现实比面对众多事项更加轻松，但事实上，尽快分析并解决事情，才会让生活更加轻松。

在确定待办事项时，职业院校学生要确保这些事都是可被衡量的、切实可行的。例如，“我要减肥”的目标就不及“我要减 20 斤”具体，而后者也不及“我要减 6 斤”更具可行性；再如有些人的目标是“毕业后当老师”，这样的待办事项应该被分解为更小、可操作的其

他待办目标，如“购买考教师资格证的教材”“报名教师资格证考试”“学习《教育学》第一章前两节的内容”等明显更具体可行的目标。

2. 根据待办事项做好时间规划

职业院校学生做好时间管理的第二步是合理分配自己的时间，职业院校学生应分别安排好学习时间和空闲时间。为了方便浏览整日或整周的时间安排，职业院校学生需要制作一个通览表，分别标出学习时间和空闲时间，这样可以对自己的时间有清楚地认识，从而更加合理地规划待办事项。

接下来，职业院校学生需要审视自己的待办事项，排出事项的优先级，然后选择特定的时间完成最有价值的事项，最后按照轻重缓急在其余时间里完成其他事项。

3. 限制计划数目

每个人的精力都是有限的，过度透支精力可能会对身体造成难以预计的伤害。因此，职业院校学生制作时间管理计划表的第三步就是限制一天的计划数目，让自己处在较为和谐、协调的环境中，避免将时间安排得“密不透风”。精力和体力透支过度不仅会给职业院校学生带来身体压力，还会对职业院校学生的心理、精神带来不良影响，降低其完成任务的热情，影响计划的完成度。

4. 确定并准备适合自己的时间管理计划表

充分考虑时间和待办事项等先决条件后，职业院校学生可以根据自己的实际情况确定并准备自己的时间管理计划表，这是制作时间管理计划表的第四步。这时，职业院校学生可以考虑前文所讲的时间管理策略，确定自己的表格形式。例如，有的同学选择使用计划清单表格法，那么他需要制作相应的表格，然后进行填写，并按原理执行计划；有的同学觉得吞青蛙表格法和番茄工作法比较适合自己，那么他可以选择制作吞青蛙表格，依次填写 3 项待办事务，然后使用番茄工作法来执行并作出标记。

如果职业院校学生已经习惯使用某种时间管理计划表，且确实能十分高效地管理时间，那么职业院校学生可根据自己原有的习惯继续执行。

5. 适时检查时间管理计划表

最后，职业院校学生还需要对时间管理计划表的完成情况进行适时地检查，回顾自己是否顺利执行。如果执行顺利，可继续保持，这种情况也便于职业院校学生进行后一日的工作安排；如果执行不顺利，如遇到了某些阻碍，影响了计划的完成，那么职业院校学生需要反思，在时间管理策略或时间管理计划表上作出调整，寻找具体的改进方法。例如，有些职业院校学生被很多临时事件干扰，没有大段的完整时间，那么这类职业院校学生可能就不适合使用番茄工作法。

对时间管理计划表适时检查不仅有利于职业院校学生做好前后工作的衔接，鞭策职业院校学生树立时间管理的意识，还能帮助职业院校学生更好地发现和掌握更科学、更适合自己的时间管理策略，合理地安排自己的校园生活，让学生生活更加丰富充实、多姿多彩。

案例

锻炼劳动能力 弘扬劳动精神
——职业院校组织学生开展劳动实践活动

为锻炼学生劳动能力和社会实践能力，弘扬劳动精神，推进青年学生思想道德建设，深化社会主义核心价值观教育，2024 年寒假，辽宁铁道职业技术学院团委积极组织学生开展大学生寒假“返家乡”社会实践活动。

之后，众多学生纷纷响应学校团委号召，积极参加各种社会实践活动和义务劳动，他们有的在街头认真主动向市民宣传防诈知识（图 2-6），有的去福利院看望老人，并热忱耐心为老人按摩，有的去事业单位实践，主动承担行政工作，有的义务参加城市环境建设。这一系列劳动让同学们感受着劳动的艰辛与快乐，体味着劳动最光荣，劳动最崇高，劳动最伟大，劳动最美丽，同时也用实际行动锻炼了自己的劳动能力和实践能力，弘扬了劳动精神。

案例思考：此次实践活动的开展锻炼了同学们的劳动能力，培养了同学们助人为乐、甘于奉献的精神，树立了“幸福都是奋斗出来的”的思想，使他们深深懂得识大体、勇担当、讲奉献、知感恩是劳动精神的核心内涵，青年学子就是要弘扬劳动精神，擦亮劳动光荣的价值原色，建功新时代，添彩文明城市创建。

（来源：我的返家乡故事·大学生实践行|铁道工程学院莫文雅参加寒假“返家乡”社会实践活动，辽铁青年微信号 2024 年 3 月 9 日）

任务三

劳动工具技能校验

花灯制作活动

活动安排：

3 ~ 5 名同学组成一个小组。

活动准备：

1. 骨架材料的准备。最好选用可以弯曲的竹枝或竹皮搭成框架，衔接的地方用细线绑紧。如果没有竹枝或竹皮，也可以用细长条状的硬纸板和烧烤用的竹签替代，虽然在结实程度和柔韧性上会有所欠缺，但摆在室内效果也不错。

2. 灯身的材料准备。准备水彩笔、水彩颜料、白色和红色两种宣纸、白色棉纱布、一把剪刀和一把裁纸刀。

3. 光源材料的准备。准备一根蜡烛或灯泡、电池。

4. 裱糊材料的准备。准备一瓶糨糊、一把小软毛刷。

活动过程：

第一步，制作骨架。

对于纸灯笼来说，比较容易做的形状是立方体或圆柱体。

1. 将竹子放在蒸汽室内（或加热半小时），然后取出，置阴凉处晾干，但不得过分干燥，也不能在强光下暴晒。

2. 刨皮裁度。刨去粗糙的表皮，裁取所需的竹条长度，该长度以灯笼大小而定。扎骨架以交叉方式完成灯架编织，灯架中间，扎数圈竹圈于灯壁上。

第二步，制作灯身。

把宣纸裁成符合灯笼骨架的长度和宽度后，就可以自行设计图案了。书法、绘画、剪纸等才艺，都可以在小小的灯笼上呈现。灯笼糊好后，还可以用窄条的仿绫纸在上、下部分镶边，使灯笼看起来更为雅致，也更像宫灯。

如果不太擅长书画，这里有一个简单的办法可供参考。用一张薄纸在字帖上描下想要的字样，再将这张薄纸和红色宣纸重叠在一起，用单刃刀片将字迹挖掉。拿掉有字的薄纸，红宣纸上就出现了镂空字。用白色宣纸做灯身，将红色宣纸糊在里面，烛光或灯光会从红色宣纸的镂空字处映射出来，效果相当漂亮。

第三步，制作光源。

如果将灯笼放在室内，只需要在灯笼里点一根普通蜡烛；如果想提着它出去，最好用灯泡和电池做一个简单电路。

第四步，裱糊。

先将稀释的糨糊均匀地平刷在骨架表面，再裱糊棉纱布，即将剪好的纱布轻附在灯架上，再用刷子蘸糨糊刷平，最后再粘贴两层做灯笼用的单光纸（如果没有单光纸，细棉纸亦可）。需要注意的是，刷平糨糊的刷子必须干净，裱糊的纸也必须没有接缝，裱糊才算真正完成。

第五步，晾干。

将灯笼放在阴凉通风处晾干。

第六步，彩绘。

1. 彩绘或剪贴：以所需图案（如人物、八仙、花鸟、仕女等）彩绘或剪贴。

2. 书写文字：彩绘后，依情况来决定是否书写文字。等文字、图案完全干了后，灯笼就大功告成。

活动安全：

正确使用相关的劳动工具，使用工具时要注意安全。

【填一填】

通过本次劳动体验，我的感悟是：____

____

制造和使用劳动工具是人类与动物的本质区别之一。劳动工具的存在代表着对自然的改造，标志着生产活动的开始。因此，人类的文明史与制造和使用劳动工具的历史紧密相连，两者同步发展，相辅相成。

人类的聪明才智和劳动能力是在制造和使用劳动工具、熟悉劳动过程中逐渐形成的。举例来说，卫生打扫需要使用清洁工具，烹饪需要使用厨具，加工制造需要机械设备，处理信息需要借助计算机等。即使我们掌握了物理学的杠杆原理，但如果没有实际使用铁锹等工具来开垦土地，我们可能不会真正掌握土地开垦的技能。同样，虽然我们可能了解烹饪的理论知识，但要制作出美味可口的食物，需要通过实际操作来掌握油盐酱醋的用量等细节。这些劳动能力都是通过在使用劳动工具、熟悉劳动过程中不断积累和习得的。

因此，制造和使用劳动工具不仅是人类文明的标志，也是人类智慧和劳动能力的重要体现，这一过程不断推动着社会的进步和发展。

一、认识劳动工具

劳动工具，又称为生产工具，是人们在生产过程中用来直接对劳动对象进行加工的物件。它在劳动者和劳动对象之间起着传导劳动的重要作用，是劳动资料的基本组成部分，也是机械性劳动资料的主要组成部分。劳动工具的范围非常广泛，从原始社会的石斧和弓箭，到现代社会各种各样的工具、机器、智能设备等，都扮演着传导劳动的角色，是生产的关键要素之一。

制造和使用劳动工具是人类文明和劳动活动的重要标志，也是人类与其他动物的根本区别之一。劳动工具的出现和发展是人类社会进步的必然结果。劳动工具的演化和改进一直是社会生产力发展的核心驱动力。事实上，社会生产的变革和进步往往始于劳动工具的改进和革新。马克思指出：“手推磨产生的是封建社会，而蒸汽磨产生的是工业资本主义社会。”这凸显了劳动工具对社会生产关系和社会结构的深刻影响。

因此，劳动工具不仅是社会控制自然的工具，也是社会生产关系的反映和推动者。劳动工具的不断进步和应用，推动着社会的不断发展和演进。

二、劳动工具的演变

人类社会的发展由劳动工具的演变主导。在人类历史上，劳动工具的每一次变革，都带来了划时代的生产方式的变革，并随之带动社会形态的变革。原始社会到现代社会的演变过程，清晰地反映出劳动工具与社会发展的相互关系。

早期的劳动工具（石木工具、金属工具）是劳动者依靠自身体力，用手操纵的；后来诞生出机器（包括工具机、动力机和传动装置 3 个部分），形成了复杂的机器体系；而现代的自动化机器体系，又增加了以电子计算机为核心的自控装置。劳动工具日益复杂化、智能化，是推动社会生产力发展的重要因素。而劳动工具的内容和形式又随着经济与科学技术的发展而不断变化。

大约在 5000 年前的石器时代，石头是劳动工具的主角，它不仅是主要的农耕工具，还可以作为饰品。这个时期的劳动工具除了石器，还有木器、骨器、角器以及用贝壳制作的工具等。事实证明，后来人们所使用的农具、手工业工具和辅助工具，其基本形态都由石器演变而来。青铜器时代，铜器或青铜器在农耕中大展风采，这个时期木质工具的结构也变得复杂，功能也增加了，人们学会了用木质纺织工具结合麻等原料制作衣物。封建社会，金属冶炼技术不断提高，铁器得到广泛使用，成为人们主要的农耕工具。同时，木质工具的结构更加复杂，功能更加丰富。工业时代，机器生产逐渐取代手工劳动，人们的双手逐渐得到解放，机器的创造和使用使人类的劳动效率较之前有了极大提高，人类社会进入加速发展时期，“日出而作，日落而息”的劳作方式发生了翻天覆地的改变。现代社会，生活越来越智能化，随着智能技术的开发和应用，智能机器时代正向我们走来，当其真正来临的时候，人类将从商品生产的劳动中彻底脱离出来。

三、常见的劳动工具

智能设备伴随着我们出生和长大，我们能够熟练操作手机和计算机等电子产品，却对一些其他的劳动工具知之甚少。然而，生活和生产劳动需要用到许多劳动工具，尽管一些劳动工具很常见，但如果我们不清楚它们的使用方法，就不能在劳动过程中高效地完成生产或生活任务，还可能因为错误操作导致危险发生。因此，我们有必要了解一些常见的劳动工具及其基本使用方法。

（一）电工类常见工具

在日常劳动中，我们经常会使用一些基础的电工工具，如表 2–6 所示。

表 2-6　电工类常见工具汇总

名称	简介	图示
试电笔（测电笔）	试电笔用于检查导线和电气设备是否带电，笔体中有氖泡，测试时如果氖泡发光，则说明检查对象带电。需要注意的是，测试时一定要用手触及试电笔末端的金属部分，否则，因带电体、试电笔、人体与大地没有形成回路，试电笔中的氖泡不会发光，会造成误判，让我们误认为带电体不带电	
螺丝刀（改锥）	常见的有一字螺丝刀和十字螺丝刀（或称梅花螺丝刀），主要用于拧螺丝，其操作利用了轮轴的工作原理，轮越大时越省力，所以使用粗把的螺丝刀比使用细把的螺丝刀更省力	
电工刀	电工刀是电工常用的切削工具，主要用来剖切导线、电缆的绝缘层。电工刀是可折叠的，使用完后应将刀刃折回刀柄	
尖嘴钳	尖嘴钳是一种常用的钳形工具，主要用来剪切线径较细的单股与多股线，以及给单股导线接头弯圈、剥塑料绝缘层等，其优点是能够在较狭小的工作空间中操作	
老虎钳（钢丝钳）	老虎钳是一种夹钳和剪切工具，属于省力杠杆，多用于起钉子或夹断钉子和铁丝等	
扳手	扳手是一种常用的安装与拆卸工具，用于拧转螺栓、螺钉、螺母等较为费力的对象。我们在使用扳手时，可通过大拇指拨动螺纹调节器，调整扳手的开口大小，以适合待拧转对象的大小	

（二）木工类常见工具

木工是一种较常见的劳动，一些使用率较高的木工工具如表 2-7 所示。

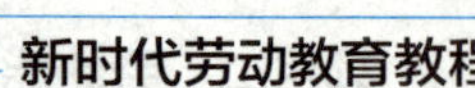

表 2-7　木工类常见工具汇总

名称	简介	图示
羊角锤	羊角锤既可用于敲击、锤打，又可用于起拔钉子。捶打钉子时，锤头应平击钉帽，使钉子垂直进入木料；起拔钉子时，宜在羊角处垫上木块，增强起拔力。捶打时应注意锤击面的平整完好，以防钉子飞出或羊角锤滑脱伤人	
手工锯	手工锯是一种把木料或其他需要加工的物品锯断或锯割开的工具，使用时用手握住手柄，在木料上来回推拉	
电钻	电钻有手电钻、冲击钻、锤钻等类型，手电钻的功率最小，仅限于钻木用；冲击钻能在砖、砌块、混凝土等脆性材料上钻孔；锤钻则可在多种硬质材料上钻孔，使用范围最广。我们在使用电钻时．应先准备好大小合适的钻头，并转动电钻下方齿轮的转环，然后松开电钻的夹头，增加夹柱之间的缝隙后放入钻头，旋紧钻头上面的小孔后，插上电源，接着按下电钻把手上的电源开关即可钻孔。钻孔时压得越重，电钻转速就会越快	
卷尺	卷尺是一种度量工具。木工中常用的是钢卷尺，使用时需先将卷尺拉出，然后按下制动按钮，测量完毕后释放制动按钮，小心且缓慢地将卷尺收缩起来	
斧头	斧头是一种砍削工具，主要用于伐木和切削木材。当需要砍伐时，应双手握住手柄大力操作；当需要切削时，可单手握住手柄精细操作	
砂纸	砂纸是一种打磨用工具，用于打磨金属、木材等表面，使其光洁平滑。砂纸有干磨砂纸和耐水砂纸两种。干磨砂纸（木砂纸）用于打磨木器、竹器的表面；耐水砂纸（水砂纸）用于在水中或油中打磨金属或非金属工件的表面。我们在使用砂纸时，用有砂砾的一面接触对象，来回打磨即可	
锉刀	锉刀是用于锉削木料、金属、皮革等对象表层，使其光滑平整的小型加工工具，有平锉、半圆锉、方锉、三角锉、圆锉等类型。我们在使用锉刀时，应一手握着刀柄，一手按压锉刀前端，进行来回推拉	

（三）常见农具

农业劳动中，我们应该学会使用一些常见的农具来提高劳动效率。表 2-8 对一些常见的农具进行了简单介绍。

表 2-8　常见农具汇总

名称	简介	图示
扁担	扁担是一种扁圆长条形的、用于放在肩上挑东西或抬东西的用具，常见的扁担有木制的和竹制的。使用扁担时，扁担两头尽量保持一样的重量，放长绳子，降低重心，以减轻肩膀的压力。用扁担挑水时，应尽量走小碎步，这样可以尽量避免桶内的水洒出来	
镰刀	镰刀是用于收割庄稼和割草的农具，由刀片和木把构成。使用时一手握着庄稼，一手用镰刀来回推拉。注意，使用镰刀时不要误伤了自己，新手特别容易割伤自己的脚和腿	
铁锹	铁锹是一种用于耕地、铲土的常见农具，其长柄以木制为多，头部的铁锹有尖头铁锹、方头铁锹等多种类型。使用铁锹时可以借助脚力，用脚使劲将铁锹踩入泥土中，这样有助于提高劳动效率	
锄头	锄头是一种非常常见的农具，可用于挖穴、耕垦、盖土、除草、碎土、中耕、培土等各种作业，使用时以两手握柄，举起锄头，从上往下做回转冲击运动	
石磨	石磨是一种用于把米、麦、豆等粮食加工成粉、浆的工具。推动石磨不能太快也不能太慢，应根据粮食的种类选择合适的速度匀速推动	
杆秤	杆秤是一种利用杠杆原理称质量的简易工具，一般由木制的带有秤星的秤杆、金属秤锤、秤盘、提绳等组成。我们在使用杆秤时，应先挂上秤锤，再在秤盘上装上物品，然后提起提纽，推动秤绳，使秤保持平衡后即可读出物品的质量	

拓展阅读

鲁班发明锯子

鲁班，春秋时期鲁国人，姬姓，公输氏，人称公输盘或公输般，尊称鲁班。鲁班被誉为“中国建筑鼻祖”和“木匠鼻祖”，鲁班的名字也是古代劳动人民智慧的象征。

相传有一年，鲁班接受了一项修建巨大宫殿的任务。这座宫殿需要很多木料，鲁班就让徒弟们上山砍伐树木。他的徒弟们用斧头砍伐树木，效率非常低。

眼看着修建宫殿的任务期限越来越近，鲁班准备亲自上山察看砍伐树木的情况。上山时，由于他不小心，手被野草的叶子划破了，他摘下叶片轻轻一摸，原来叶子两边长着锋利的齿，他的手就是被这些小齿划破的，他还看到一棵野草上有条大蝗虫，蝗虫的大板牙上也排列着许多小齿，所以能很快磨碎叶片。从这两件事上，鲁班得到了启发。他想，要是有这样齿状的工具，应该也能很快地锯断树木了。于是，经过多次试验，他终于发明了锋利的锯子，大大提高了砍伐树木的效率。

从鲁班发明锯子的案例可以看出，人们创造和使用劳动工具通常都是通过实践并结合已有的知识和经验完成的。在鲁班之前，可能也有不少人遭遇过手被野草划破的类似情况，但只有鲁班从中受到启发，发明了锯子。这是因为鲁班有强烈的好奇心，注重对生活中一些微小事件的观察、思考和钻研，从中找到解决问题的方法和思路，甚至获得某些创造性发明。

爱国主义与劳动

爱国主义与劳动能力

青年学生可以通过各种途径参加活动，这些活动一方面体现和培养了他们的劳动能力，另一方面也能培养和增强他们的爱国主义情怀。

（1）实习和兼职工作：一些青年学生会在课余时间从事实习或兼职工作，积累实际工作经验和职业技能。这不仅有助于他们未来的职业发展，还培养了他们的劳动能力和社会责任感。

（2）学校社团和团队活动：青年学生可以加入各种校内社团和团队，参与校园的环保、公益、文化传承等活动。这些团体活动鼓励学生团结协作，培养了他们的领导能力和劳动能力，同时也展现了他们对学校和社会的责任感。

（3）志愿服务项目：青年学生积极参与各种志愿服务项目，如社区清洁活动、植树造林、义教支教等。这些活动不仅锻炼了他们的劳动能力，还表现出对社区和国家的热爱。

青年学生通过参与以上各种活动，培养了对国家的深厚感情，同时提高了自己的技能、责任感和劳动能力，为社会和国家的繁荣作出了贡献。这些活动也有助于塑造有为的新一代公民，为国家的未来做好准备。

思政之窗

青岛首创劳动能力鉴定智能化服务

2023 年 6 月，山东省青岛市《劳动能力鉴定智能化服务规范》正式实施，这是针对劳动能力鉴定智能化服务工作的全国首个地方标准。

劳动能力鉴定是职工享受相关社保待遇的重要依据，也是加强社保基金规范管理的重要环节。近年来，按照人社部、山东省人社厅对劳动能力鉴定工作规范化和风险防控的有关要求，青岛市人社部门从“数字化转型”入手，在全国首创劳动能力鉴定智能化服务模式，打造出“阳光、便捷、规范、高效”的鉴定服务品牌。

《劳动能力鉴定智能化服务规范》的制定，填补了国内标准空白，为全国劳动能力鉴定领域智能化、规范化建设提供了“青岛经验”。

劳动教育成长评价手册

请参加一次做美食的活动，按提示操作，然后按要求填空，完成下面的劳动教育成长评价手册。

劳动教育成长评价手册

劳动主题	包粽子
所需原料及工具	原料：糯米、枣、花生、红糖、排骨 工具：压力锅
劳动步骤	1. 提前泡好糯米，粽叶。排骨用盐、老抽、味极鲜、糖腌好。花生、枣洗干净。 2. 粽叶大头那面围成一个漏斗，先放一点糯米，再加一块腌好的排骨，再填满糯米，然后把长的粽叶包着糯米缠绕，最后用绳子多缠绕几圈系好。 3. 放在压力锅里加水没过粽子，煮 50 分钟，即可。
劳动照片	
自我评价	
家长评价	
教师评价	
我的感悟和收获	

3 项目三 劳动精神认知

学习目标

知识目标

△了解劳动精神的内涵及其主要特征。

△了解践行劳动精神的表现。

能力目标

△理解劳动精神的当代价值。

△能够弘扬劳动精神，崇尚劳动，爱惜自己的劳动成果。

素质目标

△提升对劳动精神的认知。

△培养良好的劳动精神，养成良好的劳动习惯。

△树立劳动最光荣、劳动最崇高、劳动最伟大、劳动最美丽的价值观念。

气象人杨文杰——大海上的孤独守望者

2023 年 6 月，一望无垠的渤海深邃而平静，整个渤海唯一一个有人值守的海上平台气象观测站矗立在此。自 1988 年建站至今，该站一直保持着一位气象人值守的惯例，气象观测员每天需要完成天气实况监测、气象数据传输、气象设备维护等规定任务，每隔 28 天轮换一次。在他们的坚守下，保证了气象数据监测连续 35 年未曾间断，大家亲切地称它为“海上一人气象站”。

杨文杰是这个气象站当前值守的观测员，自从 2003 年底从父亲手中接过接力棒成为第二代海上气象人，他已经在这个平台上驻守了整整 20 年。每周杨文杰都要在平台顶端，踩在距海面近 30 米高的镂空钢架上清理气象检测设备，脚下是浩瀚的大海，远处一望无际，海天一色。杨文杰动作熟练从容，他说：“刚来的时候也害怕，现在习惯了，站在平台边，海风吹来，看着辽阔的大海，总有一种想跳下去畅游一番的冲动。”

渤海埕北 A 平台是中国海洋石油集团的一个海上石油采集平台，它位于渤海西部，距离陆地 74 海里，一般乘船需 4.5 小时到达。气象站位于该平台 U/A 直升机甲板一侧，这里 35 年未曾间断的气象数据是海洋气象监测、预报、服务及海洋强国战略的重要支撑，对提升海洋气象业务能力具有重要意义。

渤海埕北 A 平台生活平台一层，有一间五六平方米的小屋，是气象站的办公室。杨文杰要在每天 8 时、14 时和 20 时，在这里把海上定时观测实时传输回陆地。杨文杰介绍，当时平台上生活艰苦，最初他休息办公都在这个小屋。小屋里摆着一条狭窄的床板，横着放不下，只能竖着摆，剩下的空间只够放桌子，他就每天坐在床上，向陆地发报。“进门就上炕”的日子，杨文杰坚持了 13 年，直到 2016 年他搬进宿舍，这里才变成单一的办公区域。

海上平台活动空间有限，生活相比陆地要单调枯燥得多，杨文杰体重一度接近 200 斤。但是最近，杨文杰瘦了 50 多斤。谈及减肥诀窍，杨文杰坦言，自己常年在海上值守，最牵挂的是家人。去年年初，他发现儿子体重超标严重，他无法在身边督促孩子减重，就以身作则，率先垂范，一年多时间，杨文杰从 198 斤减重到 143 斤。

“和孤独相比，工作上的困难、住宿伙食等问题显得不值一提。”杨文杰说，如果不能调整好自己，长时间平台生活会把人逼疯。他现在每天坚持早起、读书、运动，尽量让自己有事情做。

时光荏苒，杨文杰的“轮班搭档”董晓力顺利完成平台值守工作，退休在即。杨文杰将在下一次轮班见到新搭档，他也会把 20 年前父亲给自己的教导分享给新队友：“现在的气象科技已有了翻天覆地的变化，但有些地方仍旧离不开人。因此更需要像你这样有文化、能吃苦的年轻人顶上去，你监测到的每一个数据都和公众的生活息息相关。”

（来源：气象人杨文杰 大海上的孤独守望者，中国网 2023 年 6 月 21 日）

任务一 劳动精神概说

任务工单

劳动最光荣、劳动最崇高、劳动最伟大、劳动最美丽

一、活动目标

通过本次活动，品味劳动者的喜悦与自豪，并懂得“劳动最光荣，劳动最崇高，劳动最伟大，劳动最美丽”的道理。

二、活动时间

建议20分钟。

三、活动流程

（1）所有学生运用各种途径整理个人认为“劳动最光荣，劳动最崇高，劳动最伟大，劳动最美丽”的案例。

（2）教师按照8～10人划分小组，每个小组要求从组员整理的案例中讨论挑选出2个小组认为最好的案例。

（3）每个小组选出一名代表陈述本组整理得最好的案例，其他小组可以对其进行提问，小组内其他成员也可以回答提出的问题。

（4）教师引导学生灵活运用学习到的知识，对学生们的讨论情况进行分析、归纳、总结。

（5）教师根据各组在研讨过程中的表现，给予点评并赋分。

中华民族自古以来就是热爱劳动、善于创新的民族。数千年来，中国人民用勤劳的双手创造了辉煌的历史，取得了众多的成就。新中国成立后，诸如“两弹一星”、三峡工程、南水北调、西气东输、载人航天、月球探测、杂交水稻等辉煌成就的背后，凝聚了无数劳动者的心血。在这些生产劳动活动中，涌现出众多劳动模范，他们发挥着重要作用。他们所体现的爱岗敬业、进取拼搏、创新开拓、老黄牛精神、无私奉献等品质，成为一代代劳动者的楷模，激励着他们前行，努力争先，发挥了良好的榜样作用。

这些劳动模范的精神品质不仅是中国劳动者的光荣传统，也是中华民族的宝贵财富。他们的奋斗精神和忘我奉献精神，为中国的社会进步和发展作出了杰出的贡献。他们的事迹鼓舞着新一代的劳动者，激励他们继续努力，为中华民族的更加美好未来贡献力量。

一、劳动精神的内涵

（一）勤劳勇敢、爱岗敬业、诚实守信的实干精神

勤劳勇敢、爱岗敬业、诚实守信的实干精神，是劳动精神的内核。勤劳勇敢是指有毅力、有勇气、有胆量地劳动。爱岗敬业是指尊重劳动、热爱劳动、崇尚劳动，做到辛勤劳动、勤奋工作。诚实守信则是指恪尽职守、脚踏实地，遵守法律法规和政策，遵循职业道德和标准。全体劳动者始终都要牢记“大道至简、实干为要”的道理，脚踏实地地一起撸起袖子加油干，在劳动中实现自身价值。

世界上没有坐享其成的好事，一切幸福都需要靠辛勤劳动来创造。劳动是财富的源泉，也是幸福的源泉，我们要时刻牢记“幸福不会从天降，美好生活要靠劳动创造”的道理。劳动是幸福的“进行时”，也是幸福的“未来时”。辛勤劳动本身就是一种幸福，人们在劳动中体现价值、展现风采、感受快乐；辛勤劳动更是幸福的持久保障，没有经过辛勤劳动获得的成果如指间流沙经不起时间的考验。唯有付出过艰辛劳动的人才最能懂得什么是真正的幸福，并心安理得地享受自己创造的幸福。

辛勤劳动即要埋头苦干、真抓实干，干在实处、干出成果。它具有以下四个层次的精神意蕴：一是“想干”的理想境界，即以更强的使命、更足的干劲、更实的作为，争做新时代的奋斗者、社会主义的实干家；二是“敢干”的责任担当，即以过人的胆识、豪迈的气魄、顽强的毅力，甩开膀子大胆干，撸起袖子加油干；三是“真干”的实践品质，即以务实的作风、敬业的态度、勤勉的姿态，抓铁有痕、踏石留印；四是“巧干”的本领能力，即以灵活的智谋、过硬的素质、卓越的才能，在新时代干实事、干大事、干成事。历史从来不是一两个人创造的，而是全体人民经过长期艰苦卓绝的努力和坚持不懈地奋斗才创造出来的。在新的时代条件下，我们想要收获的“美好生活之福”“共同富裕之福”“国家富强之福”，离不开我们每个人志愿投身劳动、积极参与劳动，离不开党和国家始终同人民想在一起、干在一处，以奋斗的磅礴伟力推动我们社会主义中国号巨轮在新时代破浪前行。

（二）锐意进取、建功立业、甘于奉献的奋斗精神

锐意进取、建功立业、甘于奉献的奋斗精神，是劳动精神的更高体现。锐意进取是指意志坚决地追求上进开拓新的局面。锐意进取，体现的是顽强坚毅、不屈不挠、勤力前行

的精神状态，只有锐意进取，才能不甘平庸，勇于直面困难，不断开拓创新。建功立业是指建立卓越的功勋、成就伟大的事业。这是我们劳动价值的具体体现。甘于奉献是指在劳动创造中忘记“小我”，不要计较我们的个人得失，时时刻刻铭记祖国的实际需要。

作为一种主观感受，“劳动最光荣”彰显了每个劳动者美好的价值追求。当人们的劳动价值得以实现、言论得到认同、行为得到效仿、需要得到满足时，由此产生的欣慰、自豪、荣耀的自我积极心理体验会激发劳动者以更大的热情投入社会劳动从而创造更高的价值。作为一种价值观念，“劳动最光荣”代表了我们全体劳动者应有的价值立场。弘扬劳动精神就是要发扬锐意进取、建功立业、甘于奉献的奋斗精神，培育当代社会主义核心价值观，同一切好逸恶劳的错误思想彻底割裂开来，时刻警惕不劳而获、投机取巧、贪图享乐等错误观念。作为一种社会风尚，“劳动最光荣”是整个社会对劳动及其成果的价值评价。唯有“劳动最光荣”的社会观念浸润人心，新时代劳动精神才能焕发凝聚功能、引领功能和激励功能。

“计利当计天下利”，新时代劳动精神激励新时代劳动者立足于光荣岗位，不断将精神力量转化为物质力量，以无私奉献的品格勇挑重担、再创佳绩。作为新时代学生，应深刻理解劳动精神中的奋斗本质，不断升华劳动精神的内涵，充分认识锐意进取、建功立业、甘于奉献的劳动精神的重要性，在此精神的指引下开创自己的事业，将个人发展融入社会发展的整体中来，为社会主义发展贡献自己的力量。

（三）精益求精、严谨专注、追求卓越的创新精神

精益求精、严谨专注、追求卓越的创新精神，是劳动精神的专业要求。精益求精具体就是指要以高品质的要求对待自己的劳动产品，不惜耗费时间和精力精雕细琢，切实能够做到在品质中注重细节，真正把每一件事情做到极致。严谨专注是指在劳动过程中能够耐得住寂寞、经得住诱惑，做到不达目的绝不放弃。追求卓越是指为了劳动的质量而孜孜不倦、乐此不疲地追逐。新时代劳动者要勇于创新、追求品质，为推动“质量强国”提供源源不竭的动力。

经过四十多年的改革开放，我国经济快速发展，生产力水平提高，综合国力得到提升，某些领域居于世界前列。中国特色社会主义建设需要创新，不仅包括理论创新、制度创新，还包括科技创新、文化创新。要实现中华民族伟大复兴的中国梦，要把我国建设成为富强、民主、文明、和谐、美丽的社会主义现代化强国，需要在制度、文化、生产、科技领域攻坚克难，艰苦奋斗，不断创新。我国的劳动者在中国的大地上，要想有建树、有成就，关键是要脚踏着祖国的大地，胸怀着人民的期盼，找准专业优势和社会发展的结合点，找准先进知识和我国实际的结合点，真正使创新创造落地生根、开花结果。而当今世界，国家之间的较量越来越复杂，面对日益激烈的国际竞争，我们必须把创新摆在国家发展全局的核心位置，不断推进理论创新、制度创新、科技创新、文化创新等各方面创新。养成“艰苦奋斗，勇于创新”的劳动习惯，才能不断开拓中国特色社会主义发展道路，才能使中国特色社会主义未来可期。

拓展阅读

中国劳动精神的发展历史

马克思主义认为，劳动是人类历史发展的事实起点，也是建构整个唯物史观的逻辑起点；“劳动是整个人类生活的第一个基本条件，而且达到这样的程度，以致我们在某种意义上不得不说：劳动创造了人本身”。劳动是人的本质力量的对象化活动，崇尚劳动、尊重劳动是对人的本质力量即人的一般本质和现实本质的价值复归。人的一般本质指人类区别于动物的根本特征，即劳动是人类特有的生存和生活方式。劳动促使人类从动物的自然属性提升到人的自然属性再发展为人的社会属性。因此，追溯中国劳动精神的起源与发展，我们必须回顾劳动之于华夏文明发展的始终，从中华民族的兴衰发展过程中了解劳动精神的演变过程。

（一）孕育萌芽阶段

中华民族是勤劳勇敢的民族。在中华民族孕育与发展的漫漫长河中，中华儿女通过劳动不断改造自然，发展生产力，书写了中华民族五千多年的辉煌历史，创造了光耀世界的华夏文明。其中劳动精神是不断支撑与促进中华民族发展的动力源泉、精神之基。劳动精神孕育于中华民族创造历史的劳动实践之中，积淀于中华优秀传统文化、革命文化、先进文化之中，客观地反映了华夏文明发展过程中中华儿女崇尚劳动、尊重劳动的整体性格和深层心理，是中华民族的独特精神标识和维系中华民族生存和发展的精神纽带。“中华民族是勤于劳动、善于创造的民族。正是因为劳动创造，我们拥有了历史的辉煌；也正是因为劳动创造，我们拥有了今天的成就。”自古以来，精卫填海、愚公移山等蕴藏朴素劳动精神的神话传说，神农“教民农作”、舜耕历山、大禹治水等传颂劳动可贵的民间故事，李时珍苦寻二十七载终成《本草纲目》、郭守敬钻研一生终成《授时历》的历史传说，以及《诗经》等文学作品中记录的人民对劳动实践的赞美，无不彰显着崇尚劳动、尊重劳动是中国劳动人民在缔造灿烂文明的漫长劳动实践中形成的精神品格和价值追求，并由此创建了世代中华儿女丰富的物质世界和丰裕的精神世界。

（二）发展成熟阶段

劳动精神的发展成熟期是指近代以来以共产党人为代表的中国人民抵御外族侵略、艰苦奋斗的特殊时期。近百年来，中华民族历经磨难，无数仁人志士舍生忘死为救国救民而奋起抗争。中国共产党改写了中华民族积贫积弱的历史面貌、续写了敢为人先的奋斗历程、谱写了举世瞩目的时代新篇，团结带领全国各族人民历经千辛万苦创造了彪炳史册的人间奇迹。从诞生之初嘉兴南湖边寻找光明的摆渡人，到战争年代枪林弹雨中挺起脊梁的主心骨，再到建设时期广阔天地间勇往直前的先锋队，中国共产党人始终不忘初心、团结并带领人民前仆后继，顽强奋斗，把贫穷落后的半殖民地半封建的旧中国改造为欣欣向荣的社会主义新中国，彻底实现了民族独立和人民解放，实现国家富强和人

民富裕，中华民族伟大复兴展现出前所未有的光明前景。

历览前贤国与家，成由勤俭败由奢。中国共产党始终把艰苦奋斗、勤俭治国的劳动精神作为党和国家事业发展的传家宝，根据不同历史时期人民意愿和事业发展的需要提出富有感召力的奋斗目标，团结带领全国各族人民为之奋斗。

在新的历史条件下，实现人民对美好生活向往的奋斗目标，继续弘扬和培育新时代劳动精神，不断发掘党和人民的创新创造活力、发挥新时代劳动人民的历史主动性，发扬逢山开路、遇水搭桥的劳动创造精神，锐意进取，大胆探索，通过劳动创造源源不断的物质财富和精神财富，不断有所发现、有所发明、有所创造、有所前进。

（三）稳定延展阶段

新时代劳动精神的核心要义在于“崇尚劳动、尊重劳动”，它是新时代劳动精神的根本属性和最终来源。劳动精神的发展也随着社会的不断发展进入成熟与稳定阶段。习近平总书记指出：“在我们社会主义国家，一切劳动，无论是体力劳动还是脑力劳动，都值得尊重和鼓励；一切创造，无论是个人创造还是集体创造，也都值得尊重和鼓励。”无论时代条件如何变化，都要崇尚劳动、尊重劳动者，维护和发展劳动者利益，保障劳动者权利，真正造福劳动者。

“社会主义是干出来的，新时代也是干出来的”，这句话简明有力地揭示了新时代劳动精神的真谛。也集中表达了中国共产党关于“崇尚劳动、尊重劳动”的劳动思想。习近平总书记在《庆祝“五一”国际劳动节暨表彰全国劳动模范和先进工作者大会上的讲话》中，代表党中央首次提出“劳动精神”一词。此外，习近平总书记在党的十九大报告中论及劳动时更是特别指出，要建设知识型、技能型、创新型劳动者大军，弘扬劳模精神和工匠精神，营造劳动光荣的社会风尚和精益求精的敬业风气。习近平总书记反复多次强调劳动的重要性，特别是在给中国劳动关系学院劳模本科班的回信中写道：“我一直强调，劳动最光荣、劳动最崇高、劳动最伟大、劳动最美丽。全社会都应该尊敬劳动模范、弘扬劳模精神，让诚实劳动、勤勉工作蔚然成风。”2018 年 9 月召开的全国教育大会提出，要在学生中弘扬劳动精神，教育引导学生崇尚劳动、尊重劳动，懂得劳动最光荣、劳动最崇高、劳动最伟大、劳动最美丽的道理，长大后能够辛勤劳动、诚实劳动、创造性劳动。这不仅意味着劳动作为立德树人的重要内容被纳入德智体美劳全面发展的教育体系和人才培养体系，也从根本上揭示了新时代劳动精神本体论、认识论、实践论三个层面的价值意蕴与发展沉淀的深刻含义。

二、劳动精神的主要特征

（一）时代性

伟大的时代需要伟大的精神，伟大的精神来自伟大的人民。中华民族历来就有勤劳勇敢、自强不息的优良传统，辛勤劳动、诚实劳动、创造性劳动的理念，以及劳动最光荣、劳动最崇高、劳动最伟大、劳动最美丽的价值观。劳动精神在任何一个时代都不会缺席，都是社会发展前进过程中的核心要义，其突出的时代特征与时代内涵都是我们需要重点关注的。在中华人民共和国历史上涌现出了一大批热爱劳动的先进典型，像不怕苦不怕累、艰苦奋斗的铁人王进喜；“高标准、严要求、行动快、工作实、抢困难、送方便”的纺织工人赵梦桃；带领团队埋头苦干 20 余载，建成 500 米孔径射电望远镜（FAST）的中国天眼之父南仁东；把高铁干成中国名牌的于延尊等。在他们身上，在长期的劳动实践中沉淀起来的劳动精神都牢牢镌刻了在那个时代需要我们发扬与传承的时代精神，都是当时那个社会与时代发展所需要的动力源泉。

马克思主义劳动观是中国共产党人劳动思想的理论源泉。党的十八大以来，在继承和发展马克思主义劳动观的基础上，我们党逐步形成了新时代的马克思主义劳动观，即中国特色社会主义劳动思想体系。中国特色社会主义劳动思想体系中包含的劳动精神在新时代的突出表现是劳模精神和工匠精神，这两种精神具有鲜明的中国特色，彰显了时代特点、民族风范，是全体劳动者必须汲取的精神营养，是全民族的思想引领。新时代的劳动精神是每一位劳动者为创造美好生活而在劳动过程中秉持的劳动态度、劳动理念及其展现出的劳动精神风貌。劳动观是马克思主义思想大厦的基石，劳动精神是马克思主义劳动观中国化的时代性表达，是劳动者在劳动实践中形成的劳动认知、价值理念和实践智慧的凝练和总结，是推动社会进步的精神动力。培育新时代学生的劳动精神不仅是培养全面发展时代新人的应有之义，也是新时代攻坚克难实现民族复兴伟业的时代诉求。党的十八大以来，关于劳动和劳动精神的一系列重要指引是我们正确理解劳动精神的重要依据，也是大力弘扬劳动精神的重要参考。“我们要在全社会大力弘扬劳动精神，提倡通过诚实劳动来实现人生的梦想、改变自己的命运。”

（二）传承性

新时代劳动精神的表达是其在漫漫历史发展过程中的积淀与传承，是对中华儿女开拓进取、艰苦奋斗过程与积淀的生动诠释与发扬。继承新时代的劳动精神，我们应将其贯彻到进行伟大斗争、建设伟大工程、推进伟大事业、实现伟大梦想的全过程。

伟大斗争必须依靠劳动进行。我们国家的发展前景十分光明，但道路不可能一帆风顺，蓝图不可能一蹴而就，梦想不可能一夜成真，需要无数的建设者在其中辛勤地默默奉献。伟大工程必须通过劳动建设。所谓建设需要一代又一代的努力。伟大事业必须依靠劳动推进。我们所处的时代是催人奋进的伟大时代，我们进行的事业是前无古人的伟大事业，我们正在从事的中国特色社会主义事业是全体人民的共同事业。劳动精神是全体劳动者共同的精神财富。伟大梦想必须经由劳动实现，需要经历一代又一代人的前赴后继的奋斗。“人类的美好理想，都不可能唾手可得，都离不开筚路蓝缕、手胼足胝的艰苦奋斗。”实现中华民族伟大复兴的伟大梦想需要伟大的劳动精神作支撑。“伟大梦想不是等得来、喊得来的，而是拼出来、干出来的。”实现伟大梦想，要弘扬这种伟大的新时代劳动精神，增强团结一心的精神纽带、自强不息的精神动力，永远朝气蓬勃迈向未来，劳动精神是对广大劳动者劳动实践的高度肯定与科学总结，是人类为了自身的幸福而不懈努力奋斗的实践结晶。人民创造历史，劳动开创未来，劳动是推动人类社会进步的根本力量。“劳动创造了人本身”“劳动是唯一价值源泉”“劳动创造财富、劳动使人幸福”等，积淀成为劳动者的精神力量。正是一代代劳动者的共同努力，创造了辉煌的人类历史，书写了地球家园的绚烂篇章。

（三）创造性

创造性劳动是对简单模仿、一味重复的常规性劳动批判性、革命性的否定，它是指以最大限度挖掘人的创造性思维、释放人的主观能动性，突破现存事物旧的表现形式和物质形态，从而生产创造出具有新的使用价值的劳动形式。劳动本身就是生命展现价值多样性和丰富性的过程，人在生产劳动中既能改进人与自然、人与社会以及人与自身的关系，又能使人超越现实生产劳动的限制，扩大对自然世界和人为世界突破性的兴趣和想象，激发对未来社会超越性的理想与目标。劳动是人类的本质活动，劳动光荣、创造伟大是对人类文明进步规律的重要诠释。劳动者在创造和享受生存所需的物质产品的同时也表现出对精神所需的生命价值与意义的追寻，创造性劳动在促进人的自由而全面发展以及推动社会全面进步中发挥着极为重要的作用。

创造性劳动要求劳动者成长为德智体美劳全面发展的时代新人。出于社会发展的外在需要以及个人发展的自然性的内在要求，创造性劳动既要求劳动者的各种最基本或基础的素质得到全面发展、整体发展、和谐发展，又要求劳动者在各种素质及其内部各种要素的结构组合上追求自由发展、个性发展、创造性发展。全面发展和自由发展并驾齐驱，才能真正提高劳动者的综合素质，释放其劳动潜能，增强其创新创造能力。创造性劳动是推动国家和民族向前发展的根本力量。面对新一轮全球科技竞争呈现的新态势、新特征，适应和引领我国经济发展的新常态，关键是依靠科技创新转换发展动力，抓住科技创新就是抓住了牵动我国发展的牛鼻子。与此同时，科技创新还需要有制度创新协同作用、共同推进。因此，创造性劳动并非一墙一隅，而是一个系统工程，要不断推进理论创新、实践创新、制度创新以及其他各方面创新，频频讲创新、事事想创新、处处谋创新。创造性劳动也并非科学家的分内事，而是全民族劳动者共同的事业，要普及科学知识、弘扬科学精神、传播科学思想、倡导科学方法，使蕴藏在亿万人民中间的创新智慧充分释放、创新力量充分涌流，实现大众创业、万众创新。

任务二
劳动精神的当代价值

情景剧比赛活动

一、活动目的

讲劳动故事，扬劳动精神。

二、活动时间

60 分钟。

三、活动实施

1. 以学生学习小组的形式参加比赛。

2. 各小组自行设计选定与劳动教育相关的情景剧主题，每一场情景剧的时长为 10 ~ 15 分钟。

3. 小组内成员自由分工，分别承担从剧本撰写到角色分配的一系列工作，但每位成员的劳动付出均要有所体现。

4. 情景剧表演过程中所需要的实用道具，由各小组自行制作或准备。

5. 比赛时间为课程结课前的某一次课（课内实践）。

6. 评委小组评审时要客观公正。

7. 评出一等奖 1 名、二等奖 2 名、三等奖 2 名，并颁发获奖证书。

8. 比赛结束后，以小组为单位回顾讨论准备比赛、参加比赛和比赛后的心得体会，将劳动心得填写在本书附录“劳动体悟”相应的表格内。

9. 根据比赛结果和嘉宾评委的点评修改完善剧本，并将最终剧本上交给劳动教育指导教师。

新时代劳动精神是激励全党全国各族人民不断奋发向前的强大力量。“功崇惟志，业

广惟勤”，正如古语所云，只有坚持志向崇高，不断勤奋付出，才能一步一步建设起中国特色社会主义事业这座伟大的建筑，一点一滴的努力才能实现人民美好幸福的生活。

劳动精神的当代价值主要体现在以下三个方面。

一、从理论层面诠释劳动在当代社会的价值体现

新时代劳动观继承并发展了马克思主义劳动观，是习近平新时代中国特色社会主义思想的重要组成部分。一是从哲学视角来讲，人类与社会的创造都离不开劳动，劳动是推动人类社会进步的根本力量。二是从经济学视角来讲，一切劳动都是财富和幸福的源泉。三是从伦理学视角来讲，劳动是人类共同创造幸福生活和美好未来的精神信仰，劳动没有高低贵贱之分，全社会都要以辛勤劳动为荣、以好逸恶劳为耻。崇尚劳动、尊重劳动、重视劳动是实现社会主义现代化国家的道德文化彰显。四是从政治学视角来讲，劳动是中国共产党人发扬优良作风、自觉抵御“四风”的有力保障，也是保持政治肌体健康和政治本色的必要方式和手段。五是从美学的视角来讲，劳动最美丽，劳动是个人的自我实现，人类因劳动而幸福、因劳动而美丽。劳动幸福成为个体获得人的本质的最高幸福形态，劳动模范成为劳动群众对劳动美学最生动的多彩展现。

案例

劳动模范包起帆的劳动精神

被誉为“抓斗大王”的上海港务局南浦港务公司工程师包起帆，数十年来本着“在岗位尽责，为事业奉献”的精神，与其他同志一起，发明创造了多种高效、安全的装卸工具和装卸工艺，为国家和人民创造了大量财富。

18岁那年，包起帆进上海港当了一名装卸工，从此踏上了坎坷的发明创造之路。为了实现用抓斗装卸木材的梦想，包起帆如饥似渴地自学物理、数学等基础知识，刻苦钻研业务，生活被浓缩在起重、力学、机械的理论和计算之中，脑海浮沉着各种数据、原理和构想。经过无数个日夜的努力，尝遍失败、艰辛和磨难，包起帆和他的同事终于创造出木材抓斗。这项革新填补了国际港口装卸工具的一项空白。

之后，包起帆把目光投向更广阔的领域……三十多年间，他以主人翁精神，刻苦学习科技知识，先后完成了70多项革新发明，其中8项获国家专利，9项获国际发明金奖。他还把自己和同事发明创造的新型抓斗、工索具技术等推广到全国数百个港口和冶金、矿山、建筑、林场等单位，大大提高了这些单位的经济效益。

艰辛的劳动和突出的贡献，使他获得了“全国五一劳动奖章”和“全国劳动模范”等荣誉称号。

案例思考：数十年来，全国劳动模范包起帆本着“在岗位尽责，为事业奉献”的劳动精神，刻苦学习，艰辛劳动，由一名装卸工成长为完成70多项革新发明的工程师，

为国家建设作出了突出的贡献，成为全国劳动楷模。作为职业院校学生，我们应该学习包起帆的事迹和其劳动精神，刻苦学习技能，为未来进入职场做好准备。

二、从社会价值追求层面彰显劳动的意义所在

新时代劳动精神是我国全面建成社会主义现代化强国、实现第二个百年奋斗目标的社会文化价值导向。社会文化价值是社会大多数人长期信奉和践行的价值观，是一种具有稳定存续特性、需要发扬光大的文化传统，影响着整个社会氛围和精神状态。

新时代劳动精神有力证明了社会主义文化价值的合理性和正义性。“撸起袖子加油干”的“因劳称义”原则是新时代人们追求美好生活与获得劳动幸福的价值统一。劳动作为人的本质精神而具有价值，作为人的最基本权利而被赋予价值，作为获得幸福的生命体验而体现价值。马克思指出：“‘劳动的绝对自由’是劳动居民幸福的最好条件。”按照马克思的理论逻辑，劳动精神正是人类追求自由、追求全面发展的必备精神品质和核心价值，凸显了以劳动为根本的行为取向和观念导向，表现为个体和社会共同遵循的道德公约和价值兼容。因而，新时代劳动精神，是对劳动的合理诠释和表达，它构建了我们以劳动精神为价值追求的文化自信。

新时代劳动精神积极弘扬社会主义核心价值观。劳动精神是对广大劳动者实践的高度总结和具体概括，是新时代的精神需求。劳动精神与劳模精神、工匠精神相互包容、相互依存，弘扬劳动精神是践行社会主义核心价值观的应有之义。以“爱岗敬业、争创一流.艰苦奋斗、勇于创新，淡泊名利、甘于奉献”为核心的劳模精神是劳动精神的生动再现。工匠精神体现劳动者钻研技能、精益求精、敬业担当的职业精神，是对劳动精神的进一步升华。劳动精神与劳模精神一脉相承又相互包容。

弘扬劳动精神对于发挥工人阶级先进性、彰显工人阶级伟大品格、推动工人阶级成长进步、塑造“尊重劳动、热爱劳动、崇尚劳动”的社会文化风气具有重要的理论价值和实践意义。激发劳动者的劳动热情，鼓励劳动者积极投身中国特色社会主义建设的伟大事业，使劳动成为实现中华民族伟大复兴中国梦的精神保障。

三、从个人发展层面弘扬劳动至上的生存方式

在马克思主义指导下，广大劳动者根植于中国特色社会主义实践沃土，继承中华优秀传统文化，形成了中国特色社会主义劳动精神。新时代劳动精神，呈现尊重劳动的价值导向性、劳动创造的实践创新性、劳动光荣的精神幸福性，是全社会对新时代劳动的实践礼赞。

新时代劳动精神是全社会尊重劳动、崇尚劳动、热爱劳动的集中体现。尊重劳动反映对劳动及劳动者主体地位的认知。只有把劳动作为创造财富和获得幸福的源泉，认识到劳

动是人的本质体现，才能尊重一切劳动，正视一切劳动所具有的益于人民、造福社会的价值。崇尚劳动是指对劳动的态度，是社会个体由内而外地对劳动产生的崇敬与赞美，是对劳动最光荣、劳动最崇高、劳动最伟大、劳动最美丽的经验体认。热爱劳动反映劳动者对劳动的情感。热爱劳动体现了劳动者递进式的心理变化：一是劳动者积极投身于劳动的意愿；二是在劳动过程中发现劳动的乐趣，得到劳动的锻炼，保持劳动的热忱；三是在劳动中珍惜劳动的成果，从而实现劳动过程与个体价值的内在统一。尊重劳动、崇尚劳动、热爱劳动是对劳动的理性认知、感性把握和情感升华，体现为由社会认识到个人品行对劳动由表及里、逐步内化的追求过程。

新时代劳动精神是辛勤劳动、诚实劳动、创造性劳动的集中体现。其一，辛勤劳动反映勤奋敬业、埋头苦干的精神，这也是中华优秀传统文化的现实体现，这是劳动者应有的基本要求。尤其以“爱岗敬业、争创一流，艰苦奋斗、勇于创新，淡泊名利、甘于奉献”为核心的劳模精神，将会持久地激励着一代代人用辛勤劳动创造人民的美好生活、创造中华民族的美好未来。辛勤劳动是诚实劳动、创造性劳动的基础和保障，只有辛勤劳动才能在最大程度上实现劳动者的价值。其二，诚实劳动是指在劳动过程中脚踏实地、恪尽职守，遵守法律法规和政策，秉持实事求是的态度去认识和对待劳动成果，不窃取他人的劳动成果。诚实劳动是发扬新时代劳动精神的迫切要求，也是发扬新时代劳动精神的底线内涵，是辛勤劳动的升华，也是创造性劳动的前提。其三，创造性劳动是指开创性的劳动，如人类历史上进行的各种原创性发明与创新。在具体的社会生活中，弘扬创造性劳动精神就是指弘扬敢闯敢试、开拓创新、鼓励首创的精神。这种以敢试敢闯、敢为人先为表征的精神毅力是新时代劳动精神中最具有时代意义的精神内涵，体现了体力劳动和脑力劳动、简单劳动和复杂劳动的结合，是人的创造力体现，是辛勤劳动、诚实劳动的发展。

全体劳动人民都是历史的见证者、参与者和创造者。崇高的劳动精神来自崇高的劳动人民。党的十九大报告指出，人民是历史的创造者，是决定党和国家前途命运的根本力量。劳动人民是国家的主人，人民群众中蕴藏着无尽的智慧和力量，劳动人民既是历史的创造者，也是劳动精神的创造者，更是新时代劳动精神的开拓者。对历史发展和社会进步作出杰出贡献的劳动人民最崇高。新时代劳动者是全面建成小康社会、坚持和发展新时代中国特色社会主义的主力军，同时也是劳动精神的忠诚继承者和坚定发扬者。习近平总书记多次强调：“人民是历史的创造者，是推动我国经济社会发展的基本力量和基本依靠。”新时代劳动精神始终以人民为中心，一切为了人民实现美好生活，一切依靠劳动人民创造历史伟业。国家建设是全体人民共同的事业，国家发展过程也是全体人民共享成果的过程。劳动人民对美好生活的需要是推动社会历史不断前进的根本动力，新时代劳动精神的根本出发点和落脚点在于实现好、维护好、发展好广大普通劳动者根本利益，实现共建与共享统一。

任务三
践行劳动精神

整理寝室

一、活动目标

（1）营造干净、整洁、清新、明快、舒适、个性化的生活空间。

（2）体验劳动的愉悦感、成就感，培养团结协作的优良品质。

（3）以实际行动弘扬热爱劳动的美德。

二、活动准备

1. 培训学习

（1）明确目标

在老师的指导下，班、团干部对全班同学开展培训，明确劳动任务，掌握劳动技巧，感悟劳动意义。

（2）调动激情

各班级可组织一次以“劳动者之歌”为主题的诗歌朗诵会。诗歌可以在网络上查找，可以是描写劳动内容的古诗“串烧”，如“锄禾日当午，汗滴禾下土。谁知盘中餐，粒粒皆辛苦”，“田家少闲月，五月人倍忙。夜来南风起，小麦覆陇黄”。当然，也可以收集现代诗歌或自己编写诗歌，以争取每个同学都能朗诵诗歌。还可以组织开展“讲榜样人物，学劳模精神”活动，同学们自行选择榜样人物并讲述榜样人物故事，分享对劳动的认识。

2. 联络沟通

班、团干部要事先联系生活管理老师，与生活管理老师沟通交流，汇报本次活动的目的、意义、方法，得到生活老师的同意、支持和帮助。

3. 人员分工

根据以下分工（见表 3-1）安排活动任务。

表 3-1　寝室内务整理活动分组分工表

<table>
<tr><th colspan="2">组织设置</th><th>工作内容</th><th>岗位设置</th><th>岗位职责</th></tr>
<tr><td colspan="2" rowspan="2">领导小组</td><td rowspan="2">由班长、团支书、安全委员、各寝室室长组成，推选出组长和副组长各一名。领导小组全面统筹寝室内务整理活动工作</td><td>组长</td><td>起到联系、协调作用，在活动中监督检查、把控进度等</td></tr>
<tr><td>副组长</td><td>协助组长管理，落实安全保障，监督各个活动小组推进任务</td></tr>
<tr><td rowspan="4">工作小组</td><td rowspan="2">策划协调组</td><td rowspan="2">负责策划本次活动，工作包括征求班主任、生活老师、劳动课老师、全班同学的意见和建议，联系和协调相关工作，设计预热活动方案、整理活动方案、宣传方案等。领导小组成员原则上要参与到本小组中</td><td>小组长</td><td rowspan="4">小组长：负责落实本组工作内容执行、组员管理、组内分工、组间协调合作</td></tr>
<tr><td>组员</td></tr>
<tr><td rowspan="2">寝室创意设计组</td><td rowspan="2">先开展每个寝室的调研，然后指导寝室长和室员提出各寝室具体的整理、布置或美化方案</td><td>小组长</td></tr>
<tr><td>组员</td></tr>
<tr><td rowspan="8">工作小组</td><td rowspan="2">整理实施组</td><td rowspan="2">以寝室为单位划分实施小组，全班同学都分配到相应寝室，但男生、女生不混合分配。原则上由寝室长担任小组长。不住校的学生根据自愿原则分到相应寝室</td><td>小组长</td><td rowspan="6">组员：服从小组长管理，自觉遵守活动纪律，积极参与活动，在活动中团结协作</td></tr>
<tr><td>组员</td></tr>
<tr><td rowspan="2">后勤物资组</td><td rowspan="2">组织全体同学讨论，充分收集整理意见和建议，根据各寝室同学们的兴趣、爱好、性格和创意设计方案，统计出需要采购的物资，包括吹塑纸、彩色卡纸、皱纹纸、窗花纸、布料、颜料等，同时决定是在实体店铺购买还是网购。经费从班费中支付，或各组员自愿出资。要注意节约、朴素，注重环保，尽量使用手工作品</td><td>小组长</td></tr>
<tr><td>组员</td></tr>
<tr><td rowspan="2">安全保障组</td><td rowspan="2">负责开展活动过程中的安全检查，及时发现、提醒、告诫、制止安全问题。提前与学校医务室取得联系，遇到学生受伤的情况，应及时报告医务室处置</td><td>小组长</td></tr>
<tr><td>组员</td></tr>
<tr><td rowspan="2">宣传编辑组</td><td rowspan="2">及时撰写宣传稿件，班级组织活动总结时进行介绍点评（注意要宣传那些表现突出的同学）。经过老师指导修改后，报学校广播站播出</td><td>小组长</td><td></td></tr>
<tr><td>组员</td><td></td></tr>
</table>

4. 安全事项

（1）组织学习学校劳动教育及安全管理规定。

（2）提前向学校管理部门报备《活动方案》《寝室内务整理活动分组分工表》《学生寝室内务整理活动安全预案申报表》（见表 3–2），进一步明确组织安排、人员分工、活动流程和安全责任。拟定《安全承诺书》，每位同学签字后留存备查。

表 3–2　学生寝室内务整理活动安全预案申报表

申报班级		部门负责人（签字）	
活动内容		活动地点	
活动时间		参与学生	
带队教师			
寝室内务整理活动安全预案			
分管部门意见			
分管副校长意见			
校长意见			

（3）进行任务交代和安全培训，班委干部或团支部干部应做好会议记录，以留存备查。

5. 物资准备

（1）活动时应统一着装。

（2）准备好整理、清洁时所需物品和工具，以及装饰寝室所需材料。

（3）准备好摄影、摄像器材。

（4）准备好寝室内务整理活动必需的个人防护物资。

6. 场地准备

如果是在上课时间组织本次活动，应当事先联系生活老师，提前打开寝室，报告整理活动的具体时间、人员、活动内容等。

三、活动步骤

1. 用勤劳的双手改变面貌

（1）在活动开始时，参加活动的同学在教室或操场集合，带齐所有用品。由老师或班干部、团支部干部做动员讲话，强调纪律、安全等注意事项。完成动员工作后，学生干部分区、分头带领大家回到寝室，开展寝室内务整理活动。

（2）到达寝室后，首先全面检查是否存在安全隐患，比如，查看电器是否安全正常，墙面是否有脱落危险等。如果存在问题，要马上报告生活老师处置。

（3）由每间寝室的室长担任小组长，组织组员进行讨论，根据现场情况再进一步细化分工安排。

（4）按照从上到下（先打扫天花板，再打扫墙壁，然后收拾地面），先粗后细（先清扫，再擦拭，然后整理），先内后外（先完成装柜、装箱整理，再整理柜子、箱子外面的物品）的原则实施整理。美化布置时会弄脏地面，所以应当最后收拾地面。在整理过程中要注意及时收集垃圾。

（5）打扫卫生间时，要先用水浇湿墙面和地面，喷洒专用洗涤剂，等待洗涤剂充分溶解污物后再洗刷。打扫过程中要佩戴口罩，要防止人员滑倒。

（6）擦拭窗户、门板、柜体、桌面、台面时，要先仔细观察，看是否有破损物体、铁钉等容易伤人的东西。擦拭过程中不要攀爬到不安全的地方。应合理运用各种劳动工具。擦拭电气设备和插座时，一定要关闭电源，不得使用潮湿的毛巾。

（7）整理生活用具和用品时，要将用具和用品规范、整齐地摆放到相应位置或柜子内。寝室里的劳动工具也要安全、有序地摆放。

2. 用灵巧双手美化寝室

（1）打扫、整理完毕后，应根据事先设计好的美化方案进行美化。擅长绘画的同学可以负责绘画，会剪纸的同学可以承担剪纸工作，喜欢手工折纸的同学可以用皱纹纸、彩色卡纸折一些装饰品放在寝室内起装饰作用。

（2）负责宣传的同学要注意拍摄寝室整理前和整理后、美化前和美化后的对比视频和照片，并发送到班级 QQ 群。注意观察在劳动过程中表现突出的同学，并发现突出事迹。

（3）美化完毕，应将拖把洗净并拧干水分，将地面从内往外拖干净，这样才算完成本次寝室内务整理活动。

（4）生活老师、劳动课老师、班主任老师验收合格后，方可集合整队，由组长清点人数，统一返回教室。

3. 细数感动、反思精进——寝室内务整理活动主题班会

（1）表彰奖励

由领导小组收集本次寝室内务整理的过程资料，协助劳动课老师、班主任老师评选出最佳设计奖、最佳组织奖、最佳制作奖三项个人奖，评选出最佳效果奖、最佳团队奖两项集体奖。

（2）评价反思

分组制作寝室内务整理活动总结汇报材料（可选用 PPT 或其他直观的形式），其中包括本组活动概况、活动现场难忘瞬间、活动收获、活动感悟、活动反思五项内容。围绕本次活动，开展主题班会活动。

4. 活动感悟（见表 3-3）

表 3-3　细数感动——寝室内务整理活动感悟

我的付出	
我的收获	
我的感悟	
活动剪影	（照片张贴处）

新时代对劳动精神的践行集中体现在忠于职守、爱岗敬业，就是做到干一行、爱一行、钻一行，坚持在自己的领域努力工作、热情投入、不断提升。就如在工厂车间，应传承并发扬“工匠精神”，精心制造每一个零部件，生产高质量产品。在田间地头，要勤劳耕作，争取取得丰收。在商场店铺，应热情招待每一位顾客，童叟无欺，提供卓越服务。正如古人所言，各行各业都有其精妙之处。只要我们勤奋工作、精益求精，每个人都能在平凡的岗位上创造出卓越的成绩。这种精神要求不仅适用于工人和农民，还应该成为领导干部的表率。作为当代大学生，践行劳动精神意味着将个人理想融入劳动实践中，深刻认识到劳动的价值，将这一精神贯彻于日常生活。这有助于实现个人价值与社会价值的统一。大学生践行劳动精神具体体现在学习和生活中，强调自己亲力亲为、积极参与集体活动，将劳动精神贯穿于小事中，最终成长为社会所需的有能力的劳动者。

践行劳动精神是个系统工程，需从塑造劳动人格、重构劳动认同、鼓励劳动创造、完善劳动制度四个方面同时着力。

一、塑造劳动人格，践行劳动精神的基本要求

劳动精神的主体是劳动者。践行劳动精神，首先要以尊重劳动者的主体人格、劳动价值，维护劳动者尊严为基本要求塑造劳动人格。

一是要尊重劳动者的主体人格。在推动社会进步的过程中，人们关于劳动的认知和判断，会有不同的理解、不同的态度，但我们必须明确，劳动作为人类走向文明、发展自我、改造自然的最基本实践活动，只有存在方式的差异、分工的不同，没有高低贵贱之分，任何形式的劳动都应得到承认和尊重。社会主义社会，以工人、农民、知识分子等为主体的劳动者，是推动经济社会发展的根本力量，是实现中华民族伟大复兴中国梦的现实基础。是否尊重大多数劳动者的劳动和创造，关系到中国特色社会主义现代化强国的发展进程。在资本主义社会，劳动表现为异化劳动，人们虽然创造了大量的财富，但人的能力、价值及尊严却没有得到应有的尊重。在社会主义社会，劳动的性质发生了根本变化，劳动者的主体地位得以确证。我们党坚持以人民为中心的工作出发点和落脚点，促使劳动者的个人价值从作为社会政治经济发展的载体要素向作为社会发展过程的出发点和复归点彻底转变。劳动作为人类存在和发展的根本力量，不再仅仅是满足基本的生活需求、社会发展的生产手段，而是成为复归人的本质、凸显自身价值的基本途径。

二是要尊重劳动者所创造的价值。在社会主义社会，一切有利于人民和社会的劳动都值得尊重，一切形式的劳动歧视与偏见都要坚决摒弃和反对。以工人、农民、知识分子等为主体的劳动者，所从事的基础劳动、复杂劳动、创造性劳动等虽然在形式与报酬上存在差异，但都体现了劳动者的辛勤付出、都创造了社会财富，为社会主义现代化建设作出了贡献。马克思指出，创造商品价值的是人类劳动。随着社会分工所形成的体力劳动和脑力劳动都创造社会价值，社会主义现代化强国的实现需要两者的紧密结合，因此都应该得到尊重。

三是要维护劳动者的尊严。党的十八大以来，以习近平同志为核心的党中央始终坚持以人民为中心的发展思想，带领人民朝着共同富裕方向稳步前进，使人们由重视物质生活追求逐步向重视精神生活追求转化。劳动者对于工作的要求不仅体现在工作薪酬上，还体现在对工作环境、发展空间、权益保护等方面的关注。劳动者需求的改变是劳动者对自身尊严和权益保护的现实反映。践行劳动精神，维护劳动者尊严是不可或缺的内容。形成尊重劳动的良好社会环境，劳动者才能在劳动创造的过程中充分享受劳动过程带来的幸福和愉悦并实现自己的人生价值，才能塑造出具有劳动精神并树立劳动最光荣、劳动最崇高、劳动最伟大、劳动最美丽观念的劳动者。

二、重构劳动认同，形成弘扬劳动精神的社会氛围

所谓劳动认同，一方面，表现为劳动者自身在情感上、价值上对自我存在方式、自我价值实现的确证；另一方面，涵盖社会、他人对劳动个体的认知和态度。劳动认同关乎新时代劳动精神的培育，关联着社会主义核心价值观的践行，关系着“两个一百年”奋斗目标和中华民族伟大复兴中国梦的实现。实现劳动认同有以下三个途径：

一是要树立正确的劳动价值观。虽然新中国的建立使劳动者的主体地位得以彰显，改革开放的推进使劳动者的生活更加丰实，中国特色社会主义伟大事业的建设使劳动者的生活更加体面，但在这些丰实与体面的背后，还存在着重资本轻劳动、重效益轻保障等一系列现实问题。深入考察问题背后的逻辑，不可否认，与现代社会多元价值观的冲击、全球资本霸权的影响以及消费主义盛行的自我迷失等因素不无关联。因此，实现劳动认同，离不开正确的价值观的引领，离不开对热爱劳动、辛勤劳动的优良传统的继承和发扬，形成了劳动光荣、劳动伟大的价值取向，才能建立劳动最光荣、劳动最崇高、劳动最伟大、劳动最美丽的劳动意识，传承中华民族的劳动精神。

二是开展多种形式的劳动精神宣传教育。随着开放的加深、交往的扩大、信息化的推进，以资本至上为代表的消费主义、享乐主义等西方价值观念同我国集体主义、倡导奉献精神等传统美德产生激烈碰撞，劳动最光荣的时代强音和社会主旋律受到人们的质疑。因

此，劳动精神的培养要注重信息化、时代化进程中传统资源与网络媒体的有效整合，让劳动模范、大国工匠们干一行、爱一行、钻一行、精一行的感人事迹，诚实劳动的真实体会，劳动光荣、劳动伟大的具体事例，得到人们的关注和了解，从而使人们受到劳动精神的熏陶，将劳动精神融入日常生活，在细微处体会劳动者对社会发展、生活改善的奉献和付出，实现劳动认同。

三是营造崇尚劳动的文化氛围。马克思认为，人创造环境的同时，环境也创造了人。劳动环境对劳动者的影响潜移默化、持久深远。广大劳动者在切实的劳动实践中创造着富有自身特征的劳动文化，既体现了劳动者对日常劳动行为的内在要求，又体现了劳动环境对劳动者的劳动热情和创造活力的激发与促进。营造尊重劳动、崇尚劳动、热爱劳动的良好文化氛围，使劳动者浸润其中，能提升劳动者的劳动情怀，使劳动者形成正确的劳动价值观。

三、鼓励劳动创造，推进劳动精神的实践养成

劳动精神是在劳动过程中产生的。一个不参加劳动的人很难产生劳动精神；反之，劳动精神的养成只能在劳动过程中完成。劳动者只有在劳动过程中才能体验劳动的甘甜、锤炼劳动的性格、增强劳动的毅力、端正劳动的态度、树立劳动的信心。劳动不仅是自主的实践活动，而且是创造性的实践活动，蕴含着浓厚的历史意蕴和鲜明的时代特征。新时代倡导和鼓励劳动创造，不断推进劳动精神在实践操作过程中的培养与塑造。

一是为劳动者提升创新素质提供平台条件，让劳动者拥有劳动实践的广袤空间。在思想文化日益进步的新时代，缺乏创新性劳动的社会是无法良好运转的。我国社会正处于全面深化改革的攻坚时期，以市场为导向、以创新为动力的发展使我国企业面临着日趋激烈的产业竞争。新时代扬弃资本主义异化劳动，恢复自由自觉的劳动本质，必须从劳动者自身素质的提高出发。知识型、技术型、创新型劳动者的培育需要学校、政府、企业和社会形成有效的联动机制，整合、优化劳动教育资源，开展多种形式的就业、创业培训，建立健全持证上岗制度、薪酬制度等，同时，也需要劳动者树立正确的劳动观，不鄙视劳动，积极投身劳动，主动学习，在实践操作中不断提高自身的劳动素质。

二是为劳动者激发创新热情营造良好环境，让劳动者有敢于劳动实践的大舞台。中国特色社会主义进入新时代，社会稳定、经济繁荣、国力昌盛的背后，是广大劳动者的付出与贡献。随着劳动人民生活水平的提高，生产安全问题、职业病高发问题、安全卫生立法问题成为广大劳动者极为关切的现实问题。应通过提供舒适的工作环境、建立心理辅导咨询机构、建立健全劳动参与机制等方式改善劳动者工作条件，提升劳动者的待遇和地位，从而更好地激发劳动者的工作热情与创新活力，推动知识创新和技术创新，实现劳动者的

素质提升向现实生产力转化。

三是为劳动者开展创造性劳动提供政策支持，为劳动者劳动实践提供充分的制度保障。在大众创业、万众创新的时代背景下，劳动者既要具有精益求精的工匠精神、艰苦奋斗的劳动精神，还要具有勇于创新、追求卓越的时代品质。创造性劳动从价值观念转化成人们的自觉行动，从精神领域转化到物质领域，制度安排和规范设计是极为必要的环节。劳动者自身素质的提高、工作条件的改善，为劳动、知识、技术、管理和资本的活力竞相迸发提供了前提条件。破除制约创新驱动发展的体制机制、完善政策和法律法规、创造有利于激发创新活力的体制环境，是创造性劳动得以实现的重要保障。新时代劳动精神的培育要在强化劳动者创新意识和创新思维的基础上，促使劳动者在不断追求卓越、超越自我的过程中勇于实践，积极投身到劳动中去，从而为建设社会主义现代化强国提供强劲的发展动力。

四、完善劳动制度，构建劳动精神的培育机制

坚持依法构建，健全劳动保障法律法规，把劳动关系的建立、运行、监督、调处的全过程纳入法治化轨道，加快建设覆盖全社会的信用信息系统，落实失信惩戒机制；坚持共建共享，推动劳动关系主体双方协商共事、机制共建、效益共创、利益共享，使得劳动成果更多更公平地惠及劳动者，真正实现多劳多得、少劳少得，各尽所能、按劳分配；坚持改革创新，推进具有中国特色的劳动关系工作理论、体制、制度、机制和方法创新，不断完善劳动政策、完善劳动法律、改善劳动环境，将诚实劳动抽象性的价值取向固定为全社会共同遵守的制度规范，努力实现劳动者体面劳动、全面发展。

我国作为一个拥有庞大产业工人队伍的发展中国家，培养具有高素质、创新性、协作性的劳动队伍，是我国步入现代化强国的关键，是实现产业振兴的需要。高素质劳动队伍问题的解决不仅需要思想和理论的创新，更需要制度的完善。新时代劳动精神的培育，需要保护劳动者合法权益、提高劳动者积极性、强化劳动者制度保障。

一是建立高效统筹协调机制，为劳动精神培育提供顶层设计保障。新时代劳动精神的培育作为一项系统工程，要构建政府主导、企业参与的全员化、全过程、全方位的统筹协调机制。比如，为劳动者入职提供技能培训，对保护劳动者合法权益提供有效引导；完善就业创业联动机制，为劳动者创造更多工作岗位，消除就业障碍和歧视；建立公平公正的社会保障制度，整合养老保险和医疗保险，实现城乡统筹和平等共享；健全社会救助体系和保障性住房制度，完善最低生活保障机制。

二是建立劳动产权保障机制，为劳动精神培育提供制度依据。劳动人权是劳动者真正占有劳动成果的权利，也是作为劳动主体实现体面劳动、充分劳动的权利。劳动产权是劳

动者的剩余索取权。随着产权明晰化推进、劳动用工制度和工资制度的变革，将从财产关系上保障劳动者的合法权益、调动劳动者的积极性和主动性。劳动产权制度是劳动者各项合法权益的重要保障，对新时代劳动精神的培育有着重要作用，并进一步促进劳动者从体面劳动走向共同富裕。

三是完善按劳分配薪资机制，为劳动精神培育提供科学合理支撑。分配制度事关广大劳动者的切身利益和劳动积极性的有效发挥。因此，应完善收入分配机制，提高劳动报酬在初次分配中的比重；完善再分配调节机制，建立公共资源出让收益合理共享机制；在具体政策、劳动报酬制度等方面不断提高劳动者的地位，使劳动者获得应有的劳动报酬和劳动保障，努力使劳动者的根本利益得到最大程度地实现，促进社会主义和谐劳动关系的形成。

拓展阅读

凝聚起抗疫和发展的劳动精神、劳动力量

2020年4月30日，五一国际劳动节前夕，习近平总书记给郑州圆方集团全体职工回信，向他们及全国各族劳动群众致以节日的问候。习近平总书记指出，面对这次突如其来的疫情，从一线医务人员到各个方面参与防控的人员，从环卫工人、快递小哥到生产防疫物资的工人，千千万万劳动群众在各自岗位上埋头苦干、默默奉献，汇聚起了战胜疫情的强大力量。希望广大劳动群众坚定信心、保持干劲，弘扬劳动精神，克服艰难险阻，在平凡岗位上续写不平凡的故事，用自己的辛勤劳动为疫情防控和经济社会发展贡献更多力量。

当前，新冠疫情给我国经济社会发展带来了前所未有的冲击，随着境外疫情加剧蔓延，世界经济下行风险加剧，不稳定、不确定因素增多。2020年是全面建成小康社会和“十三五”规划收官之年，也是脱贫攻坚决战决胜之年，突如其来的疫情给我们完成既定目标任务带来挑战。2020年4月23日，习近平总书记给参与“东方红一号”任务的老科学家回信，强调不管条件如何变化，自力更生、艰苦奋斗的志气不能丢。越是在这样的特殊时刻，越需要广大劳动者发扬自力更生、艰苦奋斗的优良传统，秉持勤于劳动、善于创造的优秀品质，有力有序推动复工复产提速扩面，确保夺取疫情防控和决胜全面小康、决战脱贫攻坚的双胜利。

在制度上，构建尊重劳动者、鼓励创造的政策体制环境。人民是推动我国经济社会发展的基本力量和基本依靠，实现我国经济社会发展，归根结底要靠广大劳动者的劳动创造。各级党委和政府要坚持以人民为中心的发展思想，践行全心全意为人民服务的根本宗旨，把全心全意依靠工人阶级方针贯彻到党和国家政策制定过程中，把党的群众路

线贯彻到治国理政全部活动中。加强顶层设计，加强统筹规划，做好政策衔接和政策创新，把党和国家相关政策措施落实到位，推动产业工人队伍建设改革落地见效，努力造就一支有理想守信念、懂技术会创新、敢担当讲奉献的宏大的产业工人队伍。

在精神上，大力弘扬劳模精神、劳动精神、工匠精神。伟大的事业需要伟大的精神，伟大的精神来自伟大的人民。党的十八大以来，习近平总书记曾在多个场合向全国人民发出劳动集结号和奋斗动员令，总书记礼赞劳动创造、讴歌劳动精神的名言警句，点燃了亿万劳动者在新时代劳动创造、拼搏奋斗的满怀豪情，汇聚起各行各业劳动者向着实现中国梦的美好前景迸发的时代洪流，更是这次坚守一线的广大劳动者投身抗击疫情斗争的强大精神动力。应在全社会大力弘扬劳模精神、劳动精神、工匠精神，大力宣传劳动模范和其他典型的先进事迹，树立辛勤劳动、诚实劳动、创造性劳动的理念，涵养全社会的劳动信仰、劳动情怀和劳动品格，鼓励劳动者恪尽职业操守、崇尚精益求精、奋力追求卓越，激发全社会凝心聚力决胜全面建成小康社会、决战脱贫攻坚的雄心壮志。发挥劳动的独特育人价值，把劳动教育纳入人才培养全过程，凝聚劳动精神、激发劳动力量，让劳动最光荣、劳动最崇高、劳动最伟大、劳动最美丽蔚然成风。

在素质上，搭建劳动者更好成长成才成就的平台。劳动者素质对一个国家、一个民族的发展至关重要。2018 年我国制造业增加值占世界份额达到 28%，2019 年我国首次跻身全球制造业创新指数 15 强，但中国制造还面临着“大而不强”的境况，还存在质量效益不高、技能人员缺乏等短板。应进一步完善现代职业教育制度和现代职业教育体系，提高契合度、突出多元化、优化大环境。加大技术技能培训力度，开展多层次、多样化培训和劳动竞赛，释放“互联网 + 职业技能培训”的潜力和动能，推动做好新冠肺炎疫情防控期间及今后一个时期的职业技能线上培训工作，通过多种形式不断提高劳动者素质和就业能力，培养更多高技能人才和大国工匠。

在权益上，依法维护劳动者的合法权益。全心全意为工人阶级和广大劳动群众谋利益，是我国社会主义制度的根本要求，是党和国家的神圣职责。应健全党和政府主导的维护群众权益机制，关注一线职工、农民工、困难职工等群体，加大对医务人员的关爱和对困难职工群体的帮扶，帮助广大劳动者排忧解难。面对疫情带来的部分企业缺工严重、稳岗压力大和重点群体就业难等突出问题，积极推动实施就业优先政策，全面落实稳就业举措，扎实做好“六稳”工作，落实“六保”任务。完善政府、工会、企业共同参与的协商协调机制，引导职工依法理性有序表达利益诉求，构建和谐劳动关系，帮助劳动者实现体面劳动、全面发展。

爱国主义与劳动

爱国主义与劳动精神

在我国，各行各业的人们通过默默地辛勤劳动为国家和社会做着贡献，这既体现出他们无私奉献的劳动精神，又体现了他们热爱国家、热爱人民的爱国主义精神。

（1）基层干部：基层政府官员通过长期辛勤地工作，促进了农村和偏远地区的发展。他们的劳动精神表现在不辞辛苦地为民众提供服务，并助力国家减轻贫困和不平等问题。

（2）农村振兴计划：我国实施农村振兴计划，鼓励年轻人回到农村从事农业和农村发展工作。这些年轻人在农村努力工作，提高了农村经济，改善了农民的生活水平，体现了对国家农村发展的贡献。

（3）国家建设项目：国家重要的基础设施和建设项目通常需要大量的劳动力。工程师、建筑工人、技术人员等通过长期的劳动，参与这些项目的建设，为国家的经济和基础设施提供了支持。

（4）社会企业和非营利组织：一些个体和团体致力于创办社会企业或非营利组织，致力于解决社会问题，如贫困、医疗不平等、环境问题等。他们通过自己的劳动和创新来为国家和社会作出贡献。

（5）环保志愿者：环保志愿者参与各种环保活动，如清理垃圾、植树造林、野生动物保护等。他们的劳动表现出对国家自然资源的关心，以及对未来世代的爱国主义情感。

这些案例都突出了个人和集体通过劳动精神和爱国主义情感的结合，为国家和社会作出了积极贡献。通过这些努力，他们不仅改善了国家的经济和社会状况，还体现出对国家的深切热爱。

思政之窗

人民日报：教育引导青少年培养劳动精神

中共中央、国务院印发的《关于全面加强新时代大中小学劳动教育的意见》提出“培养勤俭、奋斗、创新、奉献的劳动精神”。这为积极开展新时代劳动教育、大力培养新时代劳动精神指明了方向。

教育引导青少年厉行勤俭。习近平总书记强调：“不论我们国家发展到什么水平，不论人民生活改善到什么地步，艰苦奋斗、勤俭节约的思想永远不能丢。”经济落后时需要提倡勤俭，经济发展了同样需要厉行勤俭。长期以来，各地区和各级各类学校坚持劳动教育与生活生产相结合，在培养青少年勤俭精神方面取得明显成效。但也要看到，当代青少年普遍出生在物质生活比较丰富的时代，容易形成大手大脚的习惯、滋生攀比享乐的心理，勤俭精神有所缺失。少成若天性，习惯如自然。厉行勤俭必须从青少年抓起。针对青少年普遍缺乏对艰苦生活的感受、缺少对节约观念的认知，各级各类学校要把勤俭精神的培育和践行融入劳动教育中，营造崇尚勤俭的文化氛围，引导青少年自觉抵制拜金主义、享乐主义等错误思想，树立健康文明的生活方式和消费观念。

教育引导青少年艰苦奋斗。习近平总书记指出："民族复兴的使命要靠奋斗来实现，人生理想的风帆要靠奋斗来扬起。"不断取得新时代中国特色社会主义新胜利，实现中华民族伟大复兴的中国梦，离不开前赴后继、艰苦卓绝的接续奋斗。新时代青少年是祖国的未来、民族的希望，也是建设社会主义现代化强国、实现民族复兴伟业的主力军，必须从现在抓起，培养艰苦奋斗的精神。各级各类学校要积极倡导劳动最光荣、劳动最崇高、劳动最伟大、劳动最美丽的理念，让新时代青少年尊重劳动主体、崇尚劳动创造，以辛勤劳动为荣、以好逸恶劳为耻，爱劳动、会劳动，在做好每一件小事中培育和践行艰苦奋斗的精神。

教育引导青少年提高创造性劳动能力。《关于全面加强新时代大中小学劳动教育的意见》明确提出："强化诚实合法劳动意识，培养科学精神，提高创造性劳动能力。"面对日新月异的科技进步，面对繁重复杂的发展任务，新时代劳动者不仅要爱劳动、会劳动，而且要懂技术、会创新。这内在要求新时代劳动教育主动适应科技发展和产业变革新趋势，结合劳动新形态、产业新样态，不断深化产教融合、创新人才培养模式，切实提高青少年的劳动能力特别是创造性劳动能力。目前，一些地方的劳动教育仍不同程度存在知识灌输多、创新精神培育少的问题，造成一些青少年习惯于模仿、创造力不强。解决这一突出问题，亟须以提高创造性劳动能力为目标，改革劳动教育内容，不断激发青少年学习和劳动的积极性主动性创造性，不断增强青少年创新创造能力。

教育引导青少年培养甘于奉献的精神。在实现中华民族伟大复兴的征途上，事不避难、义不逃责的决心和以身许国、无私奉献的精神，支撑着中华儿女为夺取一个又一个胜利而奋勇前行。比如，钱学森、邓稼先等"两弹一星"元勋秉持科技报国、以身许国的爱国情怀，西安交通大学"西迁人"等老一辈知识分子怀着"党让我们去哪里，我们背上行囊就去哪里"的奉献精神，为了民族复兴伟业付出了毕生心血、作出了卓越贡献。积极开展新时代劳动教育，需要引导青少年向他们学习，大力培养甘于奉献的精神。加强革命传统、爱国奉献教育，引导青少年弘扬革命精神、传承红色基因，形成好思想、好品行、好习惯，扣好人生第一粒扣子，警惕和防止价值观念扭曲、利益取舍失衡。注重培育公共服务意识，使青少年乐于付出、甘于奉献。

劳动教育成长评价手册

请参加一次主题调研活动，然后按要求填空，完成下面的劳动教育成长评价手册。

劳动教育成长评价手册

<table>
<tr><td>活动名称</td><td colspan="3">主题调研：你是如何理解劳动精神的？</td></tr>
<tr><td>姓名</td><td></td><td>班级</td><td></td></tr>
<tr><td rowspan="3">活动总结与思考</td><td>掌握了哪些知识</td><td colspan="2"></td></tr>
<tr><td>锻炼了哪些能力</td><td colspan="2"></td></tr>
<tr><td>体验了哪方面的劳动精神</td><td colspan="2"></td></tr>
<tr><td>自我评价</td><td colspan="3"></td></tr>
<tr><td>同伴评语</td><td colspan="3"></td></tr>
<tr><td>教师评语</td><td colspan="3"></td></tr>
</table>

4 项目四 劳模精神认知

学习目标

知识目标

△了解劳模精神的当代价值。

△理解发扬劳模精神的方式和途径。

能力目标

△理解劳模精神的核心。

△能够弘扬劳动精神，发扬劳模精神。

素质目标

△提升对劳模精神的认知。

△能清楚地认识到幸福生活建立在辛勤劳动之上，培养劳动观念和奋斗精神。

榜样引领

沙元宝，男，2012 年 7 月毕业于辽宁铁道职业技术学院电气化铁道技术专业，现就职于中国铁路南昌局集团有限公司南昌高铁基础设施段。沙元宝同志先后获得 2013 年、2014 年江西省“青年岗位能手”、“江西省技术能手”、“全局技术能手”、“全局优秀共产党员”称号；2014 年获“福建省金牌工人”称号；2015 年荣获“全路技术能手”、南昌铁路局“十大平凡之星”称号；2016 年被评为中国铁路总公司优秀共产党员；2018 年获得中华全国铁路总工会火车头奖章。2014 年破格晋升为技师，2016 年破格晋升为高级技师。2021 年 8 月任车间接触网技术员。

沙元宝同志在校期间认真学习，珍惜在校期间学习的接触网、电力实训课程，正是这份学校实训经历，为沙元宝同志很快融入单位打下坚实的基础，通过自己的不懈努力，他在集团公司及国铁集团获得了一系列殊荣，现任中国铁路南昌局集团有限公司南昌高铁基础设施段延平综合维修车间接触网技术员。

“2013 年，刚毕业一年的沙元宝就成了全段为数不多的技术‘多面手’，真不简单！”在福州供电段，只要提起沙元宝，干部职工们无不认同。沙元宝参加工作后，作为工区为数不多的党员，他就坚定地带头努力学习供电技术知识，勤于思考，在工作实践中充分将理论知识与现场实际情况相结合，并将现场情况加以总结，做到学以致用。对于新材料、新工具、新设备更是与技术人员、生产厂家进行学习探讨，在短时间内让自身所学知识在现场运行中充分发挥出功效，并在路局、总公司职业技能大赛中，获得了“江西省技术能手”和“全路技术能手”称号。在合福高铁开通前的 2014 年 11 月，他被委以重任，到平均年龄只有 26 岁的闽清北供电工区担任负责人。面对接管高铁的挑战，面对四面环山的工区，沙元宝没有叫苦，没有向组织提出任何要求，他想得最多的是如何提高自身和工区职工的业务素质。工区每周两天的班组集中业务学习和岗位练兵是他必抓的重点，他不仅争分夺秒地加强自身学习，还充分利用工前会、收工会等时机带领职工一块儿学，把自己的技术、经验和绝招毫无保留地传授给大家，在工区营造了浓浓的“赶、帮、超”学习氛围。高速铁路在设备及零部件方面的标准要求很高，其中许多主要配件的材质是铝合金，在检修时不允许反复调整螺母、螺栓，但又必须保证力矩精确，导致日常检调效率很低。沙元宝通过现场仔细勘查对比，回工区反复试验，经过以他名字命名的党员技术攻关小组一个多月的技术攻关，创新了“铝合金腕臂检调方法”，此方法在全段高铁工区全面推广使用后，不仅使各工区铝合金腕臂检调效率提高了 30% 以上，还防止了人为因素对接触网设备造成隐性损伤的问题。

合福高铁是福建省境内第一条运行时速 300 公里的客运专线，高铁供电设备技术标准高，质量要求严，工艺复杂，联调联试工期异常紧张。能否按期安全优质地完成联调联试，保障高铁如期开通对闽清北供电工区来说是一次严峻的考验。该工区管辖的65.23公里双线电气化线路中，包括古田北、闽清北两个车站，两个AT所、一个分区所，仅隧道就有14个。工长沙元宝深感自己肩上的担子重，但他还是勇敢地接受了挑战，以饱满的激情投入工作当中。他放弃个人休假，身先士卒，以身作则，统筹安排，靠前指挥生产，全面激发每位职工的工作积极性和主动性，严格按照技术标准进行施工和质量把关，保证了联调联试工作顺利开展。联调联试期间，工区管内电化局、隧道局、通号公司等单位共有5个施工队伍同时施工，工区的设备平推整治每天至少有3个240分钟的施工计划，且间隔几天就有24小时连续作业的“大天窗”施工，最多时，6个作业组同时作业。仅4月3日至16日的14天里，工区就有9个连续24小时作业的“大天窗”施工。除了要做好人员合理调配、确保施工和设备整治进度、确保现场作业安全、收集精确技术数据和做好后勤保障工作外，沙元宝每天自己负责一个组的施工工作。4月10日至12日，他以铁人般的意志，连续奋战36个小时，没有诉苦，没有抱怨，没有退缩。他那熟练地指挥和操作，以及忘我的工作态度，给施工现场的路内外干部职工留下了深深的印象。在他的带领下，闽清北供电工区保质保量地完成了联调联试任务。2015年6月28日，当合福高铁第一列动车安全平稳地驶出闽清北供电工区管内的消息传来时，在闽清北站保开通的干部职工们，看着站在队伍第一位，那瘦了整整15斤，挺直如松的沙元宝的身影时，心里充满了敬意和叹服。

虽然高铁工作很辛苦，可年轻的沙元宝却有着一份高铁供电人的自豪。“现在动车越方便，运行到越晚，我们的工作就越紧凑、越辛苦，但也越有价值。”沙元宝面对福建日报社记者提问时说。沙元宝深深地热爱铁路供电工作，他用实际行动，为铁路供电事业积极贡献的同时也给大家树立了一面先锋模范旗帜。在他的带领下，闽清北供电工区全体职工尽职尽责地保障着合福高铁的供电安全，2016年工区被评为南昌铁路局五四红旗团支部。

经过几年在岗位的历练他心态更稳了，知识更充盈了，他比以前更加刻苦了！用了几年时间他终于证明了自己，2019年3月专业融合，沙元宝同志被划入南昌高铁基础设施段，同时沙元宝的付出也得到了领导的认可，2019年4月沙元宝同志进入车间从事接触网专业管理岗位，2021年8月份通过理论、实作、面试层层筛选，沙元宝同志以第一名的成绩正式竞聘为车间接触网技术员。沙元宝同志以坚定的理想信念和实际行动践行了党员的誓言，在火热的铁路事业中绽放出了绚丽之花！

（来源：沙元宝：创新实干践行工匠精神，辽宁铁道职业技术学院公众号2022年12月3日）

任务一 劳模精神的当代价值

任务工单

讲述劳模故事，颂扬劳模精神

2020年春，一场突如其来的新冠疫情肆虐全国，举国上下万众一心，众志成城抗击疫情。在这场疫情防控阻击战中，医护人员等“战士”冲锋在前，在人民与病毒之间砌起高墙，在没有硝烟的战场上冲锋陷阵；纺织、保障供应等行业的劳模“战斗”在后，他们立足岗位，以行动支援前线……

请以班级或院系为单位，围绕新冠疫情中涌现出的各行各业的劳模事迹举办一场“记新冠疫情之劳模故事会”，讲述他们的故事，感受并颂扬他们所传递的劳模精神。讲述的形式可以是单个故事讲述或串讲故事，也可以是配乐诗朗诵、小品等。

【过程记录】

确定参与故事会的形式：

准备要点及完成情况：

心得体会：

【结果评价】

教师可参考表 4-1 对学生讲述的劳模故事进行评价。

表 4-1 “讲述劳模故事，颂扬劳模精神”活动评价表

评价标准	评价细则	分值	得分	教师评价
故事选取	故事真实、典型	20 分		
	体现自身的感悟	10 分		
	抗疫故事体现时代精神	10 分		
语言表达	语速适当，表达有节奏感	10 分		
	吐字清晰，声音洪亮	15 分		
形象风度	举止自然得体，精神饱满	10 分		
	适当运用手势、表达等辅助表达	10 分		
综合表现	讲述效果好，富有较强的感染力	15 分		

劳动模范分为全国劳动模范与省、部委级劳动模范。同时，有些市、县和大企业也评选劳动模范。“劳”表示劳动，这是成为劳模的基本前提。“模”体现了“示范”和“楷模”的价值导向，具有可近、可亲、可信、可学的榜样作用。劳模是旗帜、是火炬、是形象、是标杆、是品牌、是导向，是珍贵的精神财富，能够引导全社会的劳动者热爱劳动，创造更多的社会财富。每一时期的劳模都具有不同的内容和特点，但是他们也有共同点，那就是他们都有着主人翁的责任感和艰苦创业精神等。

劳模精神是基于劳动模范对自己所从事的职业的敬重与热爱，渗透在他们的工作态度与职业道德中的一种优秀精神品质。党的十九大报告提出，要在全社会“弘扬劳模精神和工匠精神，营造劳动光荣的社会风尚和精益求精的敬业风气”。当前中国特色社会主义已经进入新时代，我们必须发挥劳模榜样作用，在劳模精神引领下树立辛勤劳动、诚实劳动、创造性劳动的理念，让劳动光荣、创造伟大成为铿锵的时代强音。

总的来说，劳模精神的当代价值主要表现在以下方面。

一、丰富了民族精神的内涵

中华民族在五千年的发展过程中，形成了独具特色的民族精神。民族精神具有汇聚人心和凝聚力量的重要作用。劳模精神是中华民族精神的重要组成部分。长期以来，劳模以强烈的主人翁责任感、无私的拼搏奉献和出色的劳动创造精神，为中华民族精神提供了鲜活的精神资源。爱国主义精神是中华民族精神的核心内容，是形成民族凝聚力、影响力和向心力的重要力量，劳模精神是在革命战争时期产生并在社会主义事业建设过程中发展形成的，自始至终都显现出劳模为祖国发展而拼搏和奉献的主人翁精神。劳模的主人翁精神是新时代爱国主义精神的具体体现。奋斗精神是中华民族的优良禀赋，中国共产党带领中国人民依靠艰苦奋斗走出了一条中国特色的社会主义发展道路。为了国家和民族发展而艰

苦奋斗的劳模就强烈地体现着中国人民的这种精神风貌，劳模精神是中华民族精神的灵魂。各行各业的劳模为推动中国的发展进步作出了卓越的贡献，凝聚在他们身上的这种勇于创新、甘于奉献的精神正是我国伟大创造精神在人民当中的一个缩影。劳模精神的发展，极大地丰富了民族精神的内涵。

二、促进社会道德进步

劳模精神是促进和加强社会主义道德建设的重要力量。中华民族有着五千年悠久历史，孕育了许多优秀的民族文化和传统美德。劳模精神是中华传统美德与时代背景相结合而形成的优秀精神，是劳模身上所体现出的高尚品格。劳模精神中所包括的爱岗敬业、艰苦奋斗、甘于奉献等精神，体现了中华传统美德重视整体利益、强调奉献、艰苦朴素、敬业乐群等美德，因此，弘扬劳模精神能有效促进中华民族传统美德的传承。劳模精神还反映了社会主义核心价值体系的内在要求，是社会主义核心价值观的具体化。劳动模范是实实在在地存在于我们生活中的楷模，他们是社会主义核心价值观的传播者和引领者，弘扬劳模精神就是在践行社会主义核心价值观。

改革开放四十多年来，我国的政治、经济、文化等各项事业都取得了举世瞩目的成就，人民生活水平日益提高，但也出现了诚信缺失、好逸恶劳、贪图享受等道德下滑的现象，甚至有些年轻人产生了“一夜暴富”的心理倾向和远离劳动的不良风气。要解决这些问题不仅要依靠法律的强制，更要依赖思想道德的力量。劳模精神是中华传统美德在劳动者身上的当代展现，它反映了社会主义核心价值观中对个人层面爱国、敬业、诚信、友善的要求，在全社会弘扬劳模精神，引导激励人们崇尚劳动、热爱劳动，以劳动为荣，能有效防止好逸恶劳消极思想，从而形成崇尚劳动的良好道德风尚。

三、引领培育时代新人

青年一代是国家的希望、民族的未来。青年的劳动情怀不仅决定着其自身发展的前途，而且影响着我们实现社会主义现代化的进程。劳模精神作为社会主义国家对于劳动作用的高度彰显，对培育时代新人有着不同寻常的价值。劳模精神的核心是劳动与创造，推进劳模精神进社会、进家庭、进校园，将劳模精神与青年的生活学习实践相结合，让青年们在自己动手、亲身实践中体验劳动的快乐与收获，有利于形成热爱劳动、热爱创造的情怀，促进青年“德智体美劳”全面发展。弘扬劳模精神能消除青年心中轻视劳动的错误思想，生成并传播劳动至上、劳动光荣、创造伟大、劳动者平等的积极劳动观，让青年在辛勤劳动中放飞和实现自己的梦想。弘扬劳模精神还能培养青年劳动实干的担当精神。劳模精神是先进的文化，具有强大的教育塑造功能，能引领和鼓励青年脚踏实地、勤勤恳恳、勤于奉献，让青年在自己的辛勤劳动中担起时代赋予的重任。

拓展阅读

劳模精神的核心

劳动模范身上体现的“爱岗敬业、争创一流，艰苦奋斗、勇于创新，淡泊名利、甘于奉献”的劳模精神，是伟大时代精神的生动体现，也是劳模之所以能在广大劳动者群体中脱颖而出的根本原因。

1. 爱岗敬业

爱岗敬业是劳模精神的基础。所谓“爱岗”，就是要干一行，爱一行；所谓“敬业”，就是要钻一行，精一行。热爱本职工作，对待工作勤勤恳恳、兢兢业业、一丝不苟、认真负责是对爱岗敬业精神的完美诠释。

2. 争创一流

争创一流是劳模精神的精华。争创一流即追求一流的技术水平，干出一流的工作业绩，达到一流的工作效率。一代代劳模在自己所钻研的领域内争创一流，正是这种工作态度使他们在众多劳动者中脱颖而出，获得了“劳模”的称号。

3. 艰苦奋斗

艰苦奋斗是劳模精神的本质。艰苦奋斗是中华民族的优良传统，也是劳模精神的根本内涵。劳模之所以能够成为劳模，最根本的是依靠艰苦奋斗创造了不平凡的业绩。奋斗是艰辛的，没有艰辛就不是真正的奋斗。

4. 勇于创新

勇于创新是劳模精神的核心。勇于创新的精神即运用已有的知识、信息、技能和方法进行发明创造、改革、革新的意志、勇气和智慧。创新精神是一个国家和民族发展的不竭动力，也是推动人类文明不断向前发展的重要力量。

5. 淡泊名利

淡泊名利是劳模精神的灵魂。淡泊名利是一种境界，追逐名利是一种贪欲。新时代的劳模不会只看重眼前的利益，而是心怀大志、心无杂念，用纯粹的心投入所从事的事业中。

6. 甘于奉献

甘于奉献是劳模精神的底色。奉献是一种态度，是一种行动，也是一种信念。一代代劳模在自己的岗位上用劳动为祖国和人民奉献一切，在奉献中实现自己的人生价值，体现出无私奉献的优秀品质，体现出报效祖国、服务人民的崇高追求。

任务二　发扬劳模精神

任务工单

致敬爱岗敬业模范许振超学习活动

【活动目的】

让学生懂得爱岗敬业的意义，培养爱岗敬业意识，从我做起，从小事做起，从现在做起，培养爱岗敬业的职业道德意识和职业道德素养。

【活动时间】

建议40分钟。

【活动实施】

1. 教师播放视频资料：爱岗敬业模范许振超的成功因素，结合教材，学生思考问题。

问题一：什么叫"绝活"，许振超有哪些绝活？

问题二：这些绝活，许振超是怎样练成的？

问题三：你打算如何将敬业的要求落实到学习、工作当中？（讨论后回答）

2. 将学生按照6～8人分成小组，通过小组内部讨论形成小组观点。

3. 每个小组选出一组代表陈述本组观点，其他小组可以对其进行提问，小组内其他成员也可以回答提出的问题；通过问题交流，将每一个需要研讨的问题都弄清楚，写成活动心得。

4. 教师进行分析、归纳、总结。

5. 教师根据各组在研讨过程中的表现，给予评价。

一、树立科学的劳动理念和正确的劳动价值取向

当前，中国特色社会主义建设已进入新时代，这个时代面临着各种新情况和新问题，需要呼唤实干和劳模的精神。因此，我们特别需要认真学习和大力弘扬劳模精神。职业院

校学生是社会主义事业的建设者和接班人，应该坚定地树立爱业、敬业、乐业、勤业的职业理念，不断学习劳模精神，并在实际工作中践行这种精神；应该立足自己的岗位，踏实工作，不断加强学习，提升自己的水平，坚持不懈地开拓创新，以实现社会主义新时代的伟大奋斗目标。

在弘扬劳动光荣、技能宝贵、创造伟大的时代风尚，以及培育和践行劳模精神方面，我们必须树立科学的劳动理念，并培养正确的劳动价值观。

树立科学的劳动理念包括四个层次，详见图 4-1。

层次一　倡导辛勤劳动

把辛勤劳动当作一种美好品德去追求。辛勤劳动是我们对待劳动的基本意识。人间万事出艰辛。越是美好的未来，越需要我们付出艰辛努力

层次二　倡导诚实劳动

诚实劳动是我们对待劳动的基本品格，我们要认识到，只有通过诚实劳动，才能创造出价值，才能赢得他人的尊敬，最终实现个体生命的目标

层次三　倡导科学劳动

科学劳动是我们对待劳动的方式方法，科学劳动能提高我们认识改造和保护自然的能力，能提高我们的生产劳动能力。在劳动中合理运用科学技术能大大提高劳动生产率

层次四　倡导创造性劳动

创造性劳动是我们对待劳动的一种责任担当，创新是第一生产力，创新不仅包括科技创新、管理创新，也包括创新性劳动

图 4-1　树立科学的劳动理念的四个层次

新时代中国特色社会主义倡导“劳动最光荣、劳动最崇高、劳动最伟大、劳动最美丽”的劳动价值取向，就要在劳动权利上倡导劳动平等、劳动者平等，在劳动使命上倡导劳动神圣、劳动伟大，在劳动成就上倡导劳动崇高、劳动光荣。因此我们要倡导劳动者最光荣、最崇高、最伟大、最美丽的劳动价值取向。

二、学习劳模先进事迹并深刻理解劳模精神的内涵

（一）要充分利用各种载体学习劳模先进事迹

要践行劳模精神，首先要加强对劳模先进事迹的学习，学习他们的主人翁责任感和艰苦创业精神，忘我的工作热情和无私奉献精神，良好的职业道德和敬业爱岗精神，通过学习汲取“营养成分”，激发工作热情，从而指导我们的工作实践。

1. 要充分利用各种平台和载体进行学习

随着互联网传媒的发展，媒体传播也进入了“新媒体时代”“自媒体时代”。要根据

自身实际情况，按照不同领域、不同行业、不同类别和不同需要，采取灵活有效的活动载体和主题方式积极学习劳模精神。

2. 要抓住时间节点进行学习

充分利用国家举办重大纪念庆祝活动的契机，如“五一”国际劳动节、建党建国纪念、改革开放纪念等重要时机，从契合性出发，选择不同内容和方式对劳模精神进行学习。

3. 对劳模典型进行深入学习

榜样的力量是无穷的，要不断挖掘劳模先进典型、积极学习劳模典型事迹，通过向劳模典型学习来弘扬劳模精神，以榜样的力量激励我们前进。

案例

全国劳动模范、中国铁路南宁局车辆电工陈岗

——从门外汉到“百科全书”

在创新工作室的逆变器检修台前，陈岗全神贯注研究着电路板。这既是他的日常工作，也是他最喜欢做的事情。

“以前检修逆变器，只有两种办法，一种是在客车上修，但是受停放股道调车作业及天气影响，常常难以维修；另一种是将逆变器拆下来，四五个人在叉车的配合下将其移到室内维修，难度也不小。”陈岗说。针对这个难题，他专门研发了检修台，只需将逆变器的核心部件拆下来就可以进行维修作业，大幅提高了效率。

陈岗是中国铁路南宁局集团有限公司南宁车辆段库检车间车辆电工。多年来，他潜心技术研发，共有8项科技成果获得国家专利，他本人获得了全国劳动模范、全国五一劳动奖章、全国铁路技术能手等荣誉。

“既然干工作，就要持之以恒干好。”参加工作30多年以来，陈岗是这样说，也是这样做的。1989年，陈岗从学校毕业后到铁路工作，成为一名车电钳工，主要负责检修客车上的白炽灯、发电机、蓄电池等。随着客车升级换代，车上电子设备运用更广泛、智能化程度越来越高，对于没有相关知识储备的陈岗来说，维修工作遇到了不小的挑战。

为了尽快熟悉、掌握新技术，陈岗虚心求教，从头学起。白天，他向师傅请教电路知识；晚上，他悉心钻研专业书籍、阅读学术杂志，从中汲取养分。通过孜孜不倦地学习，他很快掌握了专业理论知识，并能够熟练运用观察法、测量法、对比法、替换法、排除法、短接法等多种方法快速排除客车电器故障，从“门外汉”成长为行家里手。

近年来，铁路客车装备更新换代速度明显加快。随着大量DC600V新型直供电客车投入使用，替换原来的交流供电客车，列车逆变器、充电机等设备的维修成为库检车间面临的技术难题。“新型直供电客车质保期结束后，厂家售后技术人员全部撤离。由于我们不掌握相关修理技术，每次客车出现故障，都要等厂家技术人员来维修，有

时候一等就是几天，严重影响了车辆的使用。”陈岗说。

电子设备虽然比原来的机械设备复杂，但别人能修，自己为什么就不能？憋着一股劲，陈岗带领班组技术骨干开展研发，对驱动板设计进行改造，增加滤波电容，面对一次次失败不气馁、不放弃，终于彻底解决新型直供电客车故障率居高不下的难题。

电路错综复杂，设备配件更是名目繁多，要选出合适的改进方案和配件，唯有不断尝试。“我们在半年时间里，在不同的位置选用不同的配件，经过无数次装车测试后，选出损坏率最低的方案。”陈岗说。

日日行，不怕千万里；常常做，不怕千万事。陈岗不断攻克 DC600V 新型直供电客车电源逆变装置及相关电器设备技术难关，取得显著成果。他研发的列车 DC600V 逆变器过分相模拟试验装置，获得国家专利。该装置使得由空调逆变电源故障造成的客车复修率降低 95%，为单位节约维修及新购设备资金 2000 多万元。之后，他研发的“多功能电力检修升降台”“三相逆变器检修试验设备”获得国家专利。

“随着大家维修技术不断提高，现在设备故障检修时间由以前委外维修的十天半个月缩短到两三天，每年节约成本约 450 万元。”南宁车辆段库检车间副主任李蒙刚告诉记者。

“一人强，不是强；团队强，才真强”，这是陈岗常说的一句话。他知道，要按时高效地完成车辆检修任务，及时处理各种疑难问题，仅靠一个人的力量是远远不够的，必须培养出更多的技术能手。在“陈岗大师创新工作室”，他针对业务能力比较薄弱的新职工，重点讲解专业知识；针对一线班组老职工，结合直供电设备的各种故障，开展案例讲解，努力培养一支业务精湛的队伍。

“陈岗爱学习、好钻研、有担当，被大家称作‘百科全书’。他身上有一股向上的力量，和他一起工作总感觉有使不完的劲。”创新工作室成员林浪说。在陈岗的带领下，创新工作室积极开展课题攻关、技术革新、修旧利废等活动，产生创新发明项目 20 多项，极大提升了客车检修效率。

案例思考：当前，中国特色社会主义建设进入了新时代。新时代面临着诸多新情况和新问题，是一个呼唤实干、呼唤劳模的时代。因此，特别需要我们认真向众多劳模学习、大力弘扬劳模精神。职业院校学生是社会主义事业的建设者和接班人，要牢固树立爱业、敬业、乐业、勤业的职业理念，不断学习劳模精神，在实际工作中践行劳模精神，立足岗位、踏实工作，加强学习、提升水平，坚持不懈、开拓创新，从而实现社会主义新时代的伟大奋斗目标。

（来源：全国劳动模范、中国铁路南宁局车辆电工陈岗——从门外汉到“百科全书”，《经济日报》 2023 年 12 月 24 日）

（二）要深刻理解劳模精神的内涵

“只有了解劳动者的甘苦，才能产生更多的劳动情怀，从而崇尚劳动、尊重劳动。”因此，要弘扬和践行劳模精神，关键在于要学习和理解它。劳模精神具有时代性，强烈的主人翁意识、爱岗敬业精神、艰苦创业精神和无私奉献精神等，是劳模精神一直不变的内核，其表现形式却是与时俱进和发展变化的。

回首新中国走过的发展历程，每一个时期的劳模都具有不同的内涵和特点，每一个时期的劳模精神都代表着那个时代的价值观、道德观和精神风貌。我们学习劳模精神，要把它放在具体的时代背景下去学，要结合实际去学，只有这样我们才能真正理解劳模精神的内涵。

作为当代职业院校学生，一是在学习扎实的专业知识和优秀行业技能的同时，还应注重对于职业素养和道德等精神层面的学习，使劳模精神成为我们工作和学习的向导。二是要在校园文化和校园活动之中深入学习劳模精神。校园文化是学校所具有的特定的精神环境和文化氛围，它能陶冶情操、启迪心智，我们要充分利用校园活动这个有效载体，积极参加学校开展的各种教育活动，加强理想信念教育、爱国主义教育、榜样教育和劳动习惯的养成教育，树立自强不息、敢于创新、劳动崇高的价值观。三是要充分利用社会这个大课堂学习劳模精神。劳模精神的弘扬需要坚持不懈地教育，社会教育就是在家庭教育与学校教育之外的一个重要教育途径，我们要充分利用各种机会、各种活动去学习精神，加深对劳模精神内涵的理解。

三、用实际行动不断奋斗践行劳模精神

践行劳模精神，关键是要把它落实到我们的实际工作中去，以充沛的工作热情，“干一行、爱一行、专一行、精一行”，立足岗位积极工作努力奉献，在平凡的工作岗位干出不平凡的工作成绩。

（一）立足岗位、踏实工作

爱岗敬业是中华民族的传统美德和社会主义职业道德所倡导的职业规范，也是社会主义核心价值观的重要内容。习近平总书记指出：“全面建成小康社会，我国亿万劳动群众是主体力量。希望我国广大劳动群众以劳动模范为榜样，爱岗敬业、勤奋工作，锐意进取、勇于创造，不断谱写新时代的劳动者之歌。”立足岗位、踏实工作是践行劳模精神的基础。一是要增加职业认同感，牢固树立角色意识，明确“我是谁，在什么岗位，该做什么，做好了没有”，敬重自己所从事的职业，形成对职业的认同感和责任意识。二是要增强职业幸福感。自觉地将个人的发展目标与职业岗位目标相融合，充分发挥主观能动性，在工作过程中成就自我。三是要踏踏实实工作。“幸福都是奋斗出来的。”积极践行劳模精神，就是以一种敬业的精神，积极的姿态，踏踏实实地去工作，一步一个脚印，通过自己的劳动获得最后的成功。

（二）加强学习、提升水平

“工欲善其事，必先利其器。”学习是我们的立身之本。当今世界已进入高速发展的新时代，知识更新瞬息万变，科技发展日新月异，各种新理论新技术层出不穷。因此，只有不断学习，我们的工作水平才能得到持续提高，我们才能跟上时代发展的步伐，我们才有能力胜任本职工作。“争创一流”是劳模精神的内涵之一，也是广大劳动者应当追求的目标。劳模许振超曾在清华大学语重心长地说：“一个人可以没文凭，但不可以没知识；可以不进大学殿堂，但不可以不学习。只有知识才能改变命运，只有发奋学习才能成就未来。”因而，劳模的学习精神是新形势下劳模精神的精髓所在。

践行劳模精神，首要的就是要像劳模那样不断学习、积极进取、与时俱进。一是做好学习规划，提高学习广度。加强对学习活动的动态管理，保证学习活动的经常性和学习内容的系统性。二是要坚持岗位标准，创新学习形式。从履行岗位职责的实际需要出发，真正把学习与研讨交流、推动工作结合起来，充分利用各种学习载体，及时学习岗位相关知识。三是要坚持作风标准，注重学习纪律。

（三）坚持不懈、开拓创新

“创新是民族进步的灵魂。”建设创新型国家是我国发展战略的核心和事关社会主义现代化建设全局的重大战略任务，不仅需要世界一流的科学家，也需要具有高超职业素质和掌握精湛技艺的劳动者。

回顾中国特色社会主义事业建设的历程，我们可以发现，在每一个巨大成就的后面都有劳模的身影。他们是广大劳动者中勇于创新的代表。因此，践行劳模精神还要求我们树立创新意识，在实践中用现代科学技术武装自己，增强创新能力，争做知识型、技能型、专家型劳动者，为实现由“中国制造”向“中国智造”的转变做贡献。只有这样，才能不断提高劳动生产率，推动社会进步和持续发展，才能使中华民族屹立于世界之林。

拓展阅读

劳模精神的主要特征

劳模精神丰富和发展了我国的民族精神和时代精神，具有鲜明的特征。归纳起来，劳模精神主要有以下四个特征。

（一）时代性

任何理论都是时代的产物，都具有鲜明的时代性。在特定的时代背景下产生的劳模精神同样具有时代性。长期以来，广大劳模以平凡的劳动创造了不平凡的业绩，铸就了“爱岗敬业、争创一流，艰苦奋斗、勇于创新，淡泊名利、甘于奉献”的劳模精神，丰富了民族精神和时代精神的内涵，是我们极为宝贵的精神财富。

劳模精神的时代性主要体现在两个方面：一方面，劳模精神不是凭空产生的，也不是一成不变的，它是中国共产党在探索民族独立、人民解放和社会发展的时代背景中，开展大生产运动寻求经济独立的过程中产生和发展的，它随国家意识形态、经济社会发展和时代变迁而不断发展。另一方面，劳模精神在不同的时代被赋予了不同的内涵，劳模精神是时代的标杆，是自觉地引领了时代前进的旗帜，劳模精神丰富了时代精神的内涵，是推动时代向前发展的重要精神力量。

（二）民族性

劳模精神体现着中华民族的思想与情愫，具有鲜明的民族性。一方面，劳模精神吸收了中华民族优秀传统文化当中热爱劳动、勤劳勇敢、吃苦耐劳的精神品质和崇尚劳动的传统美德，体现了鲜明的文化传统和民族特质。另一方面，劳模精神是对伟大的中华民族精神的传承，其中的爱国主义精神、创新创造精神、艰苦奋斗精神都集中体现在劳动模范身上，反过来丰富和发展了民族精神，为民族精神的发展传承培育了丰厚的精神土壤。

（三）先进性

劳模精神的先进性体现在劳模精神具有与时代的发展相一致的价值取向，它是劳模身上所折射出来的优秀品质和优良作风的集中体现。劳模是广大劳动者中先进分子的代表，他们身上所承载的劳模精神具有先进性。如今，中国特色社会主义已经进入新时代，劳动者的结构也发生了显著变化，知识分子、民营企业家、文体明星都是建设中国特色社会主义的一分子，都为中国社会经济建设发展贡献出了各自的力量，他们中的先进分子身上也闪耀着劳模精神。劳模精神作为一种先进的思想，其先进性也是与时俱进的。

（四）教育性

劳模精神的教育性体现在它是一种可以广泛推崇和学习的价值取向，能够教育和引导人民。广大劳模在平凡的岗位上艰苦奋斗、努力工作、服务人民，是值得人们学习的。劳动模范本身是平凡的，但凝聚在他们身上的劳模精神与社会提倡的社会主义核心价值观是伟大的。因此，要大力弘扬劳模精神，传承好中华优秀的传统文化，发展好中华民族最傲人的独特品质，充分发挥劳模精神教育引导作用，让其深入人心，受人尊崇，形成人人争当劳模的好风尚。

爱国主义与劳动

爱国主义与劳模精神

爱国主义与劳模精神之间存在紧密的联系，它们相互促进，互相补充。

1．劳模精神是爱国主义的一种表现

劳模精神强调勤劳、创新、奉献和责任感，这些特质不仅对个人和社会有益，也对国家的繁荣和发展至关重要。通过以劳模为榜样，人们可以传达对国家的深厚热爱，因为他们通过自己的努力和创造力为国家的经济和社会作出了积极贡献。

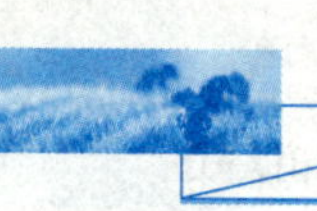

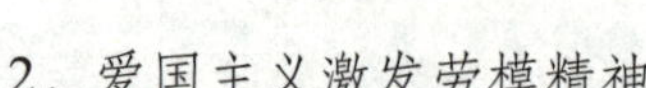

2．爱国主义激发劳模精神

爱国主义情感可以成为激发劳模精神的强大动力。当个人对自己的国家充满热爱和责任感时，他们更有动力去努力工作，为国家的繁荣和发展贡献自己的一份力量。爱国主义情感可以鼓励人们在各种领域中追求卓越，不仅仅是在工作中，还包括社会服务、创新和改进等方面。

3．劳模的榜样效应

劳模的成功故事和精神典范可以成为激发更多人爱国主义情感的途径。当人们看到其他人通过辛勤劳动、创新和奉献取得了巨大成就，他们会被鼓舞，认识到自己也可以为国家作出重要贡献。这种鼓励和激励可以加强人们对国家的爱和忠诚。

4．社会影响

劳模精神可以在社会层面引发积极的变革和进步。当大多数人都追求卓越，努力工作，国家的整体繁荣将受益。这种积极的社会氛围也会加强人们对国家的爱国主义情感，因为他们看到国家的成功是由众多优秀个体的努力共同塑造的。

爱国主义与劳模精神是相辅相成的，它们共同促进了国家的繁荣和个人的成长。通过努力工作、追求卓越、奉献社会，人们可以表现出对国家的深厚热爱，同时，国家的成功也会激励更多人追求卓越，形成良性循环。

思政之窗

全国总工会、教育部联合实施“劳模工匠进校园”行动

2023 年 7 月，为进一步发挥广大劳模工匠以及各行各业先进人物的榜样引领作用，推动深化“三全育人”改革，在“大国工匠进校园”“劳模进校园”等活动基础上，中华全国总工会、教育部联合印发《中华全国总工会办公厅 教育部办公厅关于大力弘扬劳模精神劳动精神工匠精神 深入开展“劳模工匠进校园”行动的通知》（以下简称《通知》），决定联合实施“劳模工匠进校园”行动。

《通知》指出，行动以深入学习宣传贯彻党的二十大精神为重点，将作为工会系统大力弘扬劳模精神、劳动精神、工匠精神的重要任务持续推进，作为各级各类学校加强劳动教育的重要途径和常态化举措持续深化。

《通知》要求，各级工会和教育部门要以线上线下结合、线下为主的方式，推动行动分级实施、分类推进，扩大行动覆盖面。在大中小学设立劳模工匠兼职辅导员，讲授“开学第一课”、班会课等，开展“致敬劳模交流会”“工匠课堂”“劳模家长上讲台”等主题班会，引导学生努力成为立大志、明大德、成大才、担大任的时代新人。在职业院校开设“劳模工匠大讲堂”，在职业教育活动周期间做好“劳模工匠进校园”活动，进一步强化职业院校的“职业”底色，引导学生成长成才。在高校设立劳模工匠兼职导师，鼓励思政教师进企业，支持高校在劳动教育实践基地开展相关劳动实践，培养热爱劳动、勤于劳

动、善于劳动的高素质劳动者。鼓励有条件的学校积极组织学生到各类劳动教育实践基地开展活动，充分利用线上平台进行评价激励。

各级工会将把行动作为发挥劳模工匠示范引领作用的“大舞台”，不断拓展和建设劳动教育实践基地，积极组织劳模工匠投身劳动教育，发掘推荐能讲善讲乐讲的劳模工匠参与行动，做好劳模工匠的培训和服务，并积极引导和鼓励各类企业参与到行动中来。

《通知》明确，行动力争用5年左右时间，实现在大中小学全贯通，在基础教育、职业教育、高等教育、继续教育全覆盖，弘扬劳模精神、劳动精神、工匠精神的机制不断健全，劳模工匠兼职教师队伍不断壮大，支持劳动教育有效开展的各类资源不断丰富。为营造良好工作氛围，全总、教育部将联合开展示范性活动，联合指导开设网络宣传平台，每年遴选发布经典案例和优秀案例加以宣传推广。

劳动教育成长评价手册

收集劳模事迹材料并学习劳模精神，然后按要求填空，完成下面的劳动教育成长评价手册。

劳动教育成长评价手册

一、评价目的

1. 评估劳动教育的实施效果，促进劳动教育的持续优化。

2. 鼓励学生积极参与劳动，培养正确的劳动观念。

3. 通过学习劳模事迹，激发学生的奋斗精神和责任意识。

二、评价内容

1. 劳动态度：学生在活动过程中的积极性、主动性、责任心和团队精神。

2. 劳动技能：学生在活动过程中展示出的技能水平和创新能力。

3. 劳动精神：学生对劳动价值的认同、对劳动成果的尊重以及对未来职业的憧憬。

4. 劳模精神学习：学生对劳模事迹的理解、感悟以及在实际劳动中的应用。

三、评价方法

通过观察学生在活动过程中的表现，对其劳动态度、技能和精神进行评价。

2. 自我评价：鼓励学生对自己的劳动表现进行自我评价，培养自我反思和自我提升的能力。

____

____

____

3. 互评评价：组织学生进行互评，从同伴的视角发现自身的优点和不足，促进共同进步。

____

____

____

4．教师评价：通过与学生进行交流，深入了解学生的劳动体验和感受，以及对劳模精神的理解和应用。

____

____

____

5 项目五 工匠精神认知

学习目标

知识目标

△了解工匠精神的内涵。

△了解工匠精神的当代价值。

能力目标

△能在劳动中践行和发扬工匠精神。

△能体悟劳动精神、劳模精神、工匠精神的内在关系。

素质目标

△提升对工匠精神的认知。

△培养工匠精神，养成良好的劳动习惯。

榜样引领

千丝万缕引线人 穿纱“巧匠”赵巧娟

赵巧娟，女，宏达高科控股股份有限公司织造部经编车间质检组长。2013 年 11 月获全国纺织行业技术能手称号和全国纺织行业单项项目比赛第一名；2015 年 4 月获最美嘉兴人和最美海宁人“最美职工”称号；2018 年 4 月获得嘉兴市劳动模范、海宁市劳动模范；2021 年 4 获得全国五一劳动奖章；2021 年 4 月获得浙江省劳动模范；2021 年 6 月获得嘉兴市优秀共产党员。

赵巧娟是宏达高科经编车间一位普通的员工，如今已在穿纱工的岗位上默默坚守了三十多年。她几十年如一日，乐于奉献，敢于建言，不计时间、不怕辛劳地在自己岗位上辛勤工作。一件件平凡的小事，折射出了她身上特有的中华民族最朴实的品质——勤劳勇敢。

穿纱，是把纱线手工传到导纱针上，再开始纺织，穿纱工的效率影响着整个流程，动作越快产量越高。600 根左右一个盘头，7 个盘头为一套，4200 个针头要在 20 分钟里全部穿好，平均每小时完成 1.2 万根纱线。为了提升工作效率，赵巧娟不断练手速、练眼力，最多的时候要连续不停穿上 8 个小时，凭着踏实苦练，赵巧娟练就了一双巧手。2013 年，在全国纺织行业“润源杯”经编工职业技能竞赛中，赵巧娟凭借精湛的技艺获得单项第一名。

通过多年的学习和实践，赵巧娟坚持学有所用，凭借过硬的专业技能获得全国纺织行业技术能手荣誉称号，并于 2013 年获得海宁市高级技能职工资格证书，2015 年获得中国纺织工业联合会颁发的高级工职业资格证书。

质量和效率，是生产线上的两大要素，每逢工期紧张，赵巧娟甚至吃饭都在经编机前，就是为了赢得那么短短几分钟时间来加快进度。在她的带动下，公司编织的这匹“布”，材质越来越好，产量越来越高，工艺越来越深，而登上的舞台，也越来越大。

2018 年，在她与研发人员的反复试制和几十次的技术攻关之下，宏达高科成功开发出国产汽车线，该产品一经问世，就填补了国内市场的空白，赵巧娟也因此年年都被评为公司“先进工作者”。

在被提升为经编车间的质检工作负责人后，赵巧娟的工作职责发生了转变，需要协助落实生产任务、控制产品质量，同时配合生产经理做好各项工作，更好地开发出高新产品。根据岗位的需要，面对理论素养和专业知识的更高要求，赵巧娟把学习充电放在了更为重要的位置，2011 年，她进入大专班学习，2014 年 5 月份顺利拿到大专毕业证书。在充实提高自己的道路上，她从未停止学习脚步。

默默坚守、勤恳钻研是她的底色，而求知善读、励学敦行是她一路向前的利器。只有初中毕业文化程度的她，在职工书屋建立之前，为了弥补专业知识的缺陷，就经常购书学习，把书本理论和实际操作相结合，在工作中取得创新突破。随着职工书屋的不断扩大，她更是成了这里的常客。工作之余，赵巧娟都泡在了企业的图书馆，因为经常最后离开，公司还特意给她配备了一把钥匙，她从此成了宏达书屋的编外图书管理员。32年坚守行业，32年踏实学习，从穿针引线的穿纱工到全国纺织行业技术能手，勤奋让“巧姐”手巧心也巧，阅读铸就织女蝶变之梦。

赵巧娟信奉这样一句话：“我们取得的成绩，和辛勤的劳动是成正比的，一分劳动就有一分收获。”32年的一线坚守，见证了她的成长之路，也见证了全国五一劳动奖章获得者的敬业风范。

平日里，她乐于助人，经常对身边的员工问寒问暖，车间里的同事们都喜欢称呼她为“巧姐”。在生活中，作为党员，她主动加入许村镇职工志愿服务队，为助推转型升级、建设美丽乡村发挥积极作用。2020年新冠疫情期间，她又参加了海宁西站测温、排查绿码志愿服务。

赵巧娟同志同无数个默默坚守在自己岗位上的职工一样，他们虽没有豪言壮语，却用他们最朴实的行动，搭起了企业发展的桥梁，用他们的辛勤劳动、无私奉献让自己的人生闪着别样的光辉

（来源：千丝万缕引线人 穿纱“巧匠”赵巧娟，中国青年网2021年12月11日）

任务一　工匠精神的当代价值

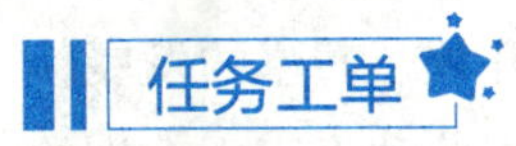

任务工单

专业技术技能实训活动周

【活动目的】

1. 通过参与宣传，为“进一步营造全社会关心支持职业教育发展的良好氛围”出一份力，让同学们有一定的成就感。

2. 在体验“劳动光荣、技能宝贵、创造伟大”的时代风尚中，激发同学们热爱专业、立志成为工匠大师的信心。

【活动时间】

一周。

【活动实施】

1. 准备。

（1）准备综合实训方案。

（2）准备场地、工具等。

（3）准备人员和时间安排表。

（4）准备应急预案等。

2. 过程。

每位同学根据本校本专业开展或参与“职业教育活动周”的情况，选择适合本人的活动项目参与，记录活动过程。

3. 小组讨论交流参与“职业教育活动周”的心得。

【注意事项】

1. 工具使用和设备操作安全。

2. 环境安全。

3. 其他安全。

工匠精神是一种职业精神，也是一种职业态度和价值观，它体现在职业道德、职业能力和职业品质方面。这种精神表现为从业者在设计上追求独具匠心、质量上追求精益求精、技艺上追求尽善尽美、服务上追求用户至上。

工匠精神要求从业者不仅具备高超的技能和技艺，还要体现出严谨细致、专注执着、精益求精、淡泊名利、敬业守信、勇于创新的工作态度。同时，工匠精神还包括对自己所从事职业的认同感、责任感、使命感和自豪感等可贵品质。

一、践行工匠精神是大国制造的必由之路

（一）工匠精神是形成劳动新风尚的内在要求

提倡工匠精神，贯彻发展新理念，有利于将创新、协调、绿色、开放、共享的发展新理念落实落细，同时也将进一步激发广大劳动者的劳动热情，通过诚实劳动来实现人生的梦想、展示自己的人生价值，推动形成良好的社会风尚。有些产品我们做不出来，恰恰是因为缺乏用心钻研、勇攀高峰的工匠；有些产品我们作出来却没有竞争力，也正是因为缺乏把工作当责任和使命的工匠。用“心”才会创新，有使命感才会赢得市场的信任。这就是提倡工匠精神的意义所在。

（二）工匠精神是社会主义核心价值观的具体实践

社会主义核心价值观个人层面的“敬业”和“诚信”，与工匠精神蕴含的职业理念和价值取向高度一致。同时，工匠精神也是对劳模精神、劳动精神的重要深化和提升，弘扬工匠精神是我们党有关劳动和劳动者理念的重要发展，体现了马克思主义尊重简单劳动、重视复杂劳动的价值导向。提倡“工匠精神”，重点在“精神”二字。当下，对物质利益的追求在很多时候遮蔽了人们对精神价值特别是超越性价值的追求。这也不可避免影响工匠群体，很多人更重视能够为自己带来经济利益的业务技能，而忽视甚至丧失了独立思考的能力和更高的价值追求。任何科学技术的发展都不能取代劳动者的双手，从制造业大国迈向制造业强国的过程中，需要一大批具备工匠精神的劳动者挥洒热血，他们才是真正的筑梦人。

（三）工匠精神是从制造大国向制造强国转变的重要助力

中国已成为世界第一制造业大国，但我们也应清醒地认识到，在一国产业发展需要经历的农业输出、低端制造、中高端制造、创新科技中心的四个阶段中，我们仍停留在第二个阶段。我们亟须实现的由制造业大国向制造业强国的跃升，离不开大国工匠精神的坚实支撑。如果把提高科技创新水平、强化工业基础能力、提升信息化与工业化融合水平等视为我国制造业转型升级的“硬件”，那么，一大批产业劳动者身上的大国工匠精神则是必不可少的“软件”，缺少软件支撑的硬件，犹如断弦之弓，发挥不出任何价值。

工匠精神是提高学生就业创业能力、引导广大劳动者立足本职岗位、切实提升技术技能素质、不断发展工人阶级先进性的有力抓手，也是实现劳动创新、推进供给侧结构性改革、实现从制造大国向制造强国转变的重要助力。

二、弘扬工匠精神是时代发展的必然需求

新时代的“工匠精神”主要包括爱岗敬业的职业精神、精益求精的品质精神、协作共进的团队精神、追求卓越的创新精神这四个方面的内容。其中，爱岗敬业的职业精神是根本，精益求精的品质精神是核心，协作共进的团队精神是要义，追求卓越的创新精神是灵魂。

（一）爱岗敬业的职业精神

爱岗敬业，是爱岗和敬业的合称，二者互为表里，相辅相成。爱岗是敬业的基础，而敬业是爱岗的升华。具体来说，所谓“爱岗”，就是要干一行，爱一行，热爱本职工作，不能这山望着那山高。所谓“敬业”，就是要钻一行，精一行，对待自己的工作要勤勤恳恳、兢兢业业、一丝不苟、认真负责。凡是获得“工匠”和“劳模”荣誉称号的工人，都是爱岗敬业的典范，他们中的很多人都在本职岗位上工作了二三十年之久，干出了一番事业。所以，“工匠精神”最根本的内涵，就是“爱岗敬业的职业精神”。

案例

“大国工匠”翟国成：辽宁舰上一种工具以他的名字命名

在辽宁舰上有一个高级士官群体，他们从接舰的那一天起，就伴随着辽宁舰一同成长。

翟国成是辽宁舰首个获得国家专利的航母舰员。3本国家专利证书、10余项创新研究成果、4次荣立三等功、全军士官优秀人才奖一等奖……这是二级军士长翟国成在航母上收获的一份成绩单。更让这位航空保障部门支持设备区队长骄傲的是，有一种工具，能以自己的名字命名——“翟国成扳手”。

航母甲板被称为“世界上最危险的机场”。甲板上进行的每一个操作都可能影响到飞机的起降安全，大到设备，小到工具，在操作上容不得半点误差。“翟国成扳手”正是在这样谨小慎微的环境中诞生的。一次飞行甲板作业过程中，一名舰员在使用工厂配发的航空供给盖扳手时，扳手从供给盖滑脱，手背瞬间被飞行甲板坚硬的涂层擦伤。看见身边年轻战友滴血的伤口，在一旁的翟国成心疼不已。“为什么扳手会滑脱？是不是扳手设计上有缺陷？能不能有更合理的改进？”一连串疑问在翟国成脑海中一个接一个冒出来。凭着自己多年的机务保障经验，在对供给盖结构原理进行反复思考后，翟国成终于找到了症结。他立即着手研究改进，在战友帮助下学会工程制图，设计出重量轻、费力小的立式扳手。

在翟国成的引领下，辽宁舰掀起了装备革新的热潮，涌现出多名“装备革新之星”，为航母建设提出的装备改进建议多达数百条。“是航母给了我平台，让我去创新。”而关于发明创造的初心，翟国成说，一切都为了能打仗、打胜仗。“装备改进一点，航母的战斗力就提高一点。”

案例思考：翟国成和他的战友们，这群年轻人，用吃苦耐劳的劳动精神、精细精准的工匠精神、无私奉献的劳模精神，见证了我国航母工程建设取得的每一项成就，也伴随着辽宁舰一同成长，他们用精益求精的追求演绎着无悔青春，成为一名名为社会主义现代化建设作出突出贡献的“大国工匠”，践行着“用劳动托起中国梦”。

（二）精益求精的品质精神

顾名思义，精益求精，是指一件产品或一种工作，本来做得很好了，很不错了，但还不满足，还要做得更好，达到极致。“精益求精的品质精神”是“工匠精神”的核心。一个人之所以能够成为“工匠”，就在于他对自己产品品质的追求，只有进行时，没有完成时，永远在路上；在于他不惜花费大量的时间和精力，反复改进产品，努力把产品的品质从99%，提升到99.9%、再提升到99.99%。对于“工匠”来说，产品的品质只有更好，没有最好。追求极致、精益求精，是获得各类“工匠”荣誉称号的工人的共同特点，这也是他们能身怀绝技，在全省、全国甚至在国际上的各种技能大赛中夺金戴银的重要原因。

（三）协作共进的团队精神

如果说“爱岗敬业的职业精神”以及“精益求精的品质精神”是传统的“工匠精神”中具有的内涵，那么，“协作共进的团队精神”则主要体现于新时代的“工匠精神”之中。所谓“协作”，就是团队成员的分工合作；所谓“共进”，就是团队成员的共同努力、共同进步。因为和传统工匠不同，新时代工匠尤其是产业工人的生产方式已不再是手工作坊，而是大机器生产，他所承担的工作，只是众多工序中的一小部分。比如复兴号列车，一列车厢就有三万七千多道工序，这三万七千多道工序，一个人是不可能完成的，必须由车间或班组即团队协作来完成。团队需要的是“协作共进”，而不是各自为战。因此，“协作共进的团队精神”是现代“工匠精神”的要义。

（四）追求卓越的创新精神

“追求卓越的创新精神”与“协作共进的团队精神”一样，也是新时代“工匠精神”的内涵之一，可以说是新时代“工匠精神”的灵魂。传统的“工匠精神”强调的是继承，祖传父、父传子、子传孙，是传统工匠传承的一种主要方式，而新时代的“工匠精神”强调的则是在继承基础上的创新，因为只有在继承基础上的创新，才能跟上时代前进的步伐，推动产品的升级换代，以满足社会发展和人民日益增长的对美好生活的需要。有无“追求卓越的创新精神”，是判断一个工人能否称之为“新时代工匠”的一个重要标准。

当前，我国正处在从工业大国向工业强国迈进的关键时期，培育和弘扬严谨认真、精益求精、追求完美的工匠精神，对于建设制造强国具有重要意义。而只有对新时代“工匠精神”的基本内涵形成共识，才能树匠心、育匠人，为推进中国制造的“品质革命”提供源源不断的动力。

三、培育工匠精神是产业创新发展的本质需求

（一）工匠精神是产业创新升级发展的关键

众所周知，产业持续性的创新与升级是经济高质量发展模式的核心，这需要从过去的劳动密集型转向技术密集型，从依赖资源禀赋的比较优势走向依靠技术创新的竞争优势。一般而言，产业创新升级是一个链条行动，它由产品创新和工艺创新两个部分组成。如果说产品创新偏重于创造和设计新的成果，那么工艺创新则侧重于通过生产过程将创新的想法和理念实现和转化为现实可用且具有市场竞争力的物品。

在实际的产业创新过程中，产品创新与工艺创新相辅相成，产品创新不断提出要求以激励工艺创新，工艺创新则奠定了产品创新加工落地的制造基础，进而反过来，工业创新的加工制造环节能够通过反馈机制进一步优化产品创新。在整个产业创新链条中，创新者的工匠精神可以贯穿和作用于其间的两个主要环节，推动产业升级创新真正落地。

对于当下中国而言，无论是制造产业还是信息科技产业都处于一个关键的转型阶段，

如何摆脱对外国的核心技术依赖并形成自主创新路径，是我们实现产业创新升级必须跨越的鸿沟。

制造业的创新升级更依赖于累积型工匠精神，而信息科技产业则更需要急进型工匠精神。其中匹配制度的革新尤为重要，而在这过程中更为关键的是，要抛弃“重研发轻生产”“重学历轻技能”“重数量轻实效”的二元对立的惯性思维，重新回到生产过程，在政策行动上重视生产一线的人与物，在实践中打造工匠精神，通过科学知识探索和生产经验积累的双轮驱动，推动中国真正迈向质量为本的新发展模式。

（二）工匠精神是制度和文化健全与发展的落脚点

产业创新发展需要良好的制度和文化环境，工匠精神是制度和文化健全与发展的落脚点。

培育工匠精神，最重要的一点是营造良好的市场环境，包括毫不动摇地坚持高度尊重劳动的市场经济体制和建立健全对各类所有制经济一视同仁的人才激励制度。只要是具备工匠精神的劳动者，无论其供职于何种所有制性质的企业单位，都应给予相应的激励和支持。同时，进一步充分发挥市场在资源配置中的主体地位，鼓励大国工匠在企业间自由流动，促进公有制经济与非公有制经济协调发展，进而全面激发我国制造业的生命力和创造力。

培育工匠精神，必须有与之相适应的良好社会文化氛围。应做好“四个崇尚”。首先是崇尚劳动，尊重生产一线劳动者的劳动。现阶段工匠精神缺失，同存在轻视甚至鄙视生产一线劳动者的现象有密切关系。其次是崇尚技能，关键是要让技能人才有地位、有较高的收入、有发展的通道。三是崇尚创造，真正的“工匠精神”，应该是富有强烈的创新和创造精神的。四是崇尚“十年磨一剑”的理念。高品质的产品和高水准的服务，是要靠时间来精心打磨的。反观我们有的部门制定的某些制度与政策安排和评价体系，有不少是引导人们急功近利的，追求“短平快”，重数量、轻质量。

培育工匠精神，要根据职业技能、职业素养、职业理念不同层次的要求，有针对性地培育和塑造。首先，要通过加大职业培训力度、开展现代学徒制试点、深化“金蓝领工程”等工作抓手，夯实产生工匠精神的人力基础。其次，通过制度顶层设计，转变“重装备、轻技工，重学历、轻能力，重理论、轻操作”的观念，形成培育工匠精神的保障机制。再次，工匠精神是一种深层次的文化形态，需要在长期的价值激励中逐渐形成，通过文化再造、源头培育、社会滋养，发展先进企业文化和职工文化，使工匠精神成为引领社会风尚的风向标。

拓展阅读

劳动精神、工匠精神、劳模精神的内在关系

1. 劳动精神、工匠精神、劳模精神对劳动的推动作用

人类在劳动过程中，不断对大自然中的物质和客观世界进行认识和创造，并产生了

精神，创造了精神。劳动精神、工匠精神、劳模精神都是劳动创造的产物，即劳动是这三种精神的前提和基础。反之，劳动精神、工匠精神、劳模精神又都对劳动具有积极的推动作用，见图 5-1。

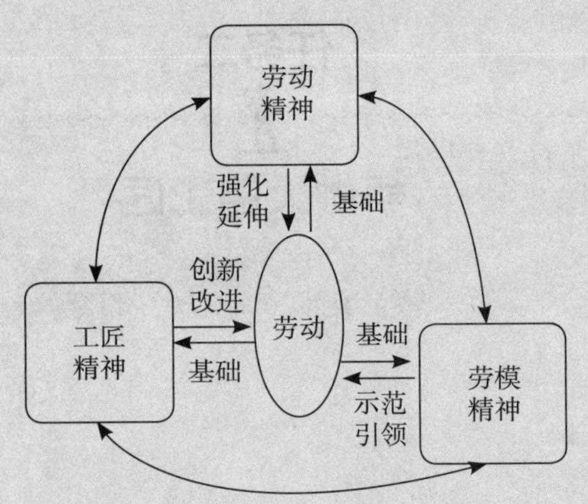

图 5-1　劳动精神、工匠精神、劳模精神功能与作用示意图

2. 劳动精神、工匠精神、劳模精神之间的逻辑关系

劳动精神、工匠精神、劳模精神是广大劳动群众在从事社会生产的劳动实践中形成的，是中国精神的重要组成部分，是我们宝贵的精神财富和前进的不竭动力。它们之间既相互联系，又相互促进，缺一不可，共同构成了鼓舞全党全国各族人民风雨无阻、勇敢前进的强大精神动力。图 5-2 为劳动精神、工匠精神、劳模精神之间的逻辑关系。

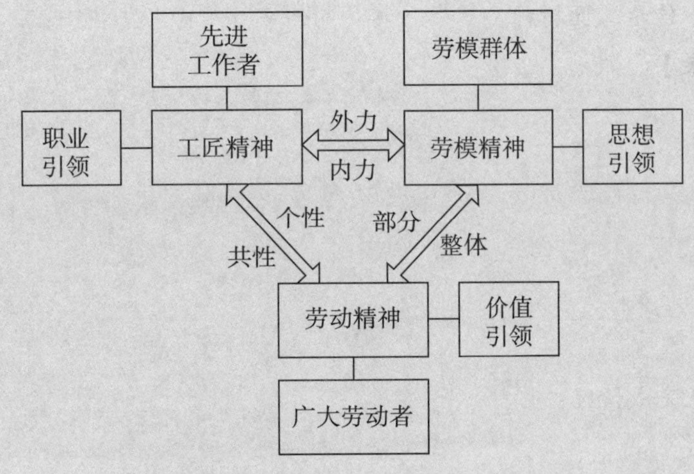

图 5-2　劳动精神、工匠精神、劳模精神之间的逻辑关系图示

任务二

争做大国工匠

任务工单

演话剧，颂匠心

学习、弘扬、践行工匠精神，是对每个肩负中华民族伟大复兴任务的职业从业者的要求。作为国家未来的高素质技能人才，我们更应为营造劳动光荣的社会风尚和精益求精的敬业风气而努力，为成为知识型、技能型、创新型劳动者大军中的一员而奋斗，自觉传承、践行工匠精神。

6～10人为一组，围绕大国工匠或你喜欢的匠心故事排一场话剧，讲述匠人奋斗故事，感受匠心力量，传承工匠精神。

【过程记录】

选定人物：

故事脉络：

排演要点及完成情况：

心得体会：

【结果评价】

教师可参考表 5-1 对小组的话剧表演进行评价。

表 5-1　“演话剧，颂匠心”活动评价表

评价标准	评价细则	分值	得分	教师评价
剧本构思	剧本主题符合要求	10 分		
	剧情编排合理	15 分		
	构思巧妙，很好地展现了工匠精神	15 分		
表演水平	舞台表现感染力强	10 分		
	语言流利	10 分		
	小组成员配合默契	10 分		
	表情及眼神到位	10 分		
舞台效果	服装、道具使用恰当	10 分		
	表演完整，反响热烈	10 分		

工匠精神是工匠们在长期职业实践中培养的卓越职业素养和特有职业品质。这些素养和品质是职业精神的集中体现，是文化的精华，也是工匠成就的深层次动力。工匠精神是一种超越常规的精神资源，它能够引导人们不断追求卓越，激发他们的梦想和创造力。因此，工匠精神在职业教育中具有极高的价值，它是评价职业教育成功的标志，是培养职业教育人才的重要指标。工匠精神不仅是新时代职业教育的共识，也是新的规范和目标。

一、践行工匠精神，确立人生发展目标

培养工匠精神，核心在践行，关键在要明了和锁定工匠精神所蕴含的目标维度。只有首先确立要达到的培养目标，培养过程才会有方向、有定位、有远方，才能瞄准标高，凝心聚力，逐梦前行。而这样的目标，就是怀匠心、铸匠魂、守匠情、践匠行。

（一）怀匠心

匠心，即能工巧匠之心，它是指精巧、精妙的心思，本质上就是创新之心。成语中的匠心独运或独具匠心，指的就是这样的灵明独到之心。匠心是工匠精神的第一位要素，是工匠精神的核心价值和灵魂。因为心是精神之宅、智慧之府、载体之本。古人强调：“运用之妙，存乎一心。”可见，心是神明，心是主宰。反之，失去匠心，工匠就沦为庸匠，精神也就随之贬值，沦为低阶的、不足为道的存在。换言之，工匠精神如果抽掉了匠心的内涵，只剩下形而下的操作，恐怕离匠气也就不远了。所以怀持匠心，生成匠意、匠思、匠智，亦即培养我们的创新精神和创新品格，是工匠精神培养的首要任务。

（二）铸匠魂

什么是工匠之魂？是德，是人的品德、品行、品格。德是工匠精神的支柱。古人说：

“才者，德之资也；德者，才之帅也。”可见，工匠之才是由工匠之德统领的。有学者强调：“人因德而立，德因魂而高。”德，就是工匠精神的统领与根本，是工匠精神的内涵和灵魂。因而培养工匠精神必须铸匠魂、立匠德。人有了德之魂，才能立世生存、行之久远。这就是康德所说的：“德行就是力量。”反之，人若失却德之魂，就只能算是躯壳和皮囊。所以，职业教育必须践行立德树人的“育人铸魂”工程，与劳模精神和工匠精神相结合，注重对职业道德、职业精神、职业素养的培养。在职业学习过程中要主动搜集和学习大国工匠、大师劳模们的成长成才经历，眼中有标杆、心中有榜样、真正成为追寻大师、德技双修的人。

（三）守匠情

匠情之情是情怀之意，是人们对事物怀持的或投射在事物之上的积极、崇高、富有正能量的情感与态度的总和。守匠情，即怀持和坚守工匠情怀，这种情怀内在地包含了人的价值取向和职业态度，是工匠精神的重要组成部分。工匠情怀包括热爱情怀、敬畏情怀、家国情怀、担当情怀、卓越情怀等。这些情怀在大国工匠、非遗大师身上都有突出体现。践行工匠精神，就是要向工匠们学习，守匠情，培养崇高的家国情怀、职业的敬畏情怀、负责的担当情怀、精益的卓越情怀，学习大国工匠身上的这些优秀品质，树立正确的价值观和职业态度，这样才能真正得大师真传、汲精神滋养，将自己磨砺锻造成大写的人。

（四）践匠行

匠行是指工匠们做事的行为和行动。培养工匠精神不是因为它是热点和时尚，为了蹭热点、追时尚、贴标签才随之起舞。它是需要真抓实做、大力践行的。践匠行需要明了匠行基于深厚的历史和文化内涵生成的独到的行为特征：执着、精技、崇德、求新等。如高凤林的火箭发动机焊接精确控制到头发丝的五十分之一；大飞机首席钳工胡双钱创造了加工数十万个飞机零件无次品的奇迹。这就是匠行的真髓、真谛、真义。

践行工匠精神，就是要按照这样的准则和标高，去培养学生脚踏实地专注做事的精神，培养学生精益求精、追求卓越的境界，培养学生遵道守德、无私敬业的品格，这样培养出来的学生，才是德润身、技立世、品高端的深受欢迎的人才。

二、践行工匠精神，助力企业发展

工匠精神不但代表着一种新的生产理念，也是中国制造业的转型方向，从低端制造的泥淖中走出，淘汰落后重复产能，加强技术创新，其最终目的是“增品种、提品质、创品牌”，提升中国企业的整体水平与形象。但是，工匠精神并不是光喊喊口号就够了的，更关键的是，要将工匠精神付诸实践，“知行合一”，让工匠精神真正助力企业发展。

（一）将工匠精神融入企业文化发展建设中

企业文化是基业长青的基石，能够传承上百年的工匠精神，其承载这一精神的就是企业文化。在那些具有工匠精神的企业，员工一进来就沐浴在做事严谨、精益求精的氛围中，做每一件事都是力求做到最好，实际上这就是一种企业文化。在这种文化的熏陶下，追求完美、拒绝平庸是自然而然的，不需要刻意要求。

因此，企业要践行工匠精神，首先需要将工匠精神融入企业文化建设，将其纳入企业文化核心理念，通过企业文化让员工树立“工匠意识”，把工匠精神内化为全体员工的精神品质，让员工有严谨、细致、专注、负责的工作态度以及对职业的认同感、责任感、荣誉感和使命感，让敬业执着、脚踏实地、精益求精成为企业价值追求，为工匠精神厚植土壤。

（二）将工匠精神植入企业经营管理过程中

企业要以工匠精神为引领，将其融入生产经营的每一个环节，要真正投入人、财、物，让企业的生产、研发、技术、工艺等各方面的软硬件环境都能得到提升，不断吸纳前沿技术，创造出经得起时间检验的产品，打造品牌。

以工匠精神引领研发与创新。创新是工匠精神的重要内涵，对原有技术的创新与新技术的应用，将更好地满足客户需求、提升用户体验，为客户带来更高的价值。工匠精神不仅体现精工制作的理念和追求，更要积极吸收前沿技术，通过新技术的应用作出更好的产品，推动企业不断进取。

以工匠精神引领质量管理。质量管理需要质量文化引领与质量管理制度保障，需要进行思想建设与制度建设。质量文化要让企业上下形成共同的品质理念，在全员中形成追求极致品质的精神。质量制度要强化提升产品质量标准，推动质量理念在各个环节的落地。在质量管理方面，华为有很多好的经验值得国内企业学习。华为视品质为企业的生命，努力提升产品的品质和服务的品质，赢得了客户的信任，这也促成了华为今天的成功。华为不仅提倡以工匠精神来衡量产品，更构建了一套坚实的质量管理体系，用制度支撑“质量优先”的落地。华为公司最宝贵的是“无生命的管理体系”，以规则、制度的确定性来应对不确定性。任正非曾指出，华为最重要的基础是质量，要从以产品、工程为中心的质量管理，扩展到涵盖公司各个方面的大质量管理体系。质量管理极致追求“零缺陷”。为解决手机摄像头的质量缺陷，华为会投入数百万元进行测试，为解决“荣耀”产品的小缺陷，曾关停生产线重新整改。

以工匠精神引领品牌建设。企业的发展需要品牌的推动，品牌的好坏决定企业能否在市场立足。品牌的竞争是产品品质的竞争，而工匠精神是品牌的内在价值。工匠精神就意味着品牌对客户在质量、体验、服务等方面作出的一个长期而持续的承诺。良好的品牌打造是基于对技术的不断突破创新和对产品品质的细致研究、提升，这是品牌工匠精神的集中体现。

（三）将工匠精神融入企业发展保障机制的建设中

工匠精神能否有效地落实，关键看组织机制是否秉承工匠精神的精神理念与要求进行设置。组织与机制的设置要重点考虑质量管理、研发与技术创新等职能的发挥，要求给“匠人”更多的责任与权力，要让各部门各司其职，从机制上保障全员把精力放到品质的提升与精益求精上。

工匠精神的本质是靠制度支撑起来的。某种程度上讲，工匠制度比工匠精神更重要，工匠精神更多是从精神层面影响人，工匠制度不只从精神上引领，更重要的是它指导我们怎么去做。

企业发展不能盲目鼓励竞争、简单以绩效定报酬，要让真正践行工匠精神的人得到应有的奖励。要强化技术人才激励机制，要高度重视一线劳动者的上升通道，使他们有充分的成就感、获得感和不断前进的目标动力。

当前许多企业并不缺技术，但缺真正有工匠精神的大师，培养一个大国工匠需要时间的积累，现在再不培养就会断层。因此，企业要建立一套科学的工匠培养机制，增加培训投入，遴选出一批“智造之星”“技术劳模”，让工匠能够脱颖而出，成为企业里的明星，成为社会的明星，成为一种荣耀。

（四）将工匠精神落到企业员工个人发展中

从个人层面解读工匠精神，就是认真、敬业、钻研的精神。没有对职业的敬畏、对工作的执着、对品牌文化的负责态度，没有精益求精、追求完美的创新活力，就不可能在工作上有所突破，在创新领域推陈出新。

企业要通过文化的引导和制度的保障，最终将工匠精神的践行落实到每个员工的行动上。每个员工要深刻领悟工匠精神的要求，要不浮躁、不妥协、静心做事、踏实做人，每人都秉持这样的精神。

如果每一位员工都能以工匠精神对待自己的工作，严格要求自己，对产品和服务精益求精，肯多花时间去钻研，艰苦奋斗，主动学习，及时更新知识，勇于创新，把自己的工作当成是雕琢一件艺术品，追求完美，乐在其中，那么每个员工都将成为自己工作上的专家型人才。

（五）将工匠精神贯穿于企业创新发展的过程中

不同时代的工匠精神有强烈的时代特征，随着时代的变迁与技术的发展，工匠精神不断融入新的元素，但其本质是不变的。早期的手艺人身上所具备的严谨、专注、敬业精神，被称为工匠精神。工业和信息化时代，我们所要求的严谨、专注、敬业精神是不变的，在此基础上我们更加重视创新、精度、品质。科技越是发达，工匠精神越发重要，我们对工匠精神的本质追求没有变。

当今时代，企业践行工匠精神并不是要去从事手工手艺，而是如何将工匠精神融入大生产、企业化的生产与管理实践中，推动生产供给品质的提升。当今时代的工匠精神需要更多的时代特征，例如互联网领域要求追求创新、缩短研发周期、更早地将产品推向用户、快速迭代。互联网思维要求的对产品的不断迭代，就是我们在不断追求精益、追求完美。

因此，在践行工匠精神的过程中要结合所处行业的时代要求，在理解工匠精神的本质内涵的基础上与时俱进，找到适合行业、企业自身的工匠精神实现路径与方法，从而实现企业供给品质的提升、实现企业的基业长青。

有人说，过去的10年是商人的时代，而未来的10年，将是匠人的时代。未来的中国企业，最核心的问题不再是追求业务扩张，而是如何将自己打造成一个对产品和服务一直追求极致完美的“匠人”。每个工人、每名生产者、每个企业都将秉持这样的精神：摈弃那些投机取巧的思维和浮躁的心态，生产出“工匠产品”，打造响亮的中国品牌，实实在在地助推经济转型、产业升级，将那些看似空泛的精神口号落到实处，既做好产品，也赚到钱。

这样的精神绝不是一蹴而就的，也不是像书本上的知识一样可以生搬硬套过来，而是需要系统地、耐心地培养产生，并且在企业里一代一代地传承下去。可喜的是，我们国家在40多年的快速发展过程中，还有很多类似华为、格力、腾讯等企业在用实际行动践行工匠精神，而且取得了优秀的成绩。相信随着供给侧改革的推进，会有越来越多的企业重视工匠精神、践行工匠精神，也会有越来越多的“工匠人才”，用更多的“工匠产品”征服世界，让中国企业真正走向世界。

三、践行工匠精神，实现社会认同

工作熟练无误，仅以为“工”，而未成“匠”；由表及里，精益求精乃为“工匠”。工匠精神蕴含着一份热忱，在长年累月的工作中，匠人们始终保持激情。践行“工匠精神”，首先要先成为一名优秀杰出的“工”。每个岗位、每名员工都是企业整体运行中的重要一环，只有热爱本职工作并保持耐心、细心和决心，才能保证自己在岗位上无差池、无延误，然后成为一个具有自我升华能力的“匠”。

当我们把工作作为一项任务去完成时，可能也能把这项工作做好，但只有充满激情、满怀热忱，才能把工作做得出色。真正的工匠，在平凡的岗位上，不放弃、不迁就、不随波逐流，努力坚守。真正的工匠与企业同呼吸共命运，把推动企业发展看作自身价值的体现。真正的工匠精神，不仅是使命的延续、职责的坚守，还是与时俱进的工作思路，百舸争流的奋发精神，挺立潮头的文化自信。科技在进步，时代在发展，成为企业工匠关键在学习。要不断学习，与时俱进，努力提升自我价值，做学习型员工。

工匠精神是心存敬畏、执着专一的价值观的体现。工匠精神是骨子里想把事情做好的信念和决心，是对初心的一种坚持。工匠精神是将心注入工作中，当全身心投入、主体与客体融为一体忘我工作的时候，便可调动本能的力量，从而产生无限的创造力。工匠精神

是一种从容独立、脚踏实地的工作态度。工匠精神蕴含着严谨、耐心、专注、敬业、创新等品质，不贪多求快，不好高骛远，不眼花缭乱，不惜力，不怕费事，甚至费尽周折没有收获也无怨无悔，一步一个脚印艰苦磨炼。工匠精神是一种永不知足、追求卓越的理念。工匠精神要求自己对产品质量的追求永不知足，永远在改进，把每一个产品当作工艺品一样精雕细刻、耐心打磨，不厌其烦地改进提升。

工匠精神不是一朝一夕的慷慨激情，而是长年累月的坚守。在平凡的岗位上，始终保持初心，且心无旁骛，锲而不舍。只有通过不断学习，努力掌握理论知识才能在实际工作中实现创新。我们不仅要把学习看作是兴趣，更应该当作一种责任，因为它是增强职业技能、提升自我竞争力、推动企业发展的必由之路。想要成为“工匠”，最重要的就是要热爱工作，用满腔的热忱投入工作当中，在工作中实现自己的人生价值，不断学习，不断进步，只有这样才能精益求精、精雕细琢、追求完美，才能在工作中践行工匠精神。

工匠精神是工匠们对自己的产品精益求精、精雕细琢，追求极致、追求完美、追求更好；工匠精神也是工匠们以质取胜的价值取向，以及对自己所热爱的事业无比执着的职业追求；工匠精神还是工匠们执着于产品和品牌，锲而不舍、心无旁骛、专心致志的品质。提倡工匠精神，对于当前大众创业、万众创新，加快推进转型升级、提质增效，具有重大的现实意义。

拓展阅读

工匠和工匠精神

匠人及匠人精神是一个古老和不断发展的概念。究其历史渊源，早在《周礼·考工记》中就有相关描述：“知者创物，巧者述之守之”；《韩非子·定法》中也有相关描述：“夫匠者，手巧也”。我国历史上也出现过许多技艺高超的工匠，如木匠鲁班、玉匠陆子岗等。在日本，匠人被称为“职人”，指的是那些在行业内专注本职工作、出类拔萃和不断追求极致的人。

“工匠”，狭义上是指执着于一种职业并掌握其基本技能的手工劳动者，广义上的“工匠”则已不局限于手工艺劳动者和制造业领域，而是广泛存在于各行各业具有精湛技艺、诚信敬业、追求极致的劳动者群体中。

工匠精神是指工匠不仅要具有高超的技艺和精湛的技能，而且还要有严谨、细致、专注、负责的工作态度和精雕细琢、精益求精的工作理念，以及对职业的认同感、责任感、荣誉感和使命感，它是工匠对自己的产品精雕细琢、精益求精、止于至善的精神理念。

工匠精神的目标是打造本行业最优质的、其他同行无法匹敌的卓越产品。

从本质上讲，工匠精神是一种职业精神，它是职业道德、职业能力、职业品质的体现，是从业者的一种职业价值取向和行为表现，即追求卓越的创造精神、精益求精的品质精神、用户至上的服务精神。

工匠精神的内涵主要体现在职业精神、职业道德、组织文化、价值取向等层面。

在职业精神层面，工匠精神是个人在工作中对职业的态度和精神理念，是一种尊师重道、爱岗敬业、精益求精、求实创新、止于至善的工作态度和敬业精神，涵盖职业敬畏、工作执着、崇尚精品、追求极致等内容。

在职业道德层面，工匠精神主要包含着爱岗敬业、履行职责、无私奉献、踏实工作等道德规范，是工人作为工程共同体成员的职业伦理的重要内容，是凝结职业之上反映出的职业品格，是职业道德的最高境界。

工匠精神也是组织文化的体现，它以个体的知识、技能、能力、个性特征等为依托，历经多断面、多层面的学习程序，发展成为以组织共识、管理标准、核心能力等为构成要素的组织文化图式。工匠精神是该体系的核心主旨，集中反映工匠心理特质、价值观念及思想本质。

在价值取向层面，工匠精神是对人生止于至善的价值取向的表现，包含职业敬畏、专注、追求精益求精、崇尚极致和完美等内容，是为把事情做好的目的性和欲望。具有工匠精神的人，能够在可感知的现实中找到归宿，并为自己的工作而骄傲。工作对于具有工匠精神的人而言，已经远远超过了谋生的需求，而是人生价值的实现和追求。

爱国主义与劳动

爱国主义与工匠精神

爱国主义与工匠精神之间存在着密切的联系，它们可以相互促进和互相强化。以下是它们之间的关系：

1．爱国主义激发工匠精神

爱国主义情感可以激发个人对国家的责任感和热爱，使他们更愿意为国家的繁荣和发展作出贡献。在这种情况下，工匠精神成为实现这一目标的重要手段。工匠精神强调工匠对工作的执着、精益求精和创新，通过这些特质，工匠可以为国家的制造业、技术和创新作出重要贡献。

2．工匠精神有助于国家的经济发展

工匠精神强调对工作的热情、技能和精湛的工艺。这对于制造业、工程领域和技术创新至关重要，它们是国家经济的重要组成部分。通过培养和传承工匠精神，国家可以提高生产力、产品质量和竞争力，从而促进经济繁荣。

3．工匠精神的体现可以成为爱国主义的例证

工匠的成就和工匠精神的体现可以成为激励其他人的示范。优秀工匠们通过努力工作、不断学习和创新，为国家的经济、技术和社会进步作出了贡献，也树立了榜样。这种榜样效应可以激发更多人的爱国主义情感，鼓励他们在各个领域追求卓越。

4．国家推动工匠精神的培养

国家采取政策措施和教育计划，鼓励工匠精神的培养和传承。这种努力不仅有助于提高国家的技术和生产力水平，还培养了年轻一代对国家的爱国主义情感。

爱国主义与工匠精神之间存在着积极的互动关系。通过培养和传承工匠精神，个体和社会可以为国家的繁荣和发展作出重要贡献，同时也表现出对国家的深厚热爱。工匠精神的传承和发展有助于国家不断进步，而爱国主义情感则激励人们为实现这一目标而努力工作。

思政之窗

大力弘扬劳模精神工匠精神
凝聚起实现高水平科技自立自强的磅礴力量

2023 年 9 月 1 日，中共中央总书记、国家主席、中央军委主席习近平给中国航发黎明发动机装配厂“李志强班”职工回信，对航空发动机研制工作提出殷切期望，勉励广大职工牢记使命责任，坚定航空报国志向，弘扬劳模精神、工匠精神，为建设航空强国、实现高水平科技自立自强积极贡献力量。

给劳动模范和一线职工回信，是习近平总书记治国理政的一项经常性工作。充分体现了总书记和党中央对广大产业工人的亲切关怀，是对全国亿万职工群众的巨大鼓舞。

党的十八大以来，以习近平同志为核心的党中央站在我国和世界发展的历史新方位，高度重视科技创新工作，深入实施创新驱动发展战略，坚持把创新作为引领发展的第一动力，加快推进高水平科技自立自强。此次给“李志强班”职工的回信，对于我们进一步理解把握习近平总书记关于科技创新的重要论述、关于工人阶级和工会工作的重要论述之丰富内涵和深刻逻辑，意义十分重大；为我们新时代充分发挥工人阶级主力军作用，加快实现高水平科技自立自强、建设科技强国、坚定不移走中国特色自主创新道路，提供了根本遵循和行动指南。

劳动者的素质对一个国家、一个民族发展至关重要。不论是传统制造业还是新兴产业，工业经济还是数字经济，劳模工匠始终是自主创新和产业发展的重要力量。擎起“中国制造”，诠释“中国创造”，书写“大国重器”奇迹，实现高水平科技自立自强，既需要广

大科技工作者勇攀科技高峰，也需要广大产业工人矢志奋斗；既需要一流的科学家队伍，也需要高素质的劳动者大军。各级党委政府要以深化产业工人队伍建设改革为抓手，广泛深入持久开展劳动和技能竞赛，支持鼓励广大职工和技能人才立足岗位，努力攻克更多关键核心技术，加快构建产业工人技能形成体系，为推动高质量发展、实现高水平科技自立自强提供坚实人才和技能支撑。

科学成就离不开精神支撑。加快建设科技强国、实现高水平科技自立自强，需要大力弘扬劳模精神、工匠精神。劳动模范和大国工匠，是民族的精英，人民的楷模，共和国的功臣。劳模精神的内涵是爱岗敬业、争创一流、艰苦奋斗、勇于创新、淡泊名利、甘于奉献；工匠精神的内涵是执着专注、精益求精、一丝不苟、追求卓越。劳模精神、劳动精神、工匠精神是以爱国主义为核心的民族精神和以改革创新为核心的时代精神的生动体现，是创新创业创造的重要精神源泉。科学家是我国劳动者的重要组成部分。劳模精神、工匠精神与求真务实、执着探索、不辞辛劳、勇于创新的科学精神，与爱国创新求实奉献育人的科学家精神，都一脉相承、息息相通，都是我国工人阶级在长期劳动实践中积累的宝贵精神财富，对于新时代加快建设科技强国、实现高水平科技自立自强弥足珍贵，历久弥新。

班组是企业的细胞，是企业生产经营和革新发展的前沿阵地，是产业工人挥洒汗水贡献智慧的大舞台。着力实施人才强国战略，营造良好人才创新生态环境，充分激发广大职工的积极性、主动性、创造性，就要重视并有效发挥企业班组的作用。创新不问出身，英雄不论出处。要鼓励支持劳模工匠在企业自主创新中“挑大梁”，引导广大产业工人广泛深入参与产业升级和技术创新，努力走技能成才之路、抒产业报国之志。

学习贯彻落实总书记回信精神，各级工会要肩负起时代赋予的重任，把支持实现高水平科技自立自强放到更加突出的位置。要以大力弘扬劳模精神、劳动精神、工匠精神为动力，依托大宣传工作格局，强化大宣传理念，加大对大国工匠、高技能人才先进事迹和积极贡献的宣传力度，发挥劳模和大国工匠在精神弘扬、技艺传承、创新攻关、人才培养等方面的优势和特长，着力推动产业工人队伍建设改革走深走实，激发起广大职工攻坚克难、建功立业的坚定信心和顽强斗志，凝聚起亿万产业工人创新创效、实现高水平科技自立自强的无穷智慧和磅礴力量。

实践证明，我国自主创新事业是大有可为的，劳模工匠是大有可为的，广大产业工人是大有可为的。只要我们切实把思想和行动统一到回信精神上来，牢记嘱托，拼搏奋斗，矢志创新，让中国的飞机和“大国重器”都用上更加强劲的“中国心”，指日可待！

（来源：中工网评丨大力弘扬劳模精神工匠精神，凝聚起实现高水平科技自立自强的磅礴力量，中工网 2023 年 9 月 5 日）

劳动教育成长评价手册

请参加一次拜访工匠活动，然后按要求填空，完成下面的劳动教育成长评价手册。

劳动教育成长评价手册

活动名称	拜访工匠：面对面学习工匠精神		
姓名		班级	
活动总结与思考	掌握了哪些知识		
	锻炼了哪些能力		
	体验了哪方面的劳动精神		
自我评价			
同伴评语			
教师评语			

6 项目六 日常生活劳动教育

学习目标

知识目标

△了解日常生活劳动的概念和内涵。
△了解日常生活劳动的特点。
△了解日常生活劳动的意义。

能力目标

△学会整理房间、收纳、清洁。
△能主动帮助家人进行日常家居整理。
△能做家常饭菜。
△能对日常的垃圾进行分类。

素质目标

△培养热爱生活、热爱劳动的意识。
△树立劳动创造美的观念。

榜样引领

从小小检修工到电力专家 “电网医生”张霁明

2021年“五一”国际劳动节暨全国五一劳动奖和全国工人先锋号表彰大会上，国网宁波市鄞州区供电公司调控中心自动化运维班班长张霁明被授予2021年全国五一劳动奖章。在这沉甸甸的荣誉背后，是张霁明长年累月付出的异于常人的努力。

电网故障维修进入“毫秒”时代 万家灯火后的“电网医生”

在现代社会，电力已渗透入社会生产、生活乃至生存和发展的每时每刻，供电对于城市的影响已经可以跟水资源并列，一分钟没有电都会严重影响人们的生产生活。

2021年2月8日17时29分，宁波市鄞州区10千伏星光线突发故障，共涉及17家商场、饭店和3000余家居民用户。而这是春节前夕，家家户户都在准备着过年，突然遭遇停电……在这关键时刻，配电自动化故障自愈FA功能迅速自动启动，立即搜索到故障位置，并自动开启远程遥控操作，仅用53秒就完成了对故障区域的隔离和非故障区域的恢复，一次故障停电悄然消除。

如果把FA比作是医生用的CT扫描及时发现电网“病灶”，立即判断“患者”生了什么病，而且能马上将“病灶”隔离开，那演绎这次完美诊治操作的就是“电网医生”张霁明，他将一场原本需要50分钟的抢修缩短至50秒，刷新了浙江电网的速度。

对此，张霁明解释说，以前，一条供电线路如果出现故障，这条线路上所有的用户都要受牵连停电，而配电自动化就是让一条供电线路自动将负荷转供至其他联络线路上。这样，线上任意一个点出现故障，电网能把故障点孤立起来，停电的用户就会大大减少。

停电恢复时长从原来的“小时级”缩短到“秒级”，并没有让张霁明满足。目前，张霁明和同事们已完成了国内最先进的“毫秒级”光纤差动分布式全自动FA环试点建设，可实现在毫秒内隔离故障，恢复供电，这意味着“秒级”再缩短至“毫秒级”。此举，将城市供电可靠性提高到了99.993%，宁波市鄞州区配电自动化接入站点规模和建设速度在全国领先。“毫秒”速度离不开张霁明二十年如一日的努力，也见证了他从普通检修工到高级工程师的蜕变。

同事口中的“千里眼”电网自动化系统的活字典

在配电自动化故障自愈FA技术诞生之前，张霁明就有项让同事们津津乐道的绝技，每次电网发生故障，他都能神速地判断出故障部位、故障原因，及时提出故障处理办法，同事们都说他有一双神奇的“千里眼”。

而练就这“千里眼”又谈何容易，20年前，张霁明大学毕业后进入鄞州供电局工作，那时正值供电局开展变电站无人值班自动化改造工作，按惯例变电站施工时，用户方不用一直在现场，但张霁明却觉得越是参与得多，对系统就更了解，张霁明每天与厂家人员一起泡在变电站从安装—维修—测试全程都参与，把系统了解得犹如自己的手指。

随后，张霁明调入鄞州供电局调控中心运维自动化主站担任技术人员，他开始彻底沉迷于这些枯燥的数据、复杂的设备参数和频繁的电气试验里。鄞州电网自动化系统的发展历经了多少代，张霁明就见证了多少代，从起初的国外服务器操作系统逐步发展为现在的国产服务器操作系统。每一代系统都是张霁明搭建的，从服务器安装、交换机配置，到满屏柜上的接线，他都亲自参与，为的是让自己牢记这些结构布线。所以大到服务器硬件故障，小到一根网线松动，随便哪个故障排查，他都能轻松找到。

有一次，负责安装的厂家工程师测出的一组数据中有个别数据未达到指标要求，按照测试大纲规定，这种数据误差是允许的，可是张霁明硬是拖着厂家工程师又花了几个小时重新测了一遍，结果发现系统内部一个地址配置错了，导致整个电网有失去监控的危险。正是这种钻牛角尖般的坚持，使一个设备重大隐患被及时发现并得到了消除。

20 年来，张霁明搭建了 6 套调度自动化主站系统、2 套配电自动化主站系统，每一次主站系统更新，他都会反复看十几本厚厚的设备说明书，像熟悉自己的掌纹一样，把设备参数、系统结构和工作原理烂熟于心。

培养后辈有一套 创新工作室从“不敢来”到“抢着来”

张霁明从来不把自己当成专家，永远抱着学习的态度钻研在电网自动化领域。他说电网设备更新快，每次都要从零开始学。他带领团队潜心研究提高电网生产效率的先进技术和方法。2017 年，张霁明牵头成立工匠人才创新工作室，工作任务繁重，最苦最累的活儿，张霁明都是一肩挑。“放心吧，工作交给我！”这是他经常挂在嘴边的一句话。

“师傅有个习惯，就是今天能做完的事，绝不拖到明天。我来单位两年多时间，没有一天看到师傅准时下班。他常常是来得比谁都早，下班比谁都晚。”“90 后”小伙子徐定康是张霁明的徒弟，现在已经成长为鄞州电网的技术骨干。刚进单位第一年，他就碰上了 FA 建设的关键时期，各种状况不断。忙碌了一天，同事们都陆续走了，但张霁明却留下来继续调试，常常熬到深夜。

徐定康说，还没有进单位前，就听说过师傅的“传说”，对待工作一丝不苟。“一开始，有些新人都不敢来，因为这个部门特别辛苦，但现在大家都抢着来，因为能学到很多。”

20 年的工作经验，张霁明早就成了行家里手。他总结提炼多年的技术经验，出版《地区电网自动化系统典型缺陷案例分析及处理》《电力调度自动化员工作业一本通》等专业书籍，已经成为省市电力系统的优秀教育培训教材。

“这些经验都是 20 年来我摸着石头过河，摸索出来的，希望分享给更多的年轻人，让他们快速成长。”今年，张霁明还在宁波供电公司的“甬电知乎”上开设劳模讲堂，广受好评。

科技创新带头人 5G 配电室自动检修机器人“哪吒”之父

2021 年初，在宁波市城东院的配电房内，一身橘红色躯体、闪动绿色双眼的机器人“哪吒”格外亮眼，它舒展臂膀打开配电室 DTU 柜门，肩上“大眼睛”迅速扫描识别柜内装置面板灯状态。随后它伸出"拈花指"精准按动装置面板按钮，查询告警记录、重启装置……这是鄞州区供电公司携手中国联通宁波分公司研发的5G智能巡检机器人。这个高科技机器人"哪吒"的创造者就是"电网医生"张霁明。

"配电房每月需要定期巡检，耗时耗力。遇突发情况时，无法第一时间作出应急响应。我一直在琢磨，能不能在巡检领域，实现'机器换人'，提高巡检的工作效率。"这是张霁明研发智能机器人的初心。

张霁明介绍说，虽然，宁波东部新城、南部商务区等核心区域已经实现配电自动化FA全覆盖，供电可靠性达到99.993%。但配电室内的自动化设备由于在长年累月开机运行的状况下经常会出现自动化装置死机、通信中断、继电器损坏等故障，严重时会造成线路故障跳闸后自动快速恢复供电装置的失灵，导致故障停电时间延长、故障范围扩大。"哪吒"可以实现自主定点完成设备巡检、装置面板操控、故障配件更换、装置重启、开关分合闸等十多项作业功能。

如此智能的"哪吒"，研发过程却是一波三折，差点"胎死腹中"。去年年初开始，张霁明和同事联系了北京、上海和深圳等多个城市的35家科技公司，但无一例外都被拒绝了。理由主要集中在两点，一个是难度太高，另一个就是研发费用太低。在张霁明"一意孤行"的努力下，苏州的一家小科技公司勉强接单。

企业接单了，研发过程依旧状况不断。如何提高机器人的操控精度，这就要求精准定位，要求在0.02毫米。这个看似不可能完成的任务，被张霁明破解了。"那段时间，我天天都跑图书馆，查阅各种资料。对我来说，这是一个全新的领域，但是我必须了解它。"在张霁明的努力下问题迎刃而解。在同事眼里，张霁明就是一个较真的人，正是他的这股韧劲，让"哪吒"成功落地。

值得一提的是，黑科技"哪吒"机器人全部采取国产配件，共产生了11项专利。相比市场上常见的工业机械臂机器人，"哪吒"具有造价低、可靠性高、安全性强的特点，能适用于配电室、信息机房、工矿企业等绝大多数有无人化设备操作需求的场景。

除"哪吒"机器人外，针对电网数字化转型的需要，张霁明还积极推动云计算、大数据等数字化技术在电网的应用，利用电力负荷对社会经济响应的敏感性，参与宁波供电公司调控云数据集市平台疫情后复工复产指数的开发，为政府部门指挥决策和电力调控、电力营销等生产决策提供参考依据。近3年来，张霁明团队技术攻关共产生"配电网不停电自动化信息联调技术""变电站监控信息自动验收工具"等科技创新成果6项，产生各类专利、软著24项，多项科技创新成果已在电网系统内得到推广。他所带领的工作室先后获评全国示范性劳模和工匠人才创新工作室等荣誉。

最近，张霁明又开始琢磨"哪吒"升级换代的事。"哪吒现在需要后台操作，我想力争1年内，让它实现自动巡检、自动检修，使配电室成为真正的无人化配电室。"张霁明一直走在科技创新的路上。

（来源：从小小检修工到电力专家"电网医生"张霁明，中国网2021年12月10日）

任务一

日常生活劳动概述

任务工单

校园垃圾分类我先行

一、活动目标

践行垃圾分类新风尚，为校园垃圾箱制作醒目垃圾分类小标识，主动将校园垃圾分类投放，引导校园内师生投放垃圾时主动将垃圾进行分类；培养垃圾分类好习惯，提高团队合作意识。

二、活动时间

建议 4 ～ 6 个小时。

三、活动流程

（1）教师先给学生集中展示垃圾分类方法，让学生熟悉日常生活垃圾的分类方法，动员学生参与校园垃圾分类实践行动。

（2）教师将学生按照 6 ～ 8 人进行分组，每组选出 1 名组长，教师引导学生制定垃圾分类的达成目标及确定垃圾分类行动的区域。

（3）以组为单位制定校园垃圾分类行动计划，制作垃圾分类小标识。

（4）学生分组行动，分配到校园内各个垃圾投放点，组长带领组员将制作的垃圾分类标识张贴到各垃圾投放点的垃圾桶，主动将校园内垃圾进行分类投放，并引导校园内的师生在投放垃圾分类时主动进行分类。

（5）各组汇报展示活动成果，总结分享劳动收获。

（6）每组选派一名代表与教师一起对劳动成果进行评比，教师根据评审结果进行点评。

劳动是人类适应自然环境和改造自然资源的重要活动和独特方式。李大钊曾经指出："人生求乐的方法，最好莫过于尊重劳动。一切乐境，都可由劳动得来，一切苦境，都可由劳动解脱。劳动的人，自然没有苦境跟着他。"这意味着通过积极地劳动，人们能够摆脱困境，接近幸福。在某种意义上，没有痛苦的生活可以被视为一种幸福。李大钊倡导的劳动解脱苦境、劳动创造幸福，强调的是一种积极、健康的生活方式。

在个人生活中，强调劳动自立意识、锻炼提升家务管理的技能、感受劳动的美好，对大学生的健康成长和适应社会生活都具有重要意义。

一、日常生活劳动的内涵与特点

（一）日常生活劳动的内涵

关于日常生活劳动，其实并无确切的定义。一般来说，日常生活劳动就是指人们在日常生活中经常会接触到的劳作活动，以自助性劳动为主，比如与衣食住行相关的家务劳动、个人卫生以及对日常生活、学习、工作场所的清洁、维护、整理等活动。

（二）日常生活劳动的特性

1. 两面性

日常生活劳动的两面性指的是其具有能动性和受动性。能动性是指人们按照自身对自然界的规律性认识改造自然的过程；受动性是指不论人们是否认识这些规律，人们总是受这些规律支配、不得不按照这些规律进行活动的过程。在一定意义上，这两个过程同时并存，是一个过程的两个方面。在这个过程中，能动的一面取得的成果叫作"自由自在地劳动"，并赋予其作为美的本质规定。换句话说，在劳动过程中，当"自由自在地劳动"居于主导地位时，人的感受就是美的。另一方面，劳动作为人与自然的关系状态，是人的存在方式，是人满足自己的物质需求的过程，人类永远无法摆脱它，而只能在它的伴随下实现自由。所以，人类劳动不为别的，就是为了人在自然面前获得自由，当他获得这种自由时，他同时获得了一种超越时空的感受，即美感。

2. 季节性

日常生活劳动在不同的季节侧重点是不同的，比如花草种植，春夏秋冬各有不同，夏季气温高，花草就要勤浇水，但是正午又不能浇水以免烧坏，早起晨练后、晚饭散步后浇水比较好。往往夏季晨练或者黄昏散步之后，容易出汗，就得洗澡，夏天比冬天洗澡洗衣晒衣的次数就会多一些。而夏季干燥灰尘多，床上一般铺凉席，贪凉喜欢打赤脚，为了自己和家人舒服，洒扫除尘拖地和抹凉席就成了每天都有的日常生活劳动（图 6–1），而冬天就不用抹凉席，洒扫除尘拖地也不必每天都做。四季分明的地方，普遍"五一"和"十一"就是衣服换季、归纳整理衣橱的时候。

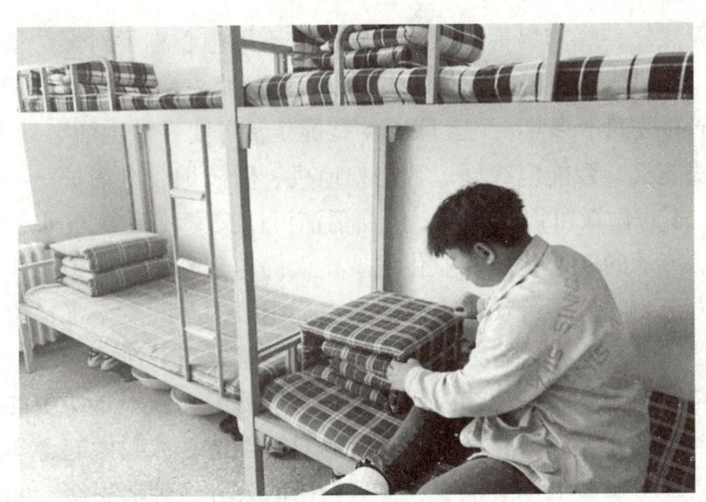

图 6-1　日常生活劳动

（三）与时俱进的日常生活劳动

日常生活劳动虽然是自助性劳动，是以维持生命的延续为主要内容，但与其他劳动一样，随着劳动工具的发明、改造，表现出与时俱进的特点，带来生活方式的改变。日常生活劳动的时代性可以从衣食住行方面窥见一斑。

1949 年新中国成立之初，我们的国家从半殖民地半封建社会走来，又是经过连年战乱，国家积贫积弱，一穷二白。工业刚刚起步，石油尚未开采，煤炭开采只有小煤窑，煮饭、做菜、烧水都是用柴火；当时喝水靠肩膀挑，家中或者房屋附近如果有口水井都是幸福的；家里没有洗衣机，洗衣服一般都要去很远的小溪河流旁边；集市很少，吃菜大部分靠自己种；成衣很少也很贵，一般人家买不起，连缝纫机都没有，基本是靠人工一针一线缝制出来。那时候没有宽宽的水泥或柏油马路，出门一趟往往要走很远的路，日常生活劳动往往占据了一个家庭一天的大部分时间，常常是一家人起早贪黑，天不亮就起床，家里人多的，挑水的挑水，劈柴的劈柴，烧火做饭的烧火做饭，洗衣服的洗衣服。吃过早餐之后，下地种菜浇水施肥，上山砍柴捡枯枝树叶。有太阳的时候赶紧洗洗晒晒去霉味，家中时不时还要除尘扫地打蜘蛛网，忙忙碌碌一天，太阳很快就下山了。

中华人民共和国成立之后，全国上下自力更生艰苦奋斗，人民齐心协力搞建设。水利水电基础设施兴建了，钢铁煤炭行业发展壮大了，石油开采化工冶炼行业从无到有了，“两弹一星”升空了，一座座城市拔地而起，一个个大型企业干得热火朝天。人们的生活条件也大有好转，到二十世纪七八十年代，城市家家户户烧的是蜂窝煤，喝的是自来水，过年请得起裁缝，衣服可以不用一针一线缝了，因为有了缝纫机，但毛衣还得一针一针自己织，衣服还得用手洗。

改革开放以后，我国经济快速发展，人民的生活水平得到了极大提高，物质越来越丰富，父母日常生活劳动的重心变成了每天下班后就忙着给家里人变着花样改善伙食。家家户户大把大堆地把菜买回来，洗干净做成酸菜泡菜腌菜就成了日常生活劳动的重要场景。单缸洗衣机，后来是半自动洗衣机进入千家万户，床单被单不再用手洗了，烧饭做菜用上

了液化气、管道天然气，蜂窝煤不用做了，晚上也不用担心忘了封煤炉子。日常生活劳动的内容逐渐减少，人们渐渐有了闲暇时间，可以打打扑克牌，下下象棋，看看电影电视了。

到现在，改革开放四十多年，“互联网＋智能生活”使日常生活劳动变得更加简单了。全自动洗衣机、洗碗机、智能电饭煲、智能扫地机、微波炉、电烤炉……很多日常生活劳动由机器来完成，不想做饭可以点外卖，门窗清洁可以交家政服务公司完成。随着机械化、电气化和日常生活劳动的职业化、专业化发展，人们越来越依赖环卫工人和家政物业的服务，人们必须亲力亲为的日常劳动越来越少，人们闲暇的时间变多了，生活更轻松了，但日常生活劳动观念却越来越弱化，劳动的乐趣也越来越享受不到了。

“一屋不扫何以扫天下？”现在我们重提日常生活劳动，不是历史的倒退，而是希望每一个大学生懂得“美好生活”要靠自己勤劳的双手创造。从我做起，学会整理自己的内务从而管理好家务，将来在工作中也能够整理自己的公务，理清思绪，同时整理好自己的心情，作出更大的成绩。

二、日常生活劳动的意义

（一）感受生活之美

在日常生活中，由于个体所面临的对象是多种多样的，因此个体的日常劳动形式也就是多种多样的，创造美的劳动具有二重性：

1. 所有创造美的劳动都是具体的劳动

从表面上看，个体的劳动过程是满足吃、穿、住、用的过程。它是那样地实在，那样地俗不可耐，不少人甚至诅咒是劳动使他变得辛苦起来。然而，劳动对于人，就像生命对于人一样是不可或缺的。恩格斯说得好：“劳动改变了人本身。”如果没有劳动，也许世界上至今没有人类；如果没有劳动，人们不可能有今天这样丰富的生活。人们可以改变劳动的形式，但却不能取缔劳动本身。

2. 所有创造美的劳动的共性是自由自在性

虽然每一种创造美的劳动都是具体劳动，比如种植活动、建筑活动、舞蹈活动、歌唱活动、绘画活动等等，但是，这些具体形式的劳动活动都有一个共同特征：每一种具体形式的创造美的活动都是体现劳动的自由自在性的活动，那种凡是体现了人类劳动的自由自在性的劳动成果则被看成美的东西。

（二）传递家人之爱

2020 年年初，新冠疫情期间，很多人主动在家隔离，成就了不少会做菜的大学生美食家和中国造“西点师”。当你照着网上的视频学会了做蛋糕面包饼干，对着菜谱炒上几个色香味俱全“五星级酒店”水平的菜，艺术摆盘后拍图美颜往朋友圈一发，收获一大波点赞加“求做法”的时候，是不是感觉美滋滋的？这时候，父母眼中的欣慰是不可忽视的，他们品尝着你做的糕点和饭菜，感受到的是“家有儿女已长成”的幸福，这就是实实在在的天伦之乐。家务劳动在一粥一饭、一饮一食中传递着对家人的爱。

案例

花开十里 只待归来

夏日的风扑面而来，安静宁谧的校园里，有无数个生命在舞动，阵阵芳香扑鼻。2020年，一场突如其来的新型冠状病毒肺炎疫情推迟了学生们春季开学的时间，随着全国疫情防控态势持续向好，学校陆续开展了复学工作。待学生们复课之时，看到的多数都是百花争艳、绿树成荫的美景。

为了给学生们创造一个良好的学习、生活环境，某学校的教师们都齐上阵，对教室、宿舍、校园等进行彻底的卫生大扫除。笤帚、扫帚、高压水枪、吸尘器、喷壶、报纸、钢丝球、刮片、抹布、洗车刷、消毒剂、洗衣粉、洗洁精等，能想到的卫生工具，全部“佩奇”。教师们都使出“十八般武艺”，将各卫生死角彻底清理干净，以崭新的面貌迎接学生们的归来。

案例思考：学校是全体师生共同生活的家园，创造一个清洁卫生的校园环境是大家共同的责任。为了更好地学习科学文化知识和掌握实训技能，我们首先要保证一个干净卫生的学习环境，一个舒心惬意的学习氛围。为此，全体师生都有义务为校园清洁贡献自己的一份力量，尤其是我们学生，更应该学习相关清洁常识，掌握相关清洁技能，为校园环境的美化作出自己的贡献。

任务二 日常生活劳动技能

任务工单

自我生活劳动成果展示

一、活动目标

用短视频的方式展示自我生活劳动的结果，养成爱劳动的好习惯。

二、活动时间

建议20分钟。

三、活动流程

（1）每名学生把自己认为做得最好的自我生活劳动的过程录制 2 分钟以内的视频。

（2）教师将学生按照 4 ～ 6 人划分小组，小组成员观看组内成员的视频并选出最成功的劳动成果。

（3）每小组选出最成功的劳动成果进行播放，并邀请这几名学生分享个人生活劳动的经验和体会。

（4）教师对分享者的经验和体会进行归纳、分析和总结。

（5）教师对展示的这几项自我生活劳动成果点评并赋分。

日常生活劳动技能是指在我们日常生活中所需的各种实际技能和技巧，这些技能技巧方便我们更好地处理各种家务和生活事务。这些技能涵盖了各个方面，从基本的家居卫生和收纳整理，到厨艺烹饪、家庭插花，再到垃圾分类等等。掌握这些技能不仅有助于提高生活质量，还能提升个人的独立性和自信心。

一、家居卫生

（一）个人清洁

晨起睡前要刷牙，上下左右均到位，牙刷月月都要换，牙白牙好保健康；
面部清洁要仔细，揉搓脸部保健康，眼角鼻孔耳后根，仔仔细细不放过；
洗头洗澡要留意，不凉不烫不感冒，背部腰部热水冲，脚踝脚丫都到位；
内衣短裤用手洗，洗涤用品冲干净，毛巾常晒开水烫，保持清洁卫生好。

拓展阅读

养成正确的刷牙习惯

（1）睡前刷牙。人在入睡后，细菌在口腔的温度和唾液分泌量减少的情况下很容易繁殖。糖发酵产酸，腐蚀牙齿形成龋洞，因此睡前刷牙要尽量彻底，这对预防牙病有重要作用。

（2）做好“三三”工程。即每天刷 3 次牙，每次 3 分钟，餐后 3 分钟内应刷牙，每个牙的 3 个面均刷到。

（3）采用正确的刷牙方法。竖刷法，是目前最有效的刷牙方法。竖刷法是使牙刷毛束与牙面呈 45° 角，转动牙刷头，上牙从上往下刷，下牙从下往上刷，上、下牙列咬面和前后部牙齿都要刷到。

（4）根据自身身体和口腔情况选用合适的牙刷、牙膏。

（二）居家卫生

房间地板常洒扫，灰尘做伴易染疾，茶几饭桌要清理，窗明几净好心情；
厨房日日需整理，垃圾及时带出去，做饭做菜练厨艺，饭后记得洗厨具；
书房书桌要整洁，思路清晰好学习，文具摆放常归置，一纸一笔有手位；
冬去春来夏秋至，四季衣橱常整理，外套内衣分开放，衣服裤子随手拿。

拓展阅读

衣服沾上口香糖怎么办?

衣服沾上口香糖洗涤方法 / 步骤如下：

（1）用塑料袋包好冰块放在污渍上，或将织物放入冰箱中冷冻。

（2）待污渍变硬后，将衣物拉弯轻轻撕去污渍或者用牙签轻轻挑去污渍。

（3）如果口香糖与织物粘牢，用醋酸或洗甲水浸泡，充分湿润后用牙签轻轻挑去污渍。

（4）用中性洗衣液按照一般方式洗涤后，在清水中漂洗干净。

二、收纳整理

（一）衣物收纳

衣物整理的一般原则是：按季节、按类别分装，常用外衣叠放或挂置于便于拿取的地方。家庭成员衣物分开归置，尽量不混放。

（1）内衣的收纳：内衣、领带、腰带、袜子都分类放在整理盒里。

（2）近期常穿的衣服挂起来方便找，换季的衣服叠好放在衣柜的高处。

（3）裤子分类整理，牛仔裤放在一起，西裤放在一起等等。

（4）每位家庭成员的衣服放在各自的隔间，不要混放。

（5）一般真丝、棉面的衣物和西装、套装一类的衣物最好是挂起来；羊毛或者毛料的衣服最好是叠起来放，挂久了容易变形；其他质地的衣服叠放整齐就可以了。

（二）空间整理

按照动线放置家具物品，合理地“断、舍、离”。

（1）分类处理厨房、客厅、卫生间垃圾，尤其是要及时处理外卖消费之后产生的垃圾，长期弃之不顾容易滋生细菌，引发身体疾病。

（2）及时整理网购外包装盒。包装盒堆放在家里吸纳灰尘，凌乱不堪，既占地方又不美观。

（3）可舍弃不穿或破损的衣物要及时处理，以免徒占空间。以下衣物建议丢掉或送人。

两年以上不曾再穿戴的衣服、皮带、鞋子、帽子、围巾等；

尺寸不适合或和目前年龄、造型不搭配的衣服；

有污点洗不干净、发霉及被虫蛀咬的衣服和寝具；

穿了不舒服、伤脚的鞋子及磨损的袜子。

拓展阅读

日常生活节水小窍门

（1）随手关掉水龙头：在洗脸、刷牙、洗菜、洗碗的时候，最好用容器，不要任凭水管里的水哗哗流出。

（2）重复利用：水是可以不断重复利用的一种资源。比如，你洗完衣服的水可以用来擦地板，烫完青菜或蒸过东西的热水可以用来洗碗。洗菜、淘米、洗衣服的水可以用来冲厕所。

（3）缩短洗澡时间：不要贪恋沐浴的享受，淋浴太久不仅会造成水资源的巨大浪费，也会伤害我们的身体健康。

（4）减少洗衣机使用频率：小件衣服选择用手洗，劳动光荣。

三、厨艺烹饪

（一）学会炒家常菜

学会几道家常菜，既能饱口腹之欲，又能不受制于人。

1. 炒小菜

小菜择好、洗净、沥干备用。菜锅洗净，开大火将锅内水汽烧干后放入油，再放适量盐，用锅铲搅拌均匀，将准备好的小菜倒入锅中，然后快速翻拌均匀，待小菜断生，即可起锅装盘。

2. 香煎鸡蛋

鸡蛋打散，放少许盐搅拌均匀。菜锅洗净，烧干水汽，待放入的油烧热后，转小火，将蛋液沿锅边划圈倒入；手持锅柄轻轻摇晃使蛋液分布均匀成圆形，翻面再小火煎至两面呈金黄色，即可起锅装入菜碟中。

3. 扬州炒饭

扬州炒饭是升级版蛋炒饭，里面加入了豌豆、胡萝卜、火腿肠等，比普通蛋炒饭营养更全面、更可口。

所需食材：米饭、胡萝卜、豌豆、鸡蛋、盐、鸡精、食用油、香油。

（1）准备好米饭；鸡蛋打散；胡萝卜切成小丁；火腿肠切成丁；豌豆焯熟。

（2）将油倒入锅中，油温不宜太高，烧至九成热时倒入鸡蛋和胡萝卜，不停翻炒至鸡蛋和胡萝卜丁自然凝固，起锅备用。

（3）锅内放少许油，烧热。将米饭压散放入锅中炒至晶莹状，加入炒好的鸡蛋和胡萝卜丁、焯好的豌豆、火腿肠丁翻炒均匀，然后放少许盐、适量胡椒粉、一小勺香油，再撒把葱花，关火，用余温翻炒一会儿后，盛入碟中。

4. 炒茄丝

茄子 350 克，食油、酱油、盐、葱花各少许。

（1）将茄子切去蒂托，削去皮，清水洗净，切成一分厚薄片，把薄片码好，再切成一分粗的细丝，用清水浸泡三五分钟，捞出沥水。

（2）茄丝下锅略加翻炒，控干水分，切记不可炒煳。

（3）锅内放入油，旺火烧热，放入葱花、蒜稍炸（七成熟），再放入茄丝，炒拌均匀，加入酱油、盐，再拌炒烧熟，即可出锅。

（二）学会做蒸菜

蒸菜要根据烹调要求和原料老嫩来掌握火候。用旺火沸水速蒸适用于鲜嫩的原料，如：鱼类、蔬菜类等。要蒸熟不要蒸烂，时间为 15 分钟左右。对原料粗老，需蒸得酥烂的原料，应采用旺火沸水长时间蒸，如：香酥鸭、粉蒸肉等。原料鲜嫩的菜肴，如蛋类等应采用中火、小火徐徐蒸。

1. 蒸菜的花色品种和制作方法

（1）粉蒸——即将原料调好味后，拌上米粉蒸制。

（2）扣蒸——将原料拼成各种花案图形放在特制的器皿中蒸熟。

（3）包蒸——调味后的原料用菜叶、荷叶包上蒸制，有的外面再用玻璃纸包好才上笼。

（4）清蒸——将原料加上调味料及少许高汤，上笼蒸制，然后淋轻芡而成。

（5）酿蒸——即在原料表面涂贴鱼茸、虾茸、鸡茸等，涂成各种形状、色彩，或在食物中塞入各种馅心，放入盆、碗中上笼蒸制。蒸熟后仍保持原有色彩、味道。

（6）造型蒸——即将原料加工成茸后，拌入调味料和凝固物质，如：蛋清、淀粉、琼脂等，做成各种形态，装在模具内上笼蒸制，蒸熟后成为固体造型。

2. 做蒸菜的关键

（1）原料新鲜。因为蒸制时原料中的蛋白质不易溶解于水中，调味品也不易渗透到原料中去，所以最大限度地保持了原汁原味。因此必须选用新鲜原料，否则口味会受影响。

（2）调好味。调味分为基础味和补充味。基础味是在蒸制前使原料入味，浸渍加味的时间要长，且不能用辛辣味重的调味品，否则会抑制原料本身的鲜味。补味是蒸熟后加入芡汁，芡汁要咸淡适宜，不可太浓。

（3）采用粉蒸法时，原料质老的可选用粗米粉，原料鲜嫩的可选用细米粉。香料、色素等都要根据原料的需要处理好，米粉厚度也要适宜。

（4）掌握好原料蒸制时的温度；原料的湿度要大，以保持菜肴鲜嫩。原料含水多的少加水，含水量少的多加水。

（5）根据原料耐气冲的程度，分别采用急气盖蒸（即盖严后在沸滚气体中蒸开）、开笼或半开笼水滚蒸、暖气升蒸（即在冷水上逐渐加热，至气急后蒸成的方法）。

（三）学会做凉拌菜

凉拌菜做法简单，清爽可口，但是未经高温烹煮，更应注意食品安全。

下面是两道凉菜的做法，供大家举一反三，实际操练是关键，用心去做，做得多了自然就能作出美味。

1. 凉拌松花蛋

用料：皮蛋、剁椒、花生、白芝麻、葱花、香菜、红油、酱油、蒜蓉。

做法：油锅烧热油，放入剁椒和蒜蓉，翻炒到蒜蓉金黄，倒入划碎的皮蛋内。花生压成碎末，撒入盘中。撒入白芝麻、葱花、香菜。倒入红油和少许酱油即可。

2. 凉拌秋葵

做法：秋葵洗净，去头尾，纵面切开；烧开水，加点盐和油将秋葵放入焯烫至熟，水开即可；捞起即刻放入冰水中冷却过凉；将蒜和姜剁末，辣椒切细丁，与白糖等所有调料品一起放入过凉后的秋葵中拌匀。入冰箱冷藏片刻再食用更美味。

说明：

（1）焯烫时加入盐和油可以让色泽更好；

（2）过凉是为了保持爽脆口感，也是为了保持蔬菜表面翠绿。

（四）注意营养平衡

人体所需的营养素，除极少可以在人体内自行合成外，大部分必须从食物中摄入才能被合成。各种食物所含的营养成分不完全相同。除母乳外，任何一种天然食物都不能提供人体所需的全部营养素。每种营养素每天都需要一定的摄入量，过多或过少都会造成营养失衡，即营养过剩或营养不良。所以，要注意营养搭配、平衡膳食，既要维持生长发育、保持正常体重、预防营养不良，又要防止营养不均和营养过剩的发生。

1. 食物多样，谷类为主

（1）每天的膳食应包括谷薯类、蔬菜水果类、畜禽鱼蛋奶类、大豆坚果类等食物。

（2）平均每天摄入 12 种以上食物，每周 25 种以上。

（3）每天摄入谷薯类食物 250 ~ 400 g，其中全谷物和杂豆类 50 ~ 150 g，薯类 50 ~ 100 g。

（4）食物多样、谷类为主是平衡膳食模式的重要特征。

2. 吃动平衡，健康体重

（1）各年龄段人群都应天天运动、保持健康体重。

（2）食不过量，控制总能量摄入，保持能量平衡。

（3）坚持日常身体活动，每周至少进行 5 天中等强度身体活动，累计 150 分钟以上；主动进行身体活动，最好每天运动 6000 步。

（4）减少久坐时间，每小时起来动一动。

3. 多吃蔬果、奶类、大豆

（1）蔬菜水果是平衡膳食的重要组成部分，奶类富含钙，大豆富含优质蛋白质。

（2）餐餐有蔬菜，保证每天摄入 300 ~ 500 g 蔬菜，深色蔬菜应占 1/2。

（3）天天吃水果，保证每天摄入 200 ~ 350 g 新鲜水果，果汁不能代替鲜果。

（4）吃各种各样的奶制品，相当于每天液态奶 300 g。

（5）经常吃豆制品，适量吃坚果。

4. 适量吃鱼、禽、蛋、瘦肉

（1）鱼、禽、蛋和瘦肉摄入要适量。

（2）每周吃鱼 280 ~ 525 g，畜禽肉 280 ~ 525 g，蛋类 280 ~ 350 g，平均每天摄入总量 120 ~ 200 g。

（3）优先选择鱼和禽。

（4）吃鸡蛋不弃蛋黄。

（5）少吃肥肉、烟熏和腌制肉制品。

5. 少盐少油，控糖限酒

（1）培养清淡饮食习惯，少吃高盐和油炸食品。成人每天食盐不超过 6 g，每天烹调油 25 ~ 30 g。

（2）控制添加糖的摄入量，每天摄入不超过 50 g，最好控制在 25 g 以下。

（3）每日反式脂肪酸摄入量不超过 2 g。

（4）足量饮水，成年人每天 7 ~ 8 杯（1500 ~ 1700 mL），提倡饮用白开水和茶水；不喝或少喝含糖饮料。

（5）儿童少年、孕妇、乳母不应饮酒。成人如饮酒，男性一天饮用酒的酒精量不超过 25 g，女性不超过 15 g。

6. 杜绝浪费，兴新食尚

（1）珍惜食物，按需备餐，提倡分餐不浪费。

（2）选择新鲜卫生的食物和适宜的烹调方式。

（3）食物制备生熟分开，熟食二次加热要热透。

（4）学会阅读食品标签，合理选择食品。

（5）多回家吃饭，享受食物和亲情。

（6）传承优良文化，兴饮食文明新风。

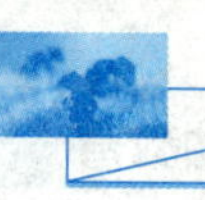

四、家庭插花

在我国，插花的历史源远流长，发展至今已成为人们日常生活中装点家居空间、陶冶生活情趣的重要方式。

一般来讲，家庭插花具有很大的灵活性和很强的个性，随着空间的变化呈现出不同的装饰效果。因此，插花时，一定要事先考虑好构图，选择好花样，注意颜色搭配，而且要锐意创新，切不可拘泥。另外，还应根据居室需要和不同环境进行摆设。比如：客厅是接待亲友和家人团聚的地方，插花需浓艳喜人，注重的是欢快、明朗的感觉；书房插花宜清淡简朴、枝叶疏密，使人感到清静雅致；卧室插花宜柔美纤细、典雅质朴，体现淡、简、雅，让人感到安宁舒适。而其他地方，则要求装饰性和趣味性比较强。

家庭插花的造型方式很多，有直立式、倾斜式、水平式和下垂式（图 6–2）。

插花造型的基本原则如下：

（1）高低错落。即花枝的位置要高低、前后错开，不要插在同一水平线上，也不要使花枝按等角形列，否则就会显得呆板，缺乏艺术性。

（2）疏密有致。即花和叶不要等距离排列，而要有疏有密。

（3）虚实结合。即花为实，叶为虚，插花作品要有花有叶。

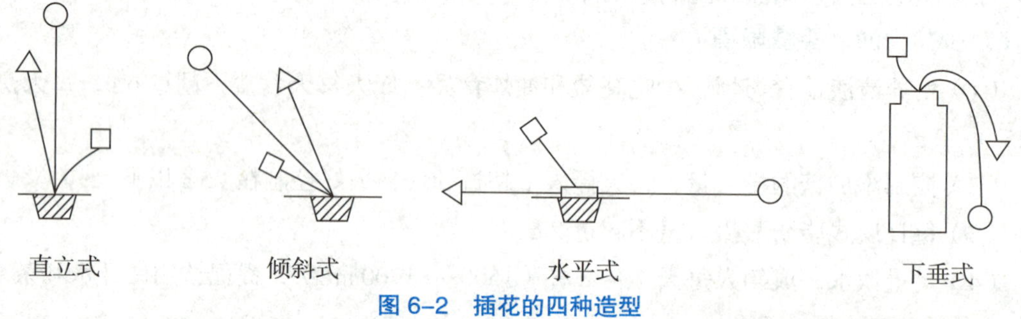

图 6–2　插花的四种造型

（4）仰俯呼应。即上下左右的花枝都要围绕主枝相互呼应，使花枝之间保持整体性及均衡性。

（5）上轻下重。即花苞在上，盛花在下；浅色在上，深色在下。

（6）上散下聚。即基部花枝聚集，上部疏散。

五、垃圾分类

垃圾分类是生态文明建设的重要环节和关键领域，是生态文明的重要抓手，是中国公民进入中国特色社会主义新时代的绿色环保生活新风尚。掌握垃圾分类相关知识，形成垃圾分类意识，宣传垃圾分类知识，助推社会文明进步，是新时代大学生的使命担当和社会责任。

生活垃圾一般可分为四大类：可回收垃圾、有害垃圾、厨余垃圾和其他垃圾（图 6–3）。

目前常用的垃圾处理方法主要有综合利用、卫生填埋、焚烧和堆肥。

注：微信小程序和支付宝均推出了垃圾分类查询功能。

图 6–3　垃圾分类

（一）可回收垃圾

可回收垃圾一般具有再利用价值，主要包括废纸、塑料、玻璃、金属和布料五大类。

废纸：主要包括报纸、期刊、图书、各种包装纸等。但是，要注意纸巾和厕所纸由于水溶性太强不可回收。

塑料：各种塑料袋、塑料泡沫、塑料包装（快递包装纸是其他垃圾 / 干垃圾）、一次性塑料餐盒餐具、硬塑料、塑料牙刷、塑料杯子、矿泉水瓶等。

玻璃：主要包括各种玻璃瓶、碎玻璃片、暖瓶等。（镜子是其他垃圾 / 干垃圾）

金属物：主要包括易拉罐、罐头盒等。

布料：主要包括废弃衣服、桌布、洗脸巾、书包、鞋等。

这些垃圾通过综合处理回收利用，可以减少污染，节省资源。如每回收 1 吨废纸可造好纸 850 公斤，节省木材 300 公斤，比等量生产减少污染 74%；每回收 1 吨塑料饮料瓶可获得 0.7 吨二级原料；每回收 1 吨废钢铁可炼好钢 0.9 吨，比用矿石冶炼节约成本 47%，减少空气污染 75%，减少 97% 的水污染和固体废物。

（二）有害垃圾

有害垃圾含有对人体健康有害的重金属、有毒的物质或者对环境造成现实危害或者潜在危害的废弃物。包括电池、荧光灯管、灯泡、水银温度计、油漆桶、部分家电、过期药品及其容器、过期化妆品等。这些垃圾一般使用单独回收或填埋处理。

（三）厨余垃圾

厨余垃圾，是指居民日常生活及食品加工、饮食服务、单位供餐等活动中产生的垃圾，包括丢弃不用的菜叶、剩菜、剩饭、果皮、蛋壳、茶渣、中药渣、骨头等，其主要来源为家庭厨房、餐厅、饭店、食堂、市场及其他与食品加工有关的行业。

厨余垃圾含有极高的水分与有机物，很容易腐坏，产生恶臭。经过妥善处理和加工，可转化为新的资源。厨余垃圾高有机物含量的特点使其经过严格处理后可作为肥料（经生物技术就地处理堆肥，每吨可生产 0.6 ~ 0.7 吨有机肥料）、饲料，也可产生沼气用作燃料或发电，油脂部分则可用于制备生物燃料。

但是，厨余垃圾的处理须交由专业化处理单位进行处理，严禁将废弃食用油脂（包括地沟油）加工后作为食用油使用，严禁直接使用厨余垃圾饲养畜禽及鱼类，严禁用未经无害化处理的厨余垃圾生产肥料。

厨余垃圾非法收集和回收利用会对环境和居民健康产生威胁。对厨余垃圾单独收集，可以减少进入填埋场的有机物的量，减少臭气和垃圾渗滤液的产生，也可以避免水分过多对垃圾焚烧处理造成的不利影响，降低了对设备的腐蚀。

厨余垃圾的运输必须全封闭，防止滴撒、遗漏，车身要有明显标识，具有政府主管部门核发的准运证件，方可从事运输。

（四）其他垃圾

其他垃圾（上海称干垃圾）包括除上述几类垃圾之外的砖瓦陶瓷、渣土、卫生间废纸、纸巾等难以回收的废弃物及尘土、食品袋（盒）。采取卫生填埋可有效减少对地下水、地表水、土壤及空气的污染。

大棒骨因为“难腐蚀”被列入“其他垃圾”。玉米核、坚果壳、果核、鸡骨等则是餐厨垃圾。

卫生纸：厕纸、卫生纸遇水即溶，不算可回收的“纸张”，类似的还有烟盒等。

餐厨垃圾装袋：常用的塑料袋，即使是可以降解的也远比餐厨垃圾更难腐蚀。此外塑料袋本身是可回收垃圾。正确做法应该是将餐厨垃圾倒入垃圾桶，塑料袋另扔进“可回收垃圾”桶。

果壳：在垃圾分类中，“果壳瓜皮”的标识就是花生壳，属于厨余垃圾。家里用剩的废弃食用油，也归类在“厨余垃圾”。

尘土：在垃圾分类中，尘土属于“其他垃圾”。但残枝落叶包括家里开败的鲜花等，属于“厨余垃圾”。

拓展阅读

几种复合垃圾的分辨及处理法

（1）中药渣：湿垃圾。

（2）用过的餐巾纸、卫生纸或者厨房专用清洁纸：干垃圾。

（3）尿不湿：虽然含水但仍然属于干垃圾。

（4）喝剩半瓶的可乐：先把剩下的可乐倒入下水道，然后把瓶子用清水冲洗，接着把瓶子压扁，最后投放到可回收垃圾桶中。

（5）吃剩的外卖：剩饭剩菜倒进湿垃圾桶，餐盒扔进干垃圾桶。

（6）单独打包的湿垃圾：先破袋，然后把湿垃圾倒进湿垃圾桶，最后把垃圾袋扔进干垃圾桶。

由此可见，干垃圾和湿垃圾的区别，不是简单的含不含水；虽然纸张可以回收，但含水即溶的纸张却不能回收。

爱国主义与劳动

爱国主义与日常生活劳动教育

爱国主义与日常生活劳动教育之间有着密切的联系，这种联系体现在以下方面：

（1）培养对国家的责任感：爱国主义鼓励个人对国家的热爱和责任感。日常生活中的劳动教育可以帮助个人明白，通过劳动和奉献，他们可以为国家的繁荣和社会的稳定作出贡献。这种责任感是爱国主义情感的具体表现。

（2）尊重劳动价值：日常生活劳动教育有助于个人理解劳动的价值。尊重劳动是培养爱国主义情感的一部分，因为它认可了为国家提供产品和服务的劳动者的贡献。

（3）培养劳动精神：日常生活劳动教育可以培养个人的劳动精神，包括勤奋、创新、坚韧和合作。这些品质不仅有助于个人的生活，还有助于国家的经济繁荣。

（4）了解国家的需求：通过日常生活劳动教育，个人可以更好地了解国家的需求和挑战。这有助于他们认识到个体如何满足这些需求，从而培养对国家的深厚爱国主义情感。

爱国主义与日常生活劳动教育之间存在着紧密的联系。通过劳动教育，个体不仅培养了劳动能力，还表现了对国家的深切热爱，促进国家的繁荣和社会的进步。这种联系有助于培养具有爱国主义情感的公民，为国家的未来作出积极贡献。

思政之窗

吉林省以“五个强化”扎实推进大中小学劳动教育

吉林省认真学习贯彻习近平总书记关于教育的重要论述和全国教育大会精神，深入落实中共中央、国务院关于全面加强新时代大中小学劳动教育的决策部署，通过强化政策牵引、课程设置、基地建设、专业指导、资源挖潜，把劳动教育纳入人才培养全过程、贯通大中小学各学段，着力培养学生劳动意识、劳动精神、劳动能力，促进学生全面发展、健康成长。

强化政策牵引，完善劳动教育制度体系。印发《吉林省关于全面加强新时代大中小学劳动教育的实施意见》，一体设计、统筹推进大中小学劳动教育，着力构建课程完善、资源丰富、模式多样、机制健全的劳动教育体系。制定《关于加强中小学生劳动和职业启蒙

教育的指导意见》，促进职普融通、强化协作衔接，建立中（高）职学校与中小学校联合劳动育人机制。出台培育创建中小学劳动实践基地、落实中小学学年劳动周制度、中小学劳动清单编制指导意见等多个配套政策，逐步构建系统配套的学校劳动教育实施体系、家庭劳动教育指导体系、校外劳动教育公共服务体系。

强化课程设置，夯实劳动教育发展基础。严格落实劳动教育课时要求，确保中小学劳动教育课程每周不少于1课时，职业院校劳动专题教育必修课不少于16学时，普通高等学校本科阶段不少于32学时。注重劳动教育学科渗透，制定学校、家庭劳动清单，将劳动教育融入课堂教学和校内外学习生活。丰富中小学劳动教育课程资源，支持各级各类学校在标准化实施国家课程的基础上，结合区域资源产业优势和办学特色，因地制宜开发地方特色化课程和校本课程。截至目前，全省中小学累计开设劳动教育地方课程61门，校本课程265门。加强职业院校实习实训管理，持续推进专业目录、专业教学标准、课程设置标准、顶岗实习标准、实训条件建设标准落地落实。

强化基地建设，丰富劳动教育实践载体。统筹校内外劳动教育实践资源，强化资源整合，分批分级推动，遴选首批省级中小学生劳动教育实践基地106个，培育创建劳动教育实践基地市级126个、县级62个、校级523个，推动形成以国家级劳动教育实验区为引领、以“省、市、县、校”劳动教育基地为主体的建设格局。编制《吉林省中小学劳动教育实践基地建设评估标准》，从管理规划、课程体系、队伍建设、设施设备、安全保障等方面制定评估细则，着力完善长效机制。加强“家—校—社”三方联动，构建多元化劳动实践基地组织架构，为开展劳动教育实践提供有力支撑。

强化专业指导，提高劳动教育实施质量。指导各地教育行政部门设立劳动教育研究项目，鼓励高校和职业院校开展劳动教育专题研究，设立“劳动教育工作体系和机制的研究与实践”专项。在基础教育阶段，强化师资教研培训，健全劳动教育“省市县校”四级教研机制，组织开展专题教研、区域教研、网络教研，通过协同创新、校际联动、区域推进，提高劳动教育整体实施水平。组织劳动教育课程资源征集推广，开展劳动教育公益讲座活动。组建吉林省中小学劳动教育指导委员会，提高劳动教育科学化、规范化、专业化水平。由省教育厅牵头主办《义务教育劳动课程标准》线上解读会，邀请相关专家和一线教师分享劳动教育前沿理念，探讨新课标下劳动教育实施路径，吸引全国各地中小学教师306万人次在线参会学习。

强化资源挖潜，打造劳动教育特色模式。发挥区域冰雪资源优势，推进冰雪运动、冰雪文化进校园，加快建设劳动教育实践基地群。设置校园清雪劳动任务，常态化举办冰雪嘉年华、冰雪主题创意比赛等活动，让学生在冰雪运动和冰雪劳动中培养顽强意志。发挥农林资源禀赋优势，开发农作物耕种、花卉、园艺、家禽家畜饲养等劳动实践课程。与农业科技企业合作，开发“数字农业+”劳动实践课程。弘扬优秀传统文化，开设东北剪纸、手工制作、特色美食等“民俗+”劳动实践课程。依托红色文化遗产、汽车制造、影视文化等区域优势产业资源，开发弘扬革命精神、彰显时代特征、具有当地特色的劳动教育实践项目和精品研学路线，使学生在丰富多样的劳动中动手实践、出力流汗，进一步提高学生劳动素养、涵养崇尚奋斗的精神。

（来源：吉林省以“五个强化”扎实推进大中小学劳动教育，吉林省教育厅2022年8月25日。）

劳动教育成长评价手册

记录一次家庭劳动的情景，然后按提示填空，完成下面的劳动教育成长评价手册。

劳动教育成长评价手册

一、基本信息

劳动主题：家庭劳动

学生姓名：____________________

学校名称：____________________

年级班级：____________________

编制日期：____________________

二、劳动教育的目标

简述这次劳动教育的目标：

三、劳动实践活动记录

记录自己参与的各类家庭劳动的时间、过程及结果。

1. 整理房间

2. 手洗衣物

3. 扫地拖地

4．清洗碗筷

____

____

____

四、劳动技能与能力评价

评价学生在劳动教育过程中掌握的技能和能力，包括动手能力、解决问题的能力等。

1．自我评价

____

____

____

2．家长评价

____

____

____

3．教师建议

____

____

____

7 项目七 社会生产劳动教育

学习目标

知识目标

△了解生产劳动的概念。

△了解如何进行生产劳动实践。

能力目标

△掌握专业技术性劳动和农业劳动的方法。

△学习和取得劳动实践的技能。

素质目标

△提升对社会生产劳动的认知。

△树立劳动意识，培养热爱生活的阳光心态。

榜样引领

胡万军：印制板焊接的“专科医生”

“胡师傅，还在琢磨呀？”

一个在伏案埋头的背影，缓缓抬起了头。

“哦哦快了，焊接完这个就走。”

这位埋头苦干的胡师傅，就是中国航天科工三院35所的胡万军。日复一日地锤炼打磨，年复一年潜心钻研，使他练就了一身绝活技艺，出色地完成各项科研生产任务，一次交验合格率达到99%以上，先后荣获“北京市高级技术能手”“航天技术能手”“集团中青年接班人”“三院技能大奖”“三院青年岗位技术能手”等荣誉称号。日前，胡万军作为北京市仅有的2个代表之一，参加了“全国最受欢迎的十大绝技”展演活动，他现场展现的微电子手工焊接绝技获得评委和观众的高度赞誉。当被问到“绝技是如何练成的”时，胡万军笑着说：“我们像是印制板焊接的专科医生，遇到疑难杂症在所难免。技术的精进正是通过破解各种难题达到的。”

毫厘无差的印制板“脑”手术

印制板如同电子产品的“大脑”，而元器件恰如脑细胞。如今，印制板“大脑”越来越聪明，元器件也向集成化和小型化发展。“超迷你”尺寸的元器件大概只有一粒小米的一半大小。麻雀虽小，五脏俱全，细微的元器件上面还有更小的引脚，而引脚恰似元器件的“小腿”，起到支持、供电和信号连接的作用。在焊接过程中，要想让元器件发挥出脑细胞的功效，一方面要保障“小腿”的站位准确，确保每一个小引脚连接在正确的焊盘上；另一方面还要保障“小腿”的站姿准确，在焊接的润湿角度、温度方面都有严格标准要求。如此细微的元器件，单是肉眼观看就到了难以分辨的程度，想要人工完成精准焊接，其难度可想而知。

但对于胡万军来说，多年一线基本功的锤炼让他练就了一双比尺更精准的眼、一双比机器更灵巧的手。“不仅手要稳，眼睛要准，更要沉得住气。一开始练习的时候手会抖，影响偏移量和准确度。同时，如果拿取元器件的力度过大，就容易夹断。”胡万军说道。为了练习手感，有时候他一坐就是五六个甚至十几个小时，盯着比小米更小的东西，直到眼泪直流，也要完成“手术”。

通过持之以恒的练习，胡万军的手早已对这项“手术”形成肌肉记忆，做到焊接点毫无偏移。只见他手持镊子稳稳夹持元件，精准地贴放在两个焊盘中间，持拿电烙铁蘸取焊料，举重若轻地在元器件两侧分别点焊，行云流水一样地完成操作。随后，将焊接好的元器件放在60倍镜检观察，元器件毫发无损，焊点毫厘无差，外观质量甚至优于自动焊接设备。

完美无瑕的电路“整形”手术

在航天产品的研发阶段，由于设计变动调整，需要修改电路布局。如果重新投产印制板，就可能因为工期延后而耽搁工作进度，如果想要节省时间，就必须想方设法改装印制线。这对操作有了更高的要求，不仅要精准，还要灵巧。

如果说元器件是电路板的“脑细胞”，那电路设计布局就如同印制板的“脸”，要对它改装就如同对线路动刀调整达到整形效果。但是，电路设计布局中满是密尔级超细间距印制线，其宽度相当于一根头发丝的直径，要对其改装就像整形手术直接做在毛细血管上一样，难度之大可想而知。

为了突破痛点，胡万军对照电路原理图和印制板布局在脑海中反复模拟演练这场“手术”的每一个动作、每一条路径。经过一段时间的揣摩研究，一张精妙绝伦的改装路径图在他的脑海中跃然浮现。经过仔细对比分析，他明确了一条最佳路径，确定了“整形手术”的最佳方案。手术过程中，比刮眉刀还要小巧的裁刀成为他的‘手术刀’，只见他轻巧地割断原有印制线，选取直径仅为两根头发丝粗细的漆包线脱头搪锡，在两个宽度相当于两张 A4 纸厚度的芯片引脚间穿针引线，他动作娴熟灵巧，面不改色地完成了改装。通过 60 倍镜检观察，焊点牢固可靠，成功改装了密尔级超细间距印制线，达到印制板电路设计布局的“整形”效果，为产品研制争取了宝贵的时间。

无懈可击的芯片“搭桥”手术

BGA 封装芯片是目前航天产品中最常用的高密度封装元器件，底部球状“小腿”的间距薄若蝉翼。在设计初期，由于电路要求，需要在底部球状“小腿”上焊一根线。但是，BGA 封装芯片的“小腿”全部都设在器件底部，从外面通过肉眼根本观察不到。这就意味着技术人员需要在视觉盲区完成飞线焊接。焊接过程中，还要保证在直径近似一粒小米的球状“小腿”附近加热，其他原始焊点不能因为受热而影响质量可靠性。这恰如心脏“搭桥”手术，需要连通上下端血管，但是限制多、通路少，甚至还需要蒙着眼去做，难度极大。

面对这个技术挑战，胡万军深入分析了技术难点和关键要求，“如果焊接这根线的时间长了，热量会让这个球熔化、变形、塌落，导致虚焊、上下不连通。如果焊接位置有一些偏离，可能碰到其他焊球，就会造成质量隐患。”他深知航天产品高可靠性的要求，不敢有一丝一毫的懈怠。为此，他仔细琢磨、反复练习，再一次用精湛的技术解决了难题。只见他手持中性笔大小的电烙铁，在芯片底部边缘加热圆铜线，将热量聚集在铜线上，再将铜线精准地送至底部引脚完成飞线。操作完成后，通过 X 光透视观察，焊点清晰可靠。胡万军用他胆大心细的态度和千锤百炼的技艺，出色地完成了这一项蒙眼的“搭桥”手术。

“近年来，北京市全面加强了对高级技能人才的培养，政策制度更加健全，集团公司积极贯彻落实相关要求，深入实施人才强企战略，弘扬工匠精神。在上级的支持下，我们也不断提升技能水平，迎来技能创新发展的新阶段。”35 所电气装联中心主任王曦介绍道。2023 年，“胡万军创新工作室”在 35 所成立。在这里，胡万军通过师带徒、大师课堂等方式，将他的绝技绝活分享传承。

“让自己成为一颗坚实的螺丝钉，焊在航天一线，为建设航天强国贡献一份力量。”

这是胡万军的工作理念和追求。工作十六载，正是这样把自己焊在事业中的“螺丝钉”精神，引导支撑他迎难而上、磨炼技艺，主刀一次次困难的“手术”，突破一次次制造瓶颈，让奋斗火把在技能人才中传递。

（来源：胡万军：印制板焊接的“专科医生”，手机中国网2023年9月19日。）

任务一 生产劳动概述

任务工单

开展《我劳动，我成长》演讲活动

一、活动实施

1. 召开班级动员会，讲明本次演讲活动的意义和注意事项。
2. 分组完成文章的编写、朗读练习工作。
3. 练习时小组之间交叉打分，指出优缺点，并及时修正。
4. 布置好演讲场地，将摄像机安排到位。
5. 准备好服装、演讲道具。
6. 在教师指导下，各组按抽签顺序开始演讲，各小组组长作为裁判进行打分，统计分数的人员安排到位。
7. 公布成绩，并表彰获奖小组。
8. 针对小组成员之间的合作关系、工作进度情况、演讲过程中的纪律问题等，总结本次演讲活动的优点与不足。

二、活动分享

把本次活动编辑成视频分享到班级。

【找一找】

通过参与演讲活动，我发现还存在以下问题：________________________________

____

生产劳动是政治经济学领域的一个概念。马克思在对英国古典经济学家亚当·斯密的理论分析和批判中对生产劳动进行了定义。马克思对生产劳动进行了两个层次的阐释：

（1）生产劳动是给使用劳动的人生产剩余价值的劳动，或者说是把客观劳动条件转化为资本、把客观劳动条件的所有者转化为资本家的劳动。这一论述是马克思对生产劳动的核心定义，体现了整个社会生产关系中劳动的本质属性。

（2）对生产劳动的补充定义，即“生产劳动是物化在商品中，物化在物质财富中的劳动”。马克思把对生产劳动的定义放在了资本主义生产关系条件下，不论是在当时还是在现在都具有重要的意义。

现在我们讨论的生产劳动是社会主义生产关系条件下的生产劳动。社会主义的生产劳动，是为充分满足劳动者的物质和文化生活需要而生产物质资料的劳动，是在社会主义生产关系下进行的物质生产劳动，包括体力劳动和脑力劳动，包括从生产单位内部或从外部为直接生产过程提供服务的劳动。本项目将详细论述大学生参与的专业技术性劳动和农业生产劳动。

一、专业技术性劳动

专业技术性劳动是职业院校实现专业技能培养目标的重要方式，主要是将现代教育与生产劳动相结合，提高学生的实践操作能力和专业综合能力。大学生参加专业技术性劳动，既是完成专业学习的要求，同时也是丰富自身劳动体验的重要方式，旨在培养大学生的创新精神和实践能力，培育大学生的生产劳动素养。

目前，高校开展大学生的专业技术劳动主要有专业实训、专业实习和企业实践 3 种方式。

专业实训是各高校在专业人才培养过程中通过校企合作共建实训基地、校内专业实训基地等加强学生专业劳动实践的重要途径。专业实训基地的劳动主要在校内开展，学生在专业教师的指导下，按照人才培养方案和实训方案进行专业实训。会计实习生实训守则示例，如图 7–1 所示。

专业实习是大学生按照专业要求进入实际场所进行工作。时间一般为半年到一年，大学生参加专业实习不仅是对专业理论的实践，更是为进入职场打下基础。专业实习结束后要撰写专业实习报告，对专业实习进行分析总结。

企业实践是大学生结合自身实际情况，以实习或打工的形式在企业实际工作环境中，通过参加企业的具体工作获得劳动报酬，提升劳动技能的过程。大学生可以利用寒暑假选择专业对口企业进行实践，通过诚实劳动培养自身的专业技能和素养。

会计实习生守则

1.遵守各项财政法律、法规、企业会计制度，按会计基础工作规范对公司经济业务进行会计核算。

2.负责会计凭证的编制、录入及会计账的登记，保证单据齐全、手续完备，各要素准确无误。

3.核算公司全部收入、成本、装修、样板等;每日对分公司的收入生成凭证，与日报表核对，收入、资金余额等;月末核算部门利润;对分销客户、承包店、加盟商进行核算管理，计算他们的经营成果、各类嘉奖、补贴;提取固定资产折旧;装修费、运费摊销，处理总部报销业务。

4.负责各种发票的申购、登记、开据与保管以及会计档案的整理。

5.负责税收管理，按税务部门规定的时间申报纳税。负责公司年检、营业执照变更等工作。

6.负责相关财务报告的编制，保证准确及时。报告包括(但不限于) :汇总每日日报表、损益报表(含累计)、品牌销售及利润报表、年度销售任务完成报表、部门利润分析表。

图 7–1　会计实习生守则

二、农业劳动

农业劳动是指农业生产过程中，人们直接、间接从事农，林、牧、副、渔业生产，创造使用价值的具体劳动。农业劳动过程是人类按照一定的经济目的，以自身的活动来引起、调节和控制生物有机体（植物、动物和微生物）生长、发育和繁殖的过程。同时，农业劳动过程也是人类对农业社会再生产进行组织、控制和调节的过程。

在农业劳动的过程中，既有直接从事农副产品生产的劳动，又有紧密围绕生产需要，改善农业生产条件和进行农业社会化服务的劳动；既有直接从事各项生产活动的体力劳动，又有与直接生产活动密切相关的科技、管理方面的脑力劳动。大学生可以根据自身专业、出生地域的不同选择时间参加农业劳动。目前，大学生参加农业劳动的方式主要有劳动基地和农村农活。

案例

劳动榜样——李玉：蘑菇不只是一盘菜

中国工程院院士、广东院士联合会会员、吉林农业大学教授李玉致力于菌物科学和工程产业化研究 40 多年，构建了全新的菌物系统分类体系，从技术支撑到产业孵育，带动上万贫困户依靠食用菌稳固脱贫，为推动我国食用菌产业和菌物学科的发展作出了重要贡献。

挽救濒危菌类种质资源，促进生态系统和谐共生

每年初春时节，当清晨的第一缕阳光洒向山谷，李玉已开始一天的跋涉。他和学生们要在山里“踏查”，摸清当地菌类生物的“家底”。从调查区域内第一株蘑菇冒头开始，每隔10天，就要重返山中，仔细观察蘑菇生长状态、小心翼翼地采集样本。

有时刚上山就遭遇暴雨，他们掏出塑料布挡一挡；有时被突然涨水的溪流拦住去路，几个人就攀着树枝和石头过去。“记录数据不能断。”李玉说，光听山上的人讲蘑菇怎样了，他不放心，“关于菌类的描述，差一点也不行。”

这样的工作，李玉已坚持了40多年。做好中国人自己的食药用菌资源调查与保育，是他从事科学研究重要的目标之一。

长久以来，一提起生物，人们总是优先想到动物和植物。严格意义上讲，菌物是第三类生物，分为原核菌物、真核菌物，包括真菌、黏菌、卵菌三大类。比如，造福人类的青霉素，美味可口的香菇等可食用真菌，都属于这一范畴。

在李玉的带领下，吉林农业大学建立了国内第一个菌物科学与工程本科专业，创立了菌类作物学。依托科研成果，吉林农业大学建成了我国首个菌类种质资源库，收集并保存了世界范围内栽培和野生的具有重要经济价值的珍稀食药用菌，涵盖了野生种质资源共计1.1万余份。其中仅黏菌就有400余种，占世界已知种的2/3，还发现并命名了36个黏菌新种。

既让人们吃上美味、健康的蘑菇，也要带动农民致富

“农民相信眼见为实，看到我们团队种下的蘑菇质量好、产量高，才愿意试种。他们一旦认准，产业就会起来。”深耕基础研究之外，李玉还致力于推动食用菌产业升级，既让人们吃上更美味、健康的蘑菇，也要带动农民致富。

据了解，1978年我国食用菌产量才5.7万吨，经过40多年发展，如今产量已近4000万吨。在我国农业产业中，食用菌已位居第五大产业，仅次于粮食、蔬菜、果树、油料，排在茶叶、糖类和棉花之前。

“蘑菇不只是一盘菜。”李玉说，食用菌产业是实现农业废弃物资源化、推进循环经济发展、支撑国家食物安全的生力军。我国农作物秸秆资源丰富，粮食和秸秆产量的比例是1∶1，秸秆过剩问题突出，同时畜禽粪便废弃物达几十亿吨，容易造成环境污染。“但如果把秸秆和畜禽粪便等资源作为食用菌生产的栽培基质和原料，就能变废为宝，长出食用菌后，残渣作为肥料归田，形成良性循环。而食用菌又丰富了城乡居民餐桌，助力农民增收。可谓一举多得。”

食用菌具有“五不争”特点——不与人争粮、不与粮争地、不与地争肥、不与农争时、不与其他产业争资源。而且种植难度小，投资少、见效快，经济价值突出，成为多地扶贫产业的首选。

在食用菌领域，除了蘑菇，木耳也是不少地方优势产品。比如，远近闻名的柞水木耳正是李玉带领团队在陕西省柞水县发展起来的精准扶贫产业。近年来，通过开展秦巴山木耳种质资源发育与高产栽培关键技术研究，李玉团队为柞水选育出了4个黑木耳菌种、1个玉木耳的宜栽菌种，并实现大面积推广。

李玉说，他仍会坚持去山里、跑一线，“我常对学生说，应用真菌学科的昨天、今天和明天都离不开生产一线。农业科学家必须深入田间地头去，留下一门技术，带出一支队伍。在种植实践中，也能收获反哺学科理论的鲜活素材。”

“据估计，世界上大约有150万种菌类，但人类已知的才10万种。我们不会停止菌物调查和保育。”李玉相信，我国地大物博、资源丰富，一定还有很多菌物种质资源亟待保护，要赶紧行动起来。

案例思考：未来的中国，要建设成为创新型国家，实现从中国制造向中国创造的飞跃，需要的不仅仅是科研院所的科学家和基层的科技创新爱好者，更重要的是培养拥有强烈创新意识和爱好的未来社会公民，这是国家创新的基础。培育国民创新精神，就要让劳动教育成为终身教育的一部分，实现家庭、学校、社区、社会、职业教育一体化。当前我国已经进入中国特色社会主义新时代，“互联网+”时代的到来让我们处于一个科技革命、知识爆炸、生产力迅猛发展的伟大历史时期。而一往无前的开拓意识、勇于挑战的创新精神是一个国家、一个民族、一个人的生命活力源泉之所在，也是人类文明与社会进步的强大动力。面对未来、面对职业、面对劳动，职业院校学生们应该要勤奋好学、自强自信、开拓进取、勇于创新。

（来源：院士说丨“蘑菇院士”李玉：蘑菇不只是一盘菜，澎湃新闻客户端 2022年5月5日。）

拓展阅读

劳动基地

劳动基地是开展农活劳动的实践基地或场所，是大学生最为直观的劳动体验。在城市地区，实现农活劳动体验一般是学校与农场签订合作协议，在此基础上对学生进行分组管理，合理安排学生参与农场劳动实践。这些场所主要包括鱼塘、野炊场、养殖场、水果、蔬菜种植基地、农产品加工厂和木工坊等。

大学生可以利用寒暑假期间回到家乡积极参加农村农活劳动，在田野间感受乡村风貌，体会农产品的来之不易。相关专业学生也可以借助“三下乡”社会实践开展支农、助农活动，一方面提高自身的劳动素养，另一方面为家乡多做贡献。

任务二 生产劳动实践

任务工单

奉献爱心维护交通

作为一名学生，我们应该积极参与到交通秩序维护中去，用自己的实际行动为社会交通畅通，人民安全作出应有的贡献。

一、熟悉交通法规，做义务宣传员

1. 发放宣传材料，进行法规宣传

交警部门每年都会印刷很多交通法规宣传小册子及因违反交通安全规则导致交通事故的警示宣传材料。作为学生，我们可以利用周末或者寒暑假，提前与交警部门取得联系，在交通路口或社区街道进行宣传材料的分发。在分发这些材料之前，我们也要先认真阅读，对材料做一些必要的了解，这样，我们可以边分发材料边做义务讲解员，对社区居民或行人进行法规宣传。

2. 利用警示教育，进行事例宣传

我们还可以自行在网上下载交通事故案例，制作一些交通安全警示教育片，利用交通路口、学校、医院、社区、街道等的电子大屏幕进行宣传。通过警示教育片中那一场场血淋淋的、触目惊心的现场，那一个个破碎的、悲痛欲绝的家庭，让广大民众充分认识到违反交通法规可能带来的危害，引导民众从心中敬畏交通法规。通过科普交通法规知识的小动画、小视频，寓教于乐，劝导广大民众自觉遵守交通法规，让他们更全面深入理解交通法规，遵章守纪，做到尊重生命、珍惜生命，提高他们遵守交通安全法规的自觉性，保障个人的交通安全、维护交通秩序。

3. 通过安全讲座，进行普法宣传

作为学生，我们也可以积极参加由学校组织的交通安全宣传志愿者服务，对幼儿园或小学生进行交通安全讲座，将交通法规编写成儿歌、绘制成漫画，为幼儿园小朋友或小学

生进行交通安全知识的普法宣传，从小抓起，从小做起，增强交通法治意识和安全意识，提高自我保护能力。

二、提高安全意识，率先遵守法规

自觉遵守交通规则，是对自己的生命健康负责，也是对父母亲友负责，更是对他人和社会负责。自觉遵守交通规则有利于增强规则意识和责任意识，有利于维护交通秩序。作为一名学生，我们在劝导别人遵守交通规则的同时，更应该从严约束自己，自觉遵守交通法规。用自己的实际行动，带动身边的人共同遵守交通法规。

三、参与交通劝导，现场疏导交通

在现实社会中有很多人由于法律意识淡薄，存在侥幸心理等，仍然不自觉遵守交通法规。主要表现有闯红灯、酒后驾车、超速行驶、违章停车、抢道行驶、无证驾驶、疲劳驾驶、开斗气车、不按标线标志指示行驶等违法行为。

针对上述违法行为，我们可以利用周末或寒暑假等业余时间，积极参与交通劝导志愿者服务，到交通比较繁忙或事故多发地等地段或路口，协助交警现场疏导交通，或对行人及机动车驾驶员的违法行为进行劝阻。这样既是对个人能力的一个锻炼，为社会传递正能量，同时也会在潜移默化中提高行人及机动车驾驶员遵守交通法规的自觉性，为创造良好的通行环境作出贡献。

参与交通劝导要事先做好充分的准备。其一是要和交管部门进行沟通与协调。提前与交管部门联系，如有必要可以先在交管部门进行一些相关的知识培训，例如对交通标志及交警指挥交通的手势及交通信号的学习等。只有熟知交警的指挥手势，才能在无交通信号灯路口、交通信号灯损坏、路口堵塞的情况下，更好地配合交警进行交通疏导。其二是要了解路口的交通特点，熟悉周边环境，为外地人员和不熟悉道路的人指示方向和行驶路线。

四、清洗交通标志，让标志更醒目

道路两旁的交通标志是用文字和图形符号对车辆、行人传递指示、指路、警告、禁令等信号的标志。交通标志是实施交通管理，保证道路交通安全、顺畅的重要措施。标牌虽小，但作用可大了。它可以告诉我们道路的方向、路名，给予导向；告诉我们前方是岔路、弯路、山路，提前给我们提出警告；告诉我们哪条路禁止通行，哪条路禁止左转弯；告诉我们哪儿可以停车，哪儿可以过马路；等等。有了这些标志牌，行车、走路一目了然，保证了我们行车和走路的安全。

但是，由于日晒雨淋，尘土飞扬，有的标志上面覆盖了厚厚的一层尘土，导致标志符号已无法看清，这也是导致交通事故频发的原因之一。为此，我们可以利用业余时间，约上几个小伙伴，拿着清洗工具，一起来把社区或道路两旁的交通标志牌、标志杆等清洗干净，让它们旧貌换新颜，为城市清洁和交通安全尽自己的一份力。当然，我们在清洗的时候也要注意来往车辆，一定要先保证自身的安全哦！

同学们，交通文明关乎着每一个人的生活，交通安全维系着每一个家庭的幸福。让我们立即行动起来，从现在做起，从自身做起，自觉告别交通陋习，用我们的行动，带动全体市民一起争做文明有礼市民，共创安全、畅通、和谐、文明的交通环境，并根据自己的完成情况填写表 7–1。

表 7–1　任务评价表

操作内容	配分	评分内容及评分标准	自我评价	交警评价	教师评价	同学评价
熟悉交通法规，做义务宣传员	30 分	熟知交通法规内容（10 分）制作出有				
		教育意义的交通安全警示片（5 分）				
		编写交通宣传儿歌、绘制宣传漫画（5 分）				
		积极参与交通安全宣传（10 分）				
提高安全意识，率先遵守法规	20 分	能严格要求自己，自觉遵守交通法规（20 分）				
参与交通劝导，现场疏导交通	25 分	熟悉交通指挥的手势及信号、标志等（5 分）				
		积极参与交通劝导志愿者服务（10 分）				
		在劝导中态度和蔼，劝导方式正确（5 分）				
		劝导效果明显（5 分）				
清洗交通标志，让标志更醒目	25 分	积极参与交通标志清洗志愿者服务（10 分）				
		交通标志清洗干净、态度良好（10 分）				
		在清洗过程中能够充分注意自身安全（5 分）				
总分		100 分				

生产劳动实践是指通过实际的劳动活动来创造物质和价值的过程。这种实践涵盖了各个行业和领域，从农业、工业到服务业等不同领域都有生产劳动的存在。

总的来说，生产劳动实践是社会不可或缺的一部分，它对经济、社会和文化的发展都具有重要影响。对大学生尤其是职业院校学生来说，了解和尊重生产劳动的价值，同时不断提高自身的技能和职业素养，对个人和社会都有益处。

一、开展专业实训劳动

（一）专业实训的概念

专业实训是指将学生带到实训现场去学习，通过对某一专业工种或岗位技能的模拟仿真训练，深化理论知识，使学生基本掌握实训工种的操作技术和工作方法的一种实践性教学活动。

（二）专业实训的分类

专业实训可分为单项实训、专项实训、综合实训、毕业设计等。

（1）单项实训是指配合理论课程，针对课程中的某一技能点所进行的实践性教学活动。

（2）专项实训是结合某一门课程所有知识所进行的实践性教学活动。

（3）综合实训是结合多门课程知识进行的实践性教学活动。

（4）毕业设计是教学过程最后阶段的一种总结性的实践性教学活动。

（三）专业实训的特点

（1）实践性。通过理论联系实际，开展多种形式的专业技能训练，掌握相关专业知识，强化对专业技术知识的理解和实际运用，提升专业动手能力和解决实际问题的能力，为高质量就业打下坚实基础。

（2）针对性。专业实训针对具体的专业知识目标进行科学设置，训练的内容具体、明确、有针对性，学生在专业实训的过程中有目标、有方向，教师能通过专业实训有针对性地了解、发现学生训练中存在的问题和不足，提高专业教育教学质量和水平。

（3）自主性。学生是专业实训的主体，它客观要求学生主动参与实践性学习的全过程，在教师的有效指导下自主学习、自主实践、自主反思。

二、开展专业实习劳动

（一）专业实习的概念

专业实习是指将学生带到生产现场去学习，通过参加生产实践，深化理论知识，培养和提高学生的专业工作技能水平与综合运用专业知识、专业技能解决生产现场中的技术及管理问题的能力的一种实践性教学活动。

（二）专业实习的分类

专业实习可分为认识实习、跟岗实习、顶岗实习等。

（1）认识实习是指组织学生到实习单位参观、观摩和体验，形成对实习单位和相关岗位的初步认识的实践性教学活动。

（2）跟岗实习是指不具有独立操作能力、不能完全适应实习岗位要求的学生，在专业人员指导下，到实习单位的相应岗位部分参与实际辅助工作的实践性教学活动。

（3）顶岗实习是指初步具备实践岗位独立工作能力的学生，到相应实习岗位，相对独立参与实际工作的实践性教学活动。顶岗实习累计时间原则上以半年为主，可根据实际需要，集中或分阶段安排实习时间。

（三）专业实习的特点

（1）教育性与职业性。专业实习与专业培养目标密切相关，是学校培养合格人才十分重要的一个教学环节。在专业实习的过程中，通过学校和实习单位教师的指导，学生的专业知识能获得一定的增长，实践操作技能也能实现一定的提高。专业实习时，学生到企（事）业等用人单位工作，教学场所由校内转向校外，学生从以课堂和学校为中心转变为以岗位和企业为中心，学生在实习单位通过岗位上的职业操作开展相关的教学计划，是一种职业劳动过程。

（2）学生具有双重身份。在专业实习中，实习的学生既是学校的学生，也是企业的员工，身份具有双重性。专业实习的学生必须接受学校和实习单位的双重管理。在专业实习期间，学生既要完成学习任务，也要履行专业实习单位员工的岗位职责；既要遵守学校的规章制度，也要遵守实习单位的相关规定。

（3）教学模式的特殊性。专业实习强调教学实践与工作过程相结合，是实施工学结合人才培养的有效模式。在专业实习过程中，学生是实习单位的准员工，应将所学的理论知识与工作相结合。专业实习是职业院校人才培养过程中特殊的环节，这种特殊性决定了学生在专业实习中必将有一个学习和角色转变与适应的过程。

拓展阅读

社会生产劳动教育是一项关键教育内容

社会生产劳动教育是一项重要且关键的教育内容，旨在培养学生的劳动素养、实践能力和社会责任感，以适应现代社会的需要。以下是有关社会生产劳动教育的一些文字：

1. 社会生产劳动教育的重要性

社会生产劳动教育是培养学生全面素质的关键环节，它不仅能够提高学生的实际操作能力，还能够培养学生的团队协作精神、创新能力和社会责任感。通过参与生产劳动，学生可以更好地理解社会经济运行规律，增强自身的社会适应能力，为将来的职业生涯打下坚实的基础。

2. 社会生产劳动教育的目标

（1）提高学生的实际动手能力，培养他们的职业技能。

（2）培养学生的创新思维和问题解决能力，使其具备更好的适应能力。

（3）培养学生的团队合作和沟通能力，使其成为协作型人才。

（4）强化学生的社会责任感和公民意识，培养积极参与社会的意愿。

3. 社会生产劳动教育的实施方式

（1）学校实践：学校可以组织学生参与校内的劳动实践，如农田劳动、校园环境

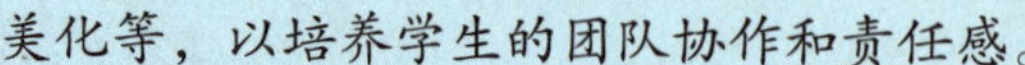

美化等，以培养学生的团队协作和责任感。

（2）社区服务：学生可以参与社区服务项目，如义工活动、环保项目等，从中学习社会责任感和公益精神。

（3）实习机会：为高中或大学生提供实习机会，使他们能够接触真实的职场环境，学习职业技能和职业素养。

4. 社会生产劳动教育的评价方法

（1）学生作品展示：通过学生的劳动成果、项目作品等来评价其实际操作能力和创造力。

（2）口头报告和写作：要求学生对自己的劳动经历进行总结和反思，以促进思考和表达能力的提升。

（3）社会反馈和评估：向社会和雇主征求反馈，了解学生在实际劳动中的表现和社会认可度。

总之，社会生产劳动教育是一项关键的教育内容，它有助于学生全面发展，提高他们的职业竞争力，培养他们成为有社会责任感的公民。通过积极推动社会生产劳动教育，我们可以为社会的可持续发展和人才培养作出积极的贡献。

爱国主义与劳动

爱国主义与社会生产劳动教育

社会生产劳动教育是培养爱国主义情感和培养有责任感的公民的重要途径，爱国主义与社会生产劳动教育之间可谓关系紧密。

（1）培养国家认同感：社会生产劳动教育有助于个人建立与国家的情感联系。通过参与和了解国家的生产活动，个体可以更深切地认同国家的经济和社会命运。这种国家认同感是爱国主义的基础。

（2）了解国家经济体系：社会生产劳动教育使个人了解国家的经济体系，包括各个产业和领域的运作方式。这有助于他们认识到自己的工作如何与国家的经济发展相关，从而培养对国家繁荣的责任感。

（3）培养工作价值观：社会生产劳动教育强调工作的重要性，它有助于培养个体的工作价值观，包括勤奋、创新、团队合作和质量意识。这些品质有助于个人在工作中取得成功，同时也为国家的经济繁荣作出贡献。

（4）理解国家的需求：通过社会生产劳动教育，个人可以更好地了解国家的需求和挑战。这有助于他们认识到自己的工作如何满足这些需求，从而培养对国家的深切爱国主义情感。

（5）参与国家发展：社会生产劳动教育鼓励个体积极参与国家的发展，通过自己的工作和创新，为国家的经济增长和社会进步作出贡献。这种积极参与是爱国主义的具体体现。

总之，通过在社会生产劳动中了解国家的经济、参与国家的发展和为国家的繁荣作出贡献，个体可以在工作中体现对国家的深切热爱，促进国家的繁荣和社会的进步。

思政之窗

劳动教育立法了！全国首部劳动教育领域地方性法规出台

2023年8月，常州市首部教育领域立法、全国首部劳动教育领域地方性法规《常州市劳动教育促进条例》（以下简称《劳动教育促进条例》）出台，将于2023年10月1日起施行。

作为全国首批中小学劳动教育实验区、全国唯一劳动教育与综合实践活动课程标准实验区，常州市全方位、全学段、全过程实施劳动教育，努力给孩子一个完整的劳动经历。

《劳动教育促进条例》的公布、施行，对于实现劳动教育法治化、系统化和科学化具有重要意义。

《劳动教育促进条例》明确，劳动教育是指有目的、有计划地组织学生参加日常生活劳动、生产劳动和服务性劳动的教育活动，是家庭、学校、政府和社会的共同责任。

《劳动教育促进条例》调整范围包括本市大中小学，同时根据教育法和职业教育法关于劳动教育管理权限的相关规定，明确国家和省对高等教育管理有规定的，按照其规定执行。

《劳动教育促进条例》规定父母或者其他监护人自觉学习劳动教育相关知识、掌握教育方法，引导和督促未成年人参与力所能及的家务劳动，并保证每周家务劳动时间不少于两小时。

《劳动教育促进条例》要求学校将劳动教育与德育、智育、体育、美育相融合，鼓励学校在劳动教育中融入食育教育。规定学校应当建立劳动教育课程体系，拓展劳动教育教学场所，配备相应的劳动教育设施设备，并根据学生数量规模配备劳动教育专任教师。要求中小学按照不低于年度学生人均公用经费总额的3%安排劳动教育经费。

《劳动教育促进条例》明确学校每学年设立劳动周，制定校园劳动清单，结合校园文化建设组织学生开展集体劳动和公益劳动，健全学生参加劳动的安全保障体系。

《劳动教育促进条例》明确每年五月为常州市劳动教育月，国家机关、学校、企业事业单位、社会团体及其他社会组织等应当积极开展劳动教育活动。

劳动教育成长评价手册

请参加一次农业劳动，按提示操作，然后按要求填空，完成下面的劳动教育成长评价手册。

劳动教育成长评价手册

劳动主题	学习播种
所需原料及工具	原料：当季需要播种的种子 工具：铁锹、锄头、水桶
劳动过程	1．先用铁锹松松土，让土地由大块变小块，由硬变软。 2．用锄头把土平理整齐，把草筛出来。 3．再用锄头在平好的地上划上沟。 4．用水桶装水在沟里浇上水，等水渗下去以后再撒上种子。 5．用锄头从中间划一下用土把种子盖起来。 6．再一次用锄头把土平好不让种子再露出。
劳动照片	
自我评价	
家长评价	
教师评价	
我的感悟和收获	

8 项目八 社会服务性劳动教育

学习目标

知识目标

△了解服务性劳动的概念。

△了解如何进行服务性劳动实践。

能力目标

△掌握公益劳动和志愿服务的方法。

△掌握服务性劳动实践的技能。

素质目标

△提升对社会服务性劳动的认知。

△自觉践行“奉献、友爱、互助、进步”的志愿者精神，积极投身志愿服务，为社会贡献自己的力量。

榜样引领

323路上的“男子汉”用暖心服务守护百姓出行

北京323路公交车每天往返于富丰桥西和知春里之间，其中，编号3630297的公交车上，总会有一位工装整洁，高大帅气的男司机在沿途各站有老年乘客上车时从驾驶座站起身，认真观察是否有老年人需要帮助。

好记性不如烂笔头 行车笔记载满细致服务

在崔志勇密密麻麻的行车笔记中，记录着这样一些细节：“八一湖站上车的垂钓老年人多，丽泽桥西的站台是斜的，公主坟南站紧邻商圈又有地铁换乘站，乘客众多……”323路公交车全程21公里，经停29个站台，线路经过的老旧住宅小区、医院、商场、学校较多，人员密集、路况复杂，并且每站各有特点。为了尽快熟悉情况，服务好乘客，崔志勇从进入车组的第一天起便坚持写行车日记，努力把服务做到乘客的心坎里。

“零事故、零违章、零投诉” 累计安全行驶60万公里

除了体贴入微的服务，作为一名公交驾驶员，崔志勇深知保障乘客的安全是每个公交驾驶员的责任。为了让乘客安心出行，每次当班崔志勇都会提前半小时来到车队进行交接班，对车辆认真检查，搞好车辆卫生，与同事交流当天的路况和驾驶经验和技巧。凭借着这样的干一行、爱一行、钻一行的业务态度，崔志勇实现了“零事故、零违章、零投诉”，累计安全行驶60万公里的佳绩。

车长路堵不用急 心中有数路自畅

公交服务除了温馨服务和行车安全，还要保障乘客的正点出行，细致体贴的服务和保障乘客安全并没有影响崔志勇的车速。323路公交车沿途经过的大部分路段为北京日常拥堵路段，为了把服务和时间做到平衡，崔志勇说“只有对道路做到心中有数，才能及时调整车速，在行车中合理分配时间，避免晚点的情况发生。而且有了对路况的预期，也能避免因为堵车引发不良情绪，做到‘心宽路自畅’。”

……

榜样的力量“男子汉精神”引领前行

崔志勇优秀的品质充满着感染力，他身边最紧密的搭档李旭就是一个很好的例子。“加入323车组后，崔志勇悉心向我传授10多年的驾驶运营经验和服务方法。每天见面，他都会和我及时分享当天行车中遇到的情况，哪里临时施工了，今天又遇到了什么样的乘客。……”这样的经历在李旭看来数不胜数。空闲时间，崔志勇还会带着李旭一起勘察线路，进行站台服务、社区服务等。在崔志勇的影响下，李旭的驾驶技术突飞猛进，先后获得了2022年分公司先进个人、2022年集团级先进个人，客三分公司新时代青年榜样、北京公交新时代青年奖章、北京公交希望之星等光荣称号。看到搭档取得如此成绩，崔志勇自己也是无比自豪。

从2004年进入了公交队伍开始，崔志勇就明白北京公交集团是为人民服务的企业，作为一名公交驾驶员的使命就是开好人民满意的公交车。加入“男子汉车组”后他时刻提醒自己要把车队的精神发扬光大，让更多的同事和自己一起践行“男子汉精神”。如今在他的影响下，车组已经成了‘勤快’的代名词。最近几年，车组连续被评为车队的优秀集体。

不忘初心　前路再创辉煌

“吃水不忘挖井人”“众人拾柴火焰高”，崔志勇时刻不忘“男子汉车组”的老前辈和指引他前行的老师傅们，他深知自己每一份成绩和荣誉的取得都离不开前辈们对他的教诲和相助。当年男子汉车组的口号就是：“女同志能干的，男同志也能干，而且比他们干得更好”。而如今以崔志勇为代表的新一代男子车组有了新的口号；

一站地 让您 注意我，
三站地 让您 知道我，
七站地 让您 了解我，
十站地 让您 记住我。

“作为‘男子汉’车组的驾驶员，我要不忘初心、牢记使命，致力于把男子汉的精神发扬光大。北京公交有着百年的历史，我会用我饱满的热情，灿烂的青春，助力北京公交驶向下一个百年辉煌。”崔志勇说。

（来源：323路上的“男子汉”用暖心服务守护百姓出行，中国网2023年4月29日）

任务一　服务性劳动概述

任务工单

雷锋志愿服务活动

活动流程如下：

1. 确定活动主题：弘扬雷锋精神，构建和谐校园，志愿者在行动。

2. 活动背景：弘扬雷锋精神，倡导社会文明新风，深化学雷锋活动，结合XXXX教育局开展“立德树人，五育融合”活动，树立学生民族情感和家国情怀，培养青少年关爱他人、服务社会的优良品质，不断丰富和发展新时期学雷锋活动的内涵和形式。

3. 制定活动方案及要求：使雷锋精神锋深入到每个班级，以实际行动来学习雷锋，从自我做起，从身边小事做起。像雷锋那样干一行爱一行，专一行，不流于形式，有职业精神。

4. 活动实施：开展志愿者服务活动，各专业要结合所学专业知识，帮助学校的师生解决生活上的困难，比如机电专业学生修理微波炉、烧水壶等，计算机专业维修计算机，护理专业测量血压等。

5. 总结表彰：学校将根据班级活动情况评比学雷锋“先进班集体”“学雷锋标兵”，并进行表彰公示。

6. 活动思考：通过此次活动，你哪些收获？______________________________

____

服务性劳动是一种非生产性的劳动形式，特指有组织、有计划、不计报酬的义务性劳动，其主要目的是直接为社会提供服务。这种劳动既可以服务于生产活动，也可以服务于生活需求，在现代经济社会中具有越来越重要的地位。大学生参与服务性劳动时，强调运用自己的知识、技能、工具和设备等资源，以服务他人和社会为主要任务，特别在公益劳动和志愿服务中，强化社会责任感，培养良好的社会公德。

总的来说，服务性劳动是一种有益的社会活动，对社会和个人都具有积极的影响。通过参与这种劳动，大学生可以培养社会责任感、拓展技能和知识，同时也为社会发展和改善作出贡献。这种活动有助于培养更全面、更有价值观念的公民，从而促进社会的持续进步。

一、公益劳动

公益劳动是指服务于公益事业、不取报酬的劳动。公益劳动的开展有助于培养学生为人民服务、为公众谋利益的良好思想品德，推动学生接触社会、深入生活，参加各种社会实践，形成良好的社会风尚。从内容上来看，公益劳动包括工农业生产劳动和各种服务性劳动，如参加秋收、植树造林、打扫卫生、帮助烈军属和残疾人等。以上公益劳动都是在校外完成，除此之外还有校内公益劳动。

校内公益劳动是指大学生自愿参加学校内部设置的各种公益劳动，如公共教室、专业实训室及其他公共场所的保洁。同时，大学生也可以将自身的专业知识和实践技能融入公益劳动中，如图书馆服务、办公室文秘、实验中心服务或者课程助理，在参加公益劳动中积累工作经验和技能。

二、志愿服务

志愿服务是志愿服务精神的现实体现，其核心是传承志愿服务精神，增强学生的社会责任意识、奉献意识。大学生参加志愿服务分校内与校外两种形式。

校内志愿服务，是学校通过设置相应岗位或组织相关活动，为大学生参加志愿服务实践提供机会和平台。例如，每年3月各地高校集中开展学雷锋志愿服务月，倡导大学生以各种形式参加志愿服务活动。同时，学校可以依托图书馆义务管理岗、校园文明执勤岗、食堂文明监督岗和校园控烟巡逻岗等岗位，设定相关规定，动员和招募大学生志愿者，积极参加文明校园、美丽校园的建设。

校外志愿服务的形式多种多样，可以参加各类社会实践活动，可以参加大学生志愿服务劳动基地的活动。目前，各个高校根据自身的发展特色和所属区域的资源，选取所属区域的社区、企业和服务机构等，采取共建的形式进行多种类型的志愿服务劳动基地建设。在内容上主要涉及小学支教、农村支农、社区服务、扶助孤寡、展馆服务、法律宣传、医疗服务和知识讲座等。大学生通过参加这些社会性的服务活动，能够对社会存在的问题有更全面地了解，对于自身实践技能的训练也能起到促进作用，社会责任感得到培养和发展。

案例

耆乐融融下午茶
——依托志愿服务，践行劳动教育

一个阳光明媚的周末，梁銶琚职业院校烹饪专业的同学们又开始了新一期的“耆乐下午茶聚”活动。

一大早，采购组的同学们在驻校社工的带领下，到超市按照清单采购所需原料，为下午茶聚准备新鲜的食材。

烹调组的同学拿到食材后，就在专业老师的指导下进行菜品的制作。大家各司其职：洗菜、切菜、烹调、摆盘……一切井然有序。这一次，同学们制作了药膳鸡脚、杯子蛋糕、原味曲奇饼、蔓越莓曲奇饼、酿豆腐5道菜品，药膳鸡脚中的鸡爪充分吸收了药膳的营养，长时间的煲制使得鸡爪极易入口食用。曲奇饼口味香甜，酥脆可口，而添加了蔓越莓的曲奇饼更充分化解了那份油腻。杯子蛋糕香甜松软，酿豆腐口感丰富。5个菜各有特色，交相辉映，营养健康，更符合老人们的需求。

在制作菜品的同时，服务组的同学们已提前到达顺德大门社区敬老院的会场进行清洁和布置场地。

一切准备就绪，本次活动的主角——敬老院的长者们来到会场，活动正式开始。本次活动分为四个部分。

第一部分是蓑衣表演。同学们向老人们展示他们的烹饪刀工技术，老人们纷纷上前观赏，发出了惊叹的声音，还一起研究“蓑衣”是如何切出来的。

第二部分是美食竞猜。同学们给一些提示让老人们猜一道美食，老人们都很积极地举手回答问题，大家“耆乐融融”。

第三部分是美食品尝。老人们品尝着美食，不断称赞这次的食物十分好吃，比之前进步了很多，还和同学们像家人一样茶话聊天，同学们也被老人们的热情积极向上的情绪所带动，一起笑，一起玩，一起享用美食，一起拍照。

第四部分是唱歌环节。一些老人代表在台上表演，同学们在下面为他们拍手鼓掌，整个场面都很温馨快乐，就像《房间》里的歌词一样："我们在同一个屋檐下，写着属于我们未来的诗篇，在这温暖的房间，我们都笑得很甜"。

"耆乐下午茶聚"是由佛山市顺德区梁銶琚职业技术学校烹饪专业的学生发起的义工服务项目。在学校德育处的指导和驻校社工的带领下，由烹饪专业老师作为指导老师，烹饪班的同学运用专业技能，以茶话会形式为社区长者制作美食，向长者们介绍健康饮食的知识，关心他们的生活状况，实现青年与老人共融，达到双向增能。

案例思考：劳动教育内容不仅是服务自己，而且还需要服务他人、服务社会。这种服务意识和技能需要在教育实践中不断培养。学生通过参与社会志愿服务，能更好地了解和关注社会，提高个人的综合素养和能力。

在"耆乐下午茶聚"这个项目中，一批批的梁銶琚职业院校烹饪专业的同学用烹饪技能服务社区长者群体，帮助缓解社区长者在社区中的孤独感与焦虑感，让社会关注这些年老的人群，而同学们也通过这个项目加强自己的烹饪技能，培养了公民爱心意识、社会参与意识。

（来源：方小铁．大学生劳动教育[M].北京：北京理工大学出版社，2022.）

任务二 服务性劳动实践

任务工单

关爱空巢老人活动

活动步骤如下：

步骤一：确定活动主题

牵手夕阳红温暖老人心

步骤二：活动背景调查

“空巢老人”一般指的是空巢家庭指无子女或虽有子女，但子女长大成人后离开老人另立门户，剩下老人独自居住的老年家庭。在家庭生命周期理论中，空巢期一般被看作是家庭生命周期发展的最后的一个阶段。而山区产生“空巢老人”最大的原因就是外出务工人员的增加。以 ×× 乡为例，由于地处 ×× 山麓，交通不便，全乡人口 19000 人，有 8000 多人长年外出务工经商，农民实现了异地脱贫致富。但与此同时也加快了 ×× 乡内人口老化的步伐，目前全乡有老年人 2649 个，其中“空巢老人”1394 个，占全乡老年人的 %，成为名副其实的“老龄之乡”。

步骤三：制定活动实施方案

一、活动背景

随着农村经济制度改革的不断推进，这几年农村外出务工人员逐年增加，我市 ×× 山、×× 村等山区乡镇的青壮年纷纷下山进城，寻找新的增收致富门路。与此同时，随着家政服务业的发展和山区学校的撤并，妇女和儿童也下了山，由此也带来了一个新的社会问题，这就是山村“空巢老人”不断增多，绝大多数的山村出现了“老人留守，老屋为家，老鼠做伴”的“三老”现象。因为年龄等关系，这些“空巢老人”由于已经没有了生产能力，生活能力又普遍较弱，当子女由于工作、学习等原因而离家后，独守“空巢”的老年人因此而产生了一系列的生存问题。

二、活动目的及意义

山区“空巢老人”的晚年生活是否幸福，不仅仅是家庭问题，更是一个需要社会关注的问题，是具有广泛意义的社会、经济问题，它关系着现代化的进程、人们的生活质量、社会和谐和安定，是全面建成小康社会的一个重要因素而关注空巢老年家庭，研究空巢老人问题具有十分重要的理论意义和现实意义。为了让这些老人的生活空间更大，精神世界更精彩，作为当代大学生我们应竭尽自己所能，为山区的空巢老人尽一份孝心，带去爱和温暖，并配合相关部门想方设法解决山区“空巢老人”的实际困难，让一只只“空巢”变成“暖巢”，力争做到让“空巢老人”生活有照料、寂寞能排遣、生病得医治、困难有帮助。同时有助于弘扬“奉献、友爱、互助、进步”的志愿服务精神，培养当代大学生的社会责任感和历史使命感。

三、活动主题

牵手夕阳红温暖老人心

四、活动日期

202× 年 ×× 月 ×× 日至 ×× 月 ×× 日

五、活动地点

×××× 省 ×××× 市 ×××× 山 ×××× 乡、×××× 村

六、主办单位：

共青团 ×××× 学院 ×××× 分院委员会

七、承办单位：

×××× 学院 ×××× 分院 ×× 班

八、活动人员

1. 活动负责人：×× ××

2. 活动人员名单：　　学院 10 ~ 12 名同学

九、活动内容

1. 活动前期准备：

（1）设备：笔记本电脑二台、数码相机三个、u 盘数个、简单常用的医疗器械（自费或队员提供）

（2）人员招聘：

①主要的标准：

对志愿者工作充满热情，踏实肯干，态度认真端正；

能吃苦，有耐心，有较强的表达能力和人际交往能力，

富有团队精神，听从组织安排，工作负责心强；

有一定特长，如摄影、写作、能歌舞的优先；

身体健康，性格开朗健谈，乐观积极，平易近人；

人优先（3 ~ 4 人）。

②报名方式：填写表格。

③选拔方式：进行面试。

2. 时间安排

（1）×× 月 ×× 日至 ×× 月 ×× 日与当地村委会或负责人取得联系，并就各项事宜进行协商（食宿问题、当地空巢老人概况）。

（2）×× 月 ×× 至 ×× 月 ×× 日在学校及 ×××× 宣传空巢老人生活状况，呼吁社会上的人都能来关注关爱空巢老人，随后进行爱心募捐，募捐资金将用于购买老人的慰问品。

（3）×× 月 ×× 日召开前期会议，介绍本次活动的目的、内容、行程安排、注意事项等，明确活动纪律。

（4）×× 月 ×× 至 ×× 月 ×× 日在生活园区收集易拉罐、可乐瓶等废品，转换为活动资金。

（5）×× 月 ×× 日至 ×× 月 ×× 日对实践队员集中培训，提高队员的综合心理素质，使其掌握处理各种特殊情况的应对措施；召集队员进行学习，详细了解空巢老人的心理状态，学习一些健康保健、安全知识、生活小窍门，学会如何量血压、按摩等；搜集宣传（报

道）资料、夏日健康保健知识等养生资料、基本护理知识等等。

（6）×× 月 ×× 日至 ×× 月 ×× 日分组，3 ~ 4 人为一组（包括一位 ×× 人、一位宣传员），实践中每组每 ×× 起将“一对一”对老人进行志愿服务；采购活动物资，制作送给老人的礼物，排练文艺节目（合唱、朗诵、舞蹈等）

（7）×× 月 ×× 日确定出发时间、路线、车次，需携带物品，统一服装。

3. 活动具体安排

（1）具体时间安排：

每天：上午 8:30 出门，11:00 结束上午工作；下午 1:30 开始工作，4:30 结束工作。

（2）活动跟踪与宣传：

每天及时做好摄影，拍摄和写报道等文字工作，做好每日的实践日志。

（3）食宿安排：租用当地房子；自己动手买菜、做饭。

十、活动宣传

1. 前期宣传：建立专门的微信群与微博，并在视频号发布前期准备情况。

2. 实践期间：

（1）每天晚上，每组志愿者至少发一篇到朋友圈；

（2）联系当地媒体，对活动进行报道。

3. 后期：整理相关视频和图片，放到博客上，并制作一本纪念图册。

十一、活动总结

1. 每日总结：每晚开小会总结当天工作；晚上把一天的见闻以及感悟以博客的形式发到网上。

2. ×× 日交实践总结，主要是对总体工作的总结。

3. 次月开最终总结会。

十二、队员守则

1. 全体队员在实践期间必须统一服装，统一起床、就寝，统一用餐。

2. 时间观念，每天进行人员点到，团队成员应在规定时间内归队，不可擅自行动，对自己的行动负责。

3. 无论什么情况，都保持冷静，不可闹情绪，影响大局，任何突发状况都及时处理。

4. 队员应注意安全，外出应两人以上，注意做好防暑工作，并保持通信畅通。

5. 队员应遵纪守法，在活动期间言谈举止应礼貌规范，以诚待人，体现出当代大学生的良好精神风貌。

6. 发扬集体主义精神，以团队为单位行动，各小组互相配合，队员间互相关心。

步骤四：按计划实施

实施过程中，注意突发事件的处理。

步骤五：活动总结

活动总结有助于志愿者的成长。

一、志愿服务的概念、范围及功能

志愿服务是指在不求回报的情况下，为改善社会，促进社会进步而自愿付出个人的时间及精力所作出的服务工作。

志愿服务的范围主要包括扶贫开发、社区建设、环境保护、大型赛会、应急救助、海外服务等。

志愿服务的功能包括社会动员、社会保障、社会整合。社会教化、促进社会和谐、促进社会进步。

二、志愿服务精神的内涵及原则

（一）志愿服务精神的内涵

志愿服务的精神概括起来为奉献、友爱、互助、进步。奉献、友爱、互助、进步的志愿精神与中国传统文化一脉相承，与社会主义核心价值观相契合。

1. 奉献

“奉献”是志愿者以无偿奉献独特方式，推动人类文明发展。奉献精神是高尚的，是志愿服务精神的精髓。志愿者在不计报酬、不求名利、不要特权的情况下参与推动人类发展、促进社会进步的活动，这些都体现着高尚的奉献精神。

2. 友爱

“友爱”是志愿者跨越人类一切障碍与差异，传递关爱，使社会充满温暖。志愿服务精神提倡志愿者欣赏他人、与人为善、有爱无碍、平等尊重，这便是友爱精神。志愿者之爱跨越了国界、职业和贫富差距，没有文化差异，没有种族之分，没有收入高低，是一种平等之爱，它让社会充满了阳光般的温暖。如医者仁心，他们不分种族、政治及宗教信仰，为受天灾、人祸及战火影响的受害者提供人道援助，他们奉献的是超国界之爱。

3. 互助

“互助”是志愿者以爱心、所长助人自助，促进社会和谐。志愿服务包含着深刻的互助精神，它提倡“互相帮助、助人自助”。志愿者凭借自己的双手、头脑、知识、爱心开展各种志愿服务活动，帮助那些处于困难和危机中的人们。志愿服务者以“互助”精神唤醒了许多人内心的仁爱和慈善，使他们付出所余，持之以恒地真心奉献。“助人自助”帮助人们走出困境，自强自立，重返生活舞台。受助者获得生活的能力后，也会投入关心他人、帮助他人、为社会做贡献的志愿活动中，这些志愿活动都涵盖着深刻的“互助”精神。

4. 进步

进步精神是志愿服务精神的重要组成部分，志愿者通过参与志愿服务，使自己的能力得到提高，同时促进了社会的进步。在志愿活动中无处不体现着“进步”的精神，正是这一精神使人们甘心付出，追求社会和谐之境的实现。

（二）志愿服务精神的原则

开展志愿服务应当遵循自愿、无偿、平等、诚信、合法的原则，不得违背社会公德、损害社会公共利益和他人合法权益，不得危害国家安全。

1. 自愿参加

自愿原则体现了两个方面的意思：一是任何组织和个人不得胁迫他人从事志愿服务；二是志愿者参加志愿活动具有自觉性，是主动的，而不是被动的，是自觉的，而不是被强迫的。只有“自愿”才能成为“志愿者”，只有“自愿”才能发自内心地积极参加志愿活动，只有“自愿”才能调动志愿者的积极性和主动性。因此，自愿是开展志愿服务活动的前提。

2. 无偿帮助

无偿原则，指的是一切志愿活动都不得收取任何费用。志愿服务不应该被当成达到其他目的的手段。志愿者在提供志愿服务时应该始终坚持利他和公益的基本出发点。志愿者服务可以获得回报，但是不应该以获得回报为基本目的，即使完全没有回报，也应坚持志愿服务。因此，无偿是从志愿服务的动机而确定的志愿服务的基本原则之一。

3. 人人平等

在公益活动中，志愿者对救助对象应一视同仁。同时，志愿者和受助者之间也是互相帮助的平等精神，志愿者不应有“施与”和“救世主”“赠与”的心理和态度。志愿者在活动中不能高高在上，要对受助者尊重和爱护，保护他们的隐私，尊重他们的人格，保障他们的权益不受侵犯。同时，被救助对象之间也是平等的。人与人之间，虽然有种族、信仰等的不同，但都是平等的，志愿者在活动中要树立人人平等的意识，不能厚此薄彼。

4. 讲求实效

讲求实效首先就是要办实事。志愿者行动的出发点和立足点，就是要上为政府分忧，下为群众解难，为社会、为群众办实事。其次是要在志愿服务中狠抓落实。面上的示范性的活动要搞，但工作重点是狠抓在基层的落实。志愿服务只有落实到基层，落实到具体人、具体事，真正成为基层广大志愿者的经常行为，才有生命力和发展前途。最后是求实效。求实效集中表现为在实践中使社会和群众体验并享受到志愿服务的成效。这三点缺一不可。

5. 合理合法

志愿服务要遵守我国的一切法律法规，上至宪法、民法、刑法、民事诉讼法，下至志愿服务条例、中国注册志愿者管理办法，皆需要遵守。而且，近年来志愿服务越来越规范化和制度化，青年学生在志愿服务的过程中，要严格按照流程操作，听从组织安排，切不可单独行动。

6. 量力而行

对青年学生来说，要进行志愿服务活动，还要注意量力而行。要根据公益组织自身的人力、物力和财力允许条件的程度来开展工作。志愿服务要从自身的实际出发，从社会需求的实际出发，将主观愿望和客观实际结合起来，将社会需求和服务能力结合起来，实事求是。对于自己能力有限无法承担的工作，要主动提出，不可强行接受。

拓展阅读

志愿者注册程序

1. 申请人直接到开展志愿者注册工作的团组织、志愿者组织提出申请或通过网络、通信等方式提出申请，填写《志愿者注册登记表》。

2. 注册机构对申请人进行审核。

3. 审核合格，注册机构向申请人颁发注册志愿者证章。注册机构可根据实际需要，为注册志愿者编制本地管理服务号码。

爱国主义与劳动

爱国主义与社会服务性劳动教育

社会服务性劳动教育是培养公民爱国主义情感和社会责任感的重要途径。爱国主义与社会服务性劳动教育之间存在着以下紧密联系：

（1）培养对国家和社会的关心：通过参与社会服务性劳动，个人可以更深切地了解社会中存在的问题和需求。这有助于培养他们对国家和社会的深切关心，这是爱国主义情感的核心。

（2）培养社会责任感：社会服务性劳动教育强调对弱势群体的关心和支持。通过服务他人，个人培养了社会责任感，这是爱国主义情感的一部分，因为它表现出对国家社会的贡献和关心。

（3）参与国家和社会发展：社会服务性劳动使个人有机会积极参与国家和社会的发展。通过自己的工作和奉献，他们为社会进步、减少社会不平等和提高社会福祉作出贡献，这是爱国主义情感的实际表现。

（4）培养合作和团队精神：社会服务性劳动通常需要与其他志愿者一起合作。这有助于培养团队合作、沟通和协作的技能，这些技能在社会和工作生活中都非常重要。

（5）扩大社会视野：通过参与社会服务性劳动，个体可以更好地了解社会的多样性和复杂性。这有助于他们更全面地了解国家的多元文化和社会层面，培养对国家的深切爱国主义情感。

通过参与社会服务性劳动，个人不仅可以为国家和社会的福祉作出贡献，还可以培养对国家和社会的深切热爱和责任感，而这正是爱国主义的深刻体现。

思政之窗

服务东博会的00后志愿者：我们与东盟国家的故事刚刚开始

8个入口、4个出口、3条人工通道，中国－东盟博览会举办期间，广西民族大学相思湖学院2021级学生唐瑛蔓参与了出入口证件查验和引导工作。

9月16日至19日，第20届中国－东盟博览会、中国－东盟商务与投资峰会（以下分别简称“东博会”和“峰会”）在广西南宁举办。场馆内外，来自广西大学、广西民族大学和南宁师范大学的938名志愿者在各自岗位保障会议顺利举行。

“以更好的自己服务更多的人”

9月16日，天还没亮，唐瑛蔓就已经从床上爬起来，准备出发前往南宁国际会展中心。5点半，199名志愿者准时在校门口集合乘车出发。唐瑛蔓所在的门禁管理岗是所有志愿者里每天最早开工的岗位。

“虽然我们工作时间较长，但始终保持热情和笑容。”唐瑛蔓知道，他们守住的是展会的第一道安全关，也是不少参展商和观众对本届东博会的第一印象。

参加志愿者培训时，唐瑛蔓用笔记下：“做一个可信、可爱、可敬的志愿者，以更好的自己服务更多的人。”东博会期间，她始终朝着这个目标努力。

展会期间，有一次入口闸机突然停电，唐瑛蔓立即对接工作人员和电工，并向排队的观众解释，安抚大家的情绪。10分钟后，闸机恢复供电，排队等候的观众也始终保持着良好的秩序。

“大家都很紧张，但我要成为那个情绪稳定的人，积极主动地沟通。”唐瑛蔓坦言，那一刻她感受到了面对突发状况时的责任感，要懂得换位思考，保持心态平和，这是东博会带给她最大的收获。

在志愿服务中沉浸式感受东盟氛围

上午8点半，广西大学外国语学院的黎丫准时到达新闻中心，他和3名小伙伴一起负责对接媒体和嘉宾的采访，为自助工作区的媒体记者提供服务和帮助。此前，黎丫一听说东博会招募志愿者的消息就报了名。

新闻中心设有媒体专访间，黎丫要提前联系媒体记者和受访嘉宾，确认到达时间，提前确认好电路和灯光设备。“我们的工作就是要确保采访顺利进行。”黎丫观察到，不少受访嘉宾是中国贸易、金融方向的企业代表，“不难看出中国和东盟的经贸往来故事很多”。

“东盟国家的人们和我们一样都是黄色的面孔，只不过眼窝更深了一些，胡子更多了一点。”9月7日，林锦冰开始在东博会物流管理岗从事志愿服务，负责协助办理运输车证，帮助展商的车辆顺利进入会展中心。“他们和我们一样，待人友善而且真诚，遇到问题也会和和气气地与我们沟通解决。”林锦冰说。

林锦冰是南宁师范大学大三学生，目前正在学习汉语国际教育专业。对她来说，这次志愿服务经历是一场专业的“大练兵”。“毕业后我打算走上国外讲台，做传播汉语和中华文化的使者，提前和外国友人接触，可以帮助我了解他们的沟通方式和文化习惯。”林锦冰说。

在等待手续办理的空暇时间，一些展商也会和林锦冰交谈。据林锦冰观察，中国参展商更多是把重型机械、新能源汽车等展品带到东博会，来自国外的展品大多数是咖啡、家具、水果等日用品和食品。

“我实实在在地感受到了我国实体经济的发展，感受到了我们的中国‘智’造已经走在世界前列，才能吸引这么多外国人来到南宁，来寻求合作的机遇。东博会也为我们了解更多的东盟特产和商品打开了一扇窗。”她说。

00后志愿者和东盟国家的故事未完待续

智能制造设备、新能源汽车、VR驾驶体验……场馆志愿者韦倩媛着实被数字设备馆展厅震撼了。谈起这几天的感受，韦倩媛感觉“科技强国”“碳达峰”“碳中和”这样的词汇并不遥远。

震撼之余，来自广西大学外国语学院的韦倩媛对待志愿服务工作并不含糊。每天晚上她都坚持练习英语口语，特别是涉及专业技术词汇的表达。她是数字设备馆里的展厅联络志愿者，为参展人员做指引工作。在她看来，简洁流利的英语口语表达是不可或缺的能力。

“水，我想要这个，哪里可以买到？”一名越南小伙指着手机里的图片，用不太流利的中文向韦倩媛求助。她发现，东博会期间，不少外国人都主动用中文与志愿者交流。

“刚开始我觉得他们可能是入乡随俗，到中国就学了几句中文，后面我觉得并没有那么简单，他们明明都带有翻译，可自己依然要用中文表达，甚至有很多人的中文很流利。”韦倩媛说。

同样被外国人的友善感染到的还有在马来西亚国家馆做志愿者的浦智玲。浦智玲是一名大三学生，因为看重广西的区位优势，所以选择了在广西民族大学学习马来西亚语。这次东博会让她的专业也有了用武之地。

第一次在正式场合和外国人交流，浦智玲和她的同学们难免有些紧张。“去之前我们有很多担忧，害怕我们的马来西亚语不够流利，害怕做不好这份工作。”浦智玲坦言。但真的到了马来西亚国家馆，情况却和浦智玲预想的“天差地别”，“就算我们的表达出现一些小错误，他们也会微笑着纠正我们”。

浦智玲发现，不论观众穿着正式与否，也不论观众是否熟练掌握马来西亚语，只要走进马来西亚的商品馆，他们都会热情地邀请人们尝一尝他们的特色产品。

本届东博会落下帷幕，浦智玲手里攒下了很多马来西亚客商的名片，“在听到我的马来西亚语很流利后，他们都希望我毕业之后去他们那里试试。”这次志愿活动也让浦智玲对未来的就业充满信心。

10 月，浦智玲将前往马来西亚留学。东博会期间，一名马来西亚客商和她互相留下联系方式，并邀请她到家中做客，品尝正宗的马来西亚菜和咖啡。

“我和东盟国家的故事才刚刚开始。”浦智玲觉得，从东博会的志愿者成为中国－东盟交流合作的参与者，这之间的距离并不遥远。

（来源：服务东博会的 00 后志愿者：我们与东盟国家的故事刚刚开始，中国青年报 2023 年 9 月 20 日）

劳动教育成长评价手册

请参加一次慰问孤寡老人的活动，然后按要求填空，完成下面的劳动教育成长评价手册。

劳动教育成长评价手册

劳动主题	慰问孤寡老人
所需材料及工具	提前买好水果、糕点、营养品，有条件的备一些米面。 准备一些清洁用具。
劳动过程	1. 把带来的礼品送给老人。 2. 陪老人聊天，让老人回忆起美好的往事，多注意倾听。 3. 帮老人打扫清洁，擦桌子，扫地拖地。 4. 帮老人捶背、按摩。 5. 为老人表演文艺节目，让他们感受到社会的善美与关爱。
劳动照片	

续表

自我评价	
家长评价	
教师评价	
我的感悟和收获	

9 项目九 劳动安全认知

学习目标

知识目标

△了解劳动安全的概念。

△了解劳动安全的重要性。

能力目标

△熟悉劳动安全的主要内容。

△熟悉和掌握社会实践劳动安全的主要内容。

△熟悉和掌握职业体验劳动安全的主要内容。

素质目标

△提升对劳动安全的认知。

△增强劳动安全意识，热爱劳动，享受劳动。

榜样引领

时刻不忘安全的金牌技师

“陈师傅，您在日常作业中把什么放在首位？”

“安全！”中国铁路南宁局集团有限公司南宁电务段南宁车载设备车间信号工陈辉宁毫不犹豫地说。

金牌技师陈辉宁还有一个亮眼的成绩，那就是在25年的职业生涯中一直保持着零违章的纪录。

2001年，24岁的陈辉宁从该段玉林中修工区被抽调到玉林机车信号工区，这是他第一次接触到车载信号设备。后来，随着工作阅历的不断积累，车载信号许多岗位都出现过他的身影。2017年，他再次迎来新变化——来到玉林车载测试工区。与最初东奔西跑的中修“特战队”不同，如今他主要负责机车出入库检修、车载设备数据测量及数据换装，工作场所也从露天的沿线变成了狭小封闭的机车内部。

相比现场信号设备，车载信号设备的检修更频繁、标准更严苛，工作项目也更趋精细化。假如车载设备出现故障，必须扣下整台机车查找故障原因，而不仅仅是停用故障设备。直到故障处理完毕并试验良好后，机车才能出库运用。

保安全，必须遵守规章。“三不离”是信号岗位三项安全制度的其中一项，“三不离”中的“工作完了，不彻底试验良好不离”，要求信号人员在作业完毕后，必须进行全面试验，以确保设备性能良好。但何为“彻底”，当时初到车载设备新岗位的陈辉宁在一次教训中才真正明白其中的含义。

有一天，他需要更换一台内燃机车的速度传感器。放置车载设备的机械间就在柴油机隔壁，温度接近60摄氏度，完全就是个锅炉房。尽管不需要露天作业经受日晒风吹，但他时常穿梭在温度极高的机车“肚子”里，汗也没少流。每作业十几分钟，他就得出来透口气，才开工不久，后背就湿了一大片。在核对设备接线时，有一处安装标识有些模糊，正在经受高温“烤验”的他只想着赶快收工，便急匆匆地挽起袖子干活。结果，机务人员在进行最后的试验时发现，陈辉宁竟换错了设备。“如果当时我按章作业，就一定能避免这个错误。”虽然错误最终被及时纠正、没给行车安全带来影响，但他每每想起，仍然心有余悸。

那些年，在线路上运行的内燃机车不在少数，由于使用时间长，设备逐渐变得老旧，安装标识上的字免不了会产生磨损。加上早些年内燃机车的设计理念不够科学完善，机型杂、差异大，检修人员如果不按章作业就很容易出错。“现在我们工区主要以检修电力机车为主，电力机车比内燃机车的设计更加人性化，也让我们的检修工作更安全便捷。”陈辉宁说。随着铁路的改革发展，电力机车逐渐成为运输舞台的主力。但无论检修什么种类的机车，陈辉宁都深刻意识到：安全高于一切，必须时刻小心行事。

吃一堑，长一智。掉过“陷阱”的陈辉宁狠下心来改正作业陋习，把当初的风险“绊脚石”变成了后来的安全“垫脚石”。他也真正明白，所谓“彻底”就是没有遗漏、毫无差池。

2021 年，在一次临时任务中，工长容健安排陈辉宁和一位同事更换一台电力机车的车载数据。短短 10 余分钟他们便完成了数据换装，只差最后一步——对车载数据进行人工校核试验。从机车返回班组，陈辉宁一边盯着电脑上的数据，一边对照着手里的数据换装表，突然发现换装的数据存在错误，他和同事立刻赶回机车返工。“在作业过程中我们无法保证绝不出一点差错。但我相信，只要我们认真细心、试验彻底，做好每一步，就一定能有效防范风险。”陈辉宁十分确信这点。

2022 年，工区正式启用了专业的车载数据核对设备，只需把拷贝好的数据录入新设备，便可完成数据换装试验。“机控比人控更高效可靠，作业方式的更新换代让我们的活儿越干越轻松。但无论方法怎么变，安全永远是底线。”把遵守规章制度当作安全“垫脚石”，陈辉宁有自己的工作体会，他也被大家视为榜样。

“做到零违章没什么诀窍，就是坚持。怎么规定就怎么干，绝不会有错！”陈辉宁坚定地说。

（来源：时刻不忘安全的金牌技师，铁路之家 铁路新闻 2022 年 7 月 11 日。）

任务一 劳动安全概述

任务工单

开展劳动安全研讨班会

一、活动宗旨

1. 通过实践活动，加深学生劳动安全的认识。
2. 通过讨论剖析，使学生意识到“安全第一”必要性。
3. 通过实践活动，引导学生认识“安全大于天”，形成在劳动前做好安全准备的习惯。
4. 通过实践活动，让学生掌握科学的劳动方法，掌握自我劳动保护的知识。

二、活动实施

1. 在班级中自由分组，在研讨班会开始前，各组分别查阅劳动安全相关知识。

2. 研讨班会上，各组派出一名代表，对所查阅的劳动安全知识在班级中进行分享讨论，发言结束后其他组成员对不全面的知识可进行补充，对有不同见解的知识可进行研讨。

3. 小组中除研讨代表外，其余人做研讨记录，将组员提前查阅的知识进行补充完善，对重点知识进行标注。

4. 进行班会总结，全班同学对研讨后的结论进行汇总分析。

三、活动分享

将最后的知识汇总，通过微信、微博等渠道进行分享发布。

一、劳动安全的概念

劳动安全，又称职业安全，是劳动者享有的在职业劳动中人身安全获得保障、免受职业伤害的权利。劳动安全具体是指在生产劳动过程中，防止中毒、车祸、触电、塌陷、爆炸、火灾、坠落、机械外伤等危及劳动者人身安全的事故发生。忽视劳动安全工作可能导致严重的后果，不仅对个人造成伤害，还对相关企事业单位、国家和社会带来不负责任的后果。

劳动安全绝不是小事。一个可怕的例子是，一名毕业于重点大学的理工科学生，在工作的第二天，在未经核准的情况下合上电闸，导致两名检修师傅触电身亡。这是一起令人痛心的事故，教训深刻。这种悲剧提醒我们大学生必须树立起强烈的劳动安全意识，时刻关注劳动安全的重要性。

每个人都应该认真对待劳动安全，采取预防措施，包括遵守操作规程、使用必要的个人防护装备、避免忽视警告标志和实施安全培训等。同时，相关企事业单位也有责任提供培训、制定安全操作规程、提供必要的防护设备，以确保员工的劳动安全。

二、劳动安全的重要性

劳动安全是一个恒久的课题，它与每位劳动者、每个家庭、每家企事业单位，乃至整个国家和社会都紧密联系着，劳动安全具有举足轻重的意义。

（一）劳动安全对大学生的重要性

大学生是社会劳动生产中的重要组成部分，是社会主义事业的建设者和接班人，普遍受到过良好的高等教育，肩负着振兴中华的光荣使命，是国家的未来和希望，确保大学生劳动安全是一项非常重要的工作。当代大学生长期生活在相对单纯的校园环境中，对劳动安全的重要性体会不深、工作经验不够，劳动安全意识不强。劳动安全对大学生的身心健康、个人成长和事业发展有着决定性的作用。忽视劳动安全的重要性，必然会导致劳动安全事故和职业病害的发生。一旦发生劳动安全伤亡事故必将产生一系列的问题，给大学生造成不可逆转的身心痛苦，给其家庭带来沉重的经济困难和生活负担，给企业造成财产损失，给社会造成不良影响。所以，我们必须高度重视大学生劳动安全。

（二）劳动安全对企业的重要性

大学生参与劳动的过程中一旦发生劳动安全事故，不仅大学生本身遭受影响，同时对其他劳动者也会带来不可避免的伤害。一方面会给企事业单位造成直接的经济损失甚至其他人员伤亡；另一方面，这些劳动安全事故还需要花费非常大的人力、物力、财力和时间、精力去处理，并需要很长的时间来消除劳动安全事故给企业和所在学校带来的负面影响，尤其是群体性劳动安全事故，带来的影响更大。劳动安全是企事业单位提高经济效益的基础和保障，大学生劳动安全对企业的经济效益和高校的办学效益都有着密切相关作用。没有劳动安全就没有效益，要以安全保效益。必须坚持“安全第一”的原则，以效益促安全，不能顾此失彼，也不能厚此薄彼。如果效益的短暂提升导致劳动安全方面出了问题，经济发展也会大受影响；如果只抓安全，不注重效益提高，在劳动安全方面的投入便无法保证，安全自然也无从谈起。只有平衡好两者之间的关系，一手抓安全，一手抓生产，才能取得良好的经济效益和社会效益。

（三）劳动安全对国家和社会的重要性

劳动安全是我们党和国家在生产建设中长期坚持的一项重要政策措施，是建设社会主义文明的主要内容和基本要素。保护大学生在劳动过程中的安全、健康，是关系到保护大学生切身利益的大事。伤亡事故和职业病害，不仅让大学生本人身心受到伤害，给其家庭带来不幸，也会对国家经济发展和社会长治久安带来不良影响和阻碍，给社会大众心理造成阴影。劳动安全事故一旦发生，后果不堪设想。如果处理不当，就会激化社会矛盾，影响国家的稳定和安全。因此，做好劳动安全是保障国家和社会安定，促进经济发展的一件涉及面很广的大事。

案例

劳动安全重要性案例

以下是一些关于劳动安全的案例，这些案例凸显了劳动安全的重要性以及可能的后果：

（1）建筑工地事故：一名工人没有戴好安全头盔，结果在工地上被掉落的重物击中头部。这个案例突显了在建筑工地上遵守安全规定的重要性，以防止严重的头部伤害。

（2）工厂化学品泄漏：在一个化工厂，一种有害的化学品泄漏，因为操作员没有正确操作设备或戴上适当的防护装备。这次泄漏导致了多名工人中毒，甚至可能引发爆炸或火灾。

（3）办公室事故：一名员工在办公室内不小心绊倒，因为地板上有散落的文件和电缆。他摔倒后导致手臂骨折，这个案例提醒了人们保持办公室的整洁和避免危险的物品放置方式。

（4）医疗机构的传染病暴发：由于医护人员没有正确使用个人防护装备，一家医疗机构内暴发了传染病。这个案例强调了在医疗环境中遵循严格的感染控制措施以保护员工和患者的重要性。

（5）农业意外：一个农场工人在使用农用机械时没有遵守安全规定，结果手臂被割伤。这个案例突出了在农业工作中遵循安全操作程序的重要性，以减少受伤的风险。

（6）建筑工人高处坠落：一名建筑工人在高楼建设工地上没有正确系好安全带，结果从高处坠落。幸运的是，他幸存下来，但这个案例强调了在高处工作时的严格安全措施的必要性，以防止致命的坠落事故。

案例思考：这些案例说明了劳动安全对员工和工作场所的重要性。事故和违反安全规定可能导致严重的伤害、生命危险甚至死亡，因此必须采取措施来预防这些情况发生，确保工作环境安全。

三、劳动安全的主要内容

在校大学生平时以书本知识学习为主，实践动手机会不多，存在劳动安全认识缺乏、劳动责任心不强、劳动安全意识缺乏、劳动安全基本知识和处理劳动安全事故应变能力不够等问题。做好劳动安全工作，必须先认真接受劳动安全培训教育再进行实践教学，熟悉并掌握劳动安全操作规程，遵守劳动管理规定，加强劳动安全知识学习，增强劳动自我保护意识，掌握应急处理岗位事故急救技术和应急措施等，从而确保安全、顺利地劳动。

（一）劳动安全保护

我国的《中华人民共和国劳动法》第六章、第七章专门就劳动安全卫生、女职工和未成年工特殊保护作出明确规定，其他相关法律法规制度制定了具体的劳动安全技术规程，从制度上为劳动安全提供保障，我们必须认真学习，严格执行，以切实保护劳动安全，防止和消除劳动和生产过程中的伤亡事故，减少和预防对生产设备的破坏。安全技术规程主要包括机器设备安全、电气设备安全、压力容器的安全、建筑工程安全、交通道路安全，等等。

（二）劳动卫生保护

我国的劳动卫生方面的法律法规制定了劳动卫生相关规程，旨在保护劳动者在劳动生产过程中的身体和心理健康，避免有害、有毒劳动物质和劳动环境的危害，防止消除工业中毒和职业病害等。主要有防止粉尘危害、防止毒害物质危害、防止噪声强光危害、个人劳动保护用品的供给、防暑防寒、通风和照明，等等。

拓展阅读

安全目视化管理

安全目视化管理，包括员工安全操作标准目视化、设备运行状态目视化、特种作业设备目视化、安全警示标识、工艺及方法安全性目视化等。

1. 员工安全操作标准目视化

为了提高员工的安全操作技能，需要对所有的作业编制安全操作规程，以规范员工行为，尤其对实习生和特种作业人员。

2. 运行状态目视化

从设备点检表着手，随时记录设备的运行状态，防止设备带故障作业，特别是行车等特种设备，一旦发生故障将会带来严重的后果。通过设备运行状态目视化、设备点检能及时地发现隐患，消除危险因素。

3. 特种作业设备色标管理

例如，起重作业作为特种作业，其安全性必须得到保证，这就要求吊具在使用过程中必须完好无损。因此，应进行吊具色标卡管理，对吊具定期进行更改、点检，及时有效地排查吊具安全隐患。

4. 安全警示标识

针对人员、机器、材料、方法、环境5个方面的危险因素设置安全警示标识，例如：高空楼梯处张贴“禁止攀爬”警示标识；钻床上张贴“不得戴手套”警示标识；电控柜上张贴“高压危险”警示标识；物料摆放设有安全警示线；装配下线处设有“人员作业、不得启动”警示标识；密闭空间设有“受限空间，不得进入”警示标识。

5. 工艺、方法安全性目视化

从作业标准、指导书入手，在下发作业标准之前，必须进行安全审核，以确保作业方法的安全性。

任务二

社会实践劳动安全

任务工单

班组现场安全管理该如何做

一、活动目标

根据5S素养，结合专业实习经验，掌握现场安全管理的关键点，为未来进入职场的作业现场安全管理奠定良好基础。

二、活动时间

建议30分钟。

三、活动流程

1. 教师按照6～8人把学生划为一组，要求每名学生必须提出至少3个有建设性的建议。

2. 所有人带着“班组现场安全管理该如何做”的问题查找相关资料，并把自己的建议逐一记录下来。

3. 小组成员集体头脑风暴，通过小组内部讨论形成小组观点，列出本组认为的关键点及其原因。

4. 每组选出一名代表分享本组观点，其他小组可以对其进行提问，小组内其他成员也可以回答提出的问题；通过问题交流，将每一个需要研讨的问题都弄清楚。

5. 教师进行分析、归纳、总结。

6. 教师根据各组在研讨过程中的表现，给予点评并赋分。

社会实践劳动安全是指在参与社会实践活动期间，确保大学生在各类场合及工作中的人身安全、身体健康以及免受职业伤害的各项措施和要求。社会实践活动通常涉及各种场合和工作任务，因此，劳动安全在社会实践中尤为重要。

在社会实践中，劳动安全是保障大学生权益和健康的关键因素。只有通过充分地准备、培训和遵守安全程序，才能确保社会实践的顺利进行，同时降低潜在的风险和伤害。

一、出行交通安全

（一）乘坐交通工具安全

1. 列车

列车按运行速度和停靠站点情况分为高铁、动车、特快、直快、普快、城轨等类别，具备费用低廉、速度均衡、安全可靠、准时等优点，同一车次按舒适程度可以分为硬座，软座、硬卧、软卧等不同票价的座位。

进站上车时，要通过安检并走规定的车站检票口接受车站工作人员的查验。

因为列车速度快，风力大，进入列车月台候车时应站在站台标识的白色或黄色安全线以内，以免发生危险。

应在工作人员的指导下依次登车，杜绝拥挤、插队。

随身携带的行李，应平稳存放在指定的行李架上，以免砸伤其他乘客。同时，乘坐列车应注意饮食卫生，保管好自己的行李财产物品，严禁携带易燃易爆等危险品上车。

2. 汽车

汽车是目前重要的出行工具，具有方便快捷等特点。

乘坐汽车要听从司机或乘务员的安排，有序登车；汽车行进过程中要系好安全带；不要把头或手伸到窗外；不要在车内吸烟；按规定存放行李，不携带易燃易爆等危险品上车；不乘坐超载、车况不好的汽车；在汽车未停稳时，不要急于下车。

3. 飞机

飞机是各种交通运输工具中最快捷的一种出行方式。乘坐飞机前必须仔细阅读乘机注意事项，配合机场人员办好安检和登机手续。飞行中遵守航司规定，听从乘务人员安排，飞机起飞和降落的时候有超重和失重的情况，飞行过程中有可能出现失重和气流颠簸，孕妇、刚动过手术、心脑血管疾病患者、呼吸系统疾病患者、重度传染病患者、精神病患者等容易出现问题，如抢救不及时还有可能危及性命，乘坐飞机时一定要注意以上情况。

4. 船

为了确保乘船安全，旅客应该注意以下几点：

不要携带易燃、易爆、有毒、腐蚀性、放射性等危险品上船。熟悉救生衣、救生圈和消防设备的位置，以及安全逃生通道。穿着救生衣时，应先套入头部，卡扣式救生衣要锁住卡扣。在航行过程中，请不要随意走动或跨越栏杆，避免发生危险。上下船时，请排队有序进行，以免发生意外。避免在恶劣天气如大风、大雨时乘船。在船上保持安静，遵守船上规章制度，如不触摸危险品，不攀登安全护栏。不乘坐没有安全合格证书或超载的船只。在紧急情况下，请听从船上工作人员的指挥。在遇到紧急情况时，应迅速有序地撤离。

（二）市区内出行安全

在市区内出行，应自觉遵守城市交通规则，如为步行则必须走人行道，穿过道路要走斑马线、天桥、地下人行通道等，严禁行人步入机动车道和非机动车道，也不得随意横穿，特别不能翻越隔离绿化带或道路隔离栏杆穿越道路。多次转乘交通工具，中途换车停车不宜远离车站。

（三）晕车、晕机、晕船的预防

（1）服用甲氧氯普胺、茶苯海明等。在开车前 10 ~ 15 分钟服用，严重者可适当加量服用。2 小时后又晕者，可再服 1 次。

（2）用风油精涂擦太阳穴或风池穴，也可在肚脐内滴入风油精，并粘贴覆盖伤湿膏。

（3）不宜过饥、过饱；不宜吃不易消化的、油腻的食物；可根据自己的体质实际情况在旅途中采用方便、合适的防治方法：用小塑料袋装入切片鲜姜，随身携带，乘车时置于鼻下。也可在肚脐上固定鲜姜片；或将鲜橘子皮挤汁，置于鼻下；如条件具备，可以乘车前 5 ~ 10 分钟饮用一杯加有少量食醋的温开水；乘飞机时可以嚼食口香糖，让嘴巴处于经常开合的状态，以减低内耳压力。

出行前尽量做到以下几点，可减轻不适：一是放松精神；二是睡眠足够；三是不要盯着窗外的景物看，不要看手机、书报，不玩扑克牌等；四是选取靠窗座位并与行驶方向保持一致，多呼吸新鲜空气。

二、人身财产安全

做好自身的安全。注意防盗抢、防骗、防毒，保证劳动途中人身财产安全。

（一）人身安全

做好以下几点，保障人身安全：

（1）结伴同行。结伴同行相互照应，可以大大减少危险。应避免深夜单独外出和到比较偏僻少人的场所活动；与陌生人会面的时候尽量约见在闹市区或自己熟悉的安全区域，发现对方有异常言行应立即终止会面马上离开，遇到纠缠时就近寻求帮助。面对身体侵扰应保持冷静、机智果敢，伺机逃脱寻求帮助。

（2）严禁接受陌生人的香烟、食品等，以防食物中毒；如遇陌生人攀谈搭讪，应尽量回避，防止被拐骗；如果发现对方行为可疑，一定要到人多的地方，尽量不要与其同行；有人刻意打听你的家人、地址等个人信息时，应提高警惕，学会转移话题，做好保密工作。

（3）注意饮食卫生。选择正规商店购买食品，食用前一定要查看保质期限，胀包、过期的食品严禁食用，以免影响身体健康；在外清淡饮食，严禁酗酒；随身准备治疗感冒、防止晕车呕吐、止泻的药物。

（4）外出时锁好门窗，切断各类无须连通电器的电源；不要随意留宿外来人员；入睡前应将房门关严，拧上保险，严防盗贼进入；严禁赌博等违法活动。

（5）注意用火安全。使用天然气、液化气前应检查泄漏情况，使用完毕后应关闭气阀，严禁将钢瓶倒卧或用高温加热的方法使用。如油锅炒菜着火，应直接盖上锅盖，采用窒息灭火或投入生鲜蔬菜冷却灭火的方式灭火，切忌用水灭火。燃气着火时，应使用浸湿的抹布等铺盖灭火，并迅速关闭气阀，开窗通风。

（6）防止落水。在湖泊或水塘周边活动时应注意远离水面区域，保持安全距离，防止落水。

（二）财产安全

（1）保管好行李、钱物等，随身携带好自己的行李物品。不要随意在外掏钱包、数钱，无遮挡地输入银行卡或微信钱包密码，以免被人盯上。不要随意挂放背包或衣物，将背包放于体前防止被割包。现金最好分两笔以上存放；大面额的放在贴身衣物内，少量零用钱放在钱包或外衣口袋中；如有大额现金应及时存入银行。身份证、银行卡、银行卡密码应分开存放，尽量不使用自己和家人生日等容易破解的数字作为银行卡密码，如刷卡或电子支付须妥善保管好密码。

（2）乘坐公交车辆时不要打瞌睡，避免与人拥挤、纷争；控制好奇心，不凑热闹；把贵重物品放贴身处，电脑尽量不要放在电脑包里，目标太大容易被人盯上；如遇小偷，应保持高度警惕，适度提醒同行人员，并尽快报警。

（3）收到“中奖、包裹邮递”等疑似虚假信息时，一定要保持心态平稳，切不可落入诈骗陷阱。

三、用电安全

用电安全需要注意以下几点：

（1）不靠近高压带电物体，远离室外高压线、变压器等。

（2）不用湿手触碰电器、拨动开关、插入或拔出插头。

（3）发现电器、电路有异响、发热、焦味、煳味，应马上断开使用电器、电路；安装电器注意绝缘；检修电器时，要站在绝缘体上并切断电源。

（4）保险丝不可用其他材料代替，不要超电路负荷使用大功率电器。

（5）严禁私拉乱接电线，不可在任何场合乱拉电线并使用。

（6）安装防触电保护器，并定期检验其灵敏度，严禁使用不合格电器。

拓展阅读

学生实习实训期间的各种安全保护

1. 防创伤防噪声

理工类专业（如机电工程、汽车加工、土木工程等）往往会开设金工实习、建筑勘测等实训课，在实训进行时，很容易由于操作不当，从而导致一些意外伤害发生。同时，也会产生较大的噪声，长期生活在噪声很大的环境中，人会感到疲倦不安、思想不集中，甚至造成耳鸣、耳聋等严重后果。

（1）在有较大噪声环境中进行实训时，应注意个人防护，如佩戴耳塞、耳罩、耳棉等。

（2）严禁在进行弹、喷、射击等实训时对着人，以防伤人。

（3）用钻孔器、锥子、针等切割和穿透物品时，不应以另一只手给物品作垫层，以免穿透时手被机械击伤。

（4）不能把手插进螺孔或管子中，以防被毛刺刮伤。

（5）要正确使用玻璃器材。

（6）在室外等地进行实地勘测等实训时，要严格按照指导老师的安排操作，严禁拿实训器材作为玩耍工具，来开展一些与实训无关的活动。

（7）备好急救药品箱，配备实训室一般伤害处理药品，以备急用。

2. 防触电防辐射

实训室的电线、电气设备相对于宿舍和家庭的要复杂得多，在实训室进行实训，防触电的意识应该更强一些。实训室辐射的范围也比较广，例如电磁辐射和放射性辐射，应注意防范。

（1）实训前，要对各种移动电器和线路认真检查，确保绝缘良好。所有金属外壳电器应接上地线。

（2）电线或电器盒盖破损要及时修复，以免高压导线裸露伤人。

（3）学生在实训中接触放射性物质时，应将放射性物品存放在防辐射箱内，使用完后必须及时入库保管。

3. 防科研泄密

（1）科研项目数据和成果的安全。实训室承担保密科研项目，如基础及应用研究的测试数据、分析结论、阶段成果和各种技术文件，均要按科技档案管理制度进行保管和使用，不得擅自提供给他人，不得将实训成果带出实训室，防止意外丢失造成泄密。

（2）实训室内保密项目的实训场地，不得擅自对外开放，带人参观要经领导批准，并划定参观范围。

4. 防菌、防中毒、防腐蚀

实训室防菌、防中毒主要是对有害的细菌、真菌和病毒、有毒试剂等的防范，防止由于误食有毒药品、误吸有害气体等造成身体伤害甚至生命危险。

（1）严格按照实训程序、实训室的管理规定和指导老师的安排进行实训操作。

（2）正确全面认识剧毒物品的危害性和操作方法，试剂需要多少领取多少，剩余的要退还或在实训室里妥善处理好，不能出于好奇或其他目的私自领取存放。

（3）实训完毕后，要妥善清理实训器材，该销毁的要安全焚烧销毁，该高压高温杀菌消毒的要严格执行，以免以后造成安全事故。

任务三

职业体验劳动安全

任务工单

安全标志大讲堂

一、活动目标

帮助学生认识各种安全标志，以提高安全意识。

二、活动时间

建议30分钟。

三、活动流程

1. 教师将学生按照禁止标志、警告标志、指示标志、提示标志、补充标志分组，建议每组4～6人。

2. 各组搜集本组负责的安全标志，并讨论分享时的表达方式，每个安全标志要解释其用途。

3. 各组轮流分享本组负责的安全标志，越全越好，其他小组可以对该组进行提问，小组内成员都可以回答提出的问题；通过问题交流，将每一个需要研讨的问题都弄清楚。

4. 教师进行分析、归纳、总结。

5. 教师根据各组在活动过程中的表现，给予点评并赋分。

职业体验劳动是大学生实践教学中的关键环节，涵盖实验、实训与实习三个维度。这些实践活动为大学生提供了直接的操作和实战经验，旨在加强他们的专业知识和技能。在进行这些体验时，大学生们必须严格遵循相关管理规定，确保行为规范化。同时，他们还需加强安全责任意识和自我防护能力，以预防潜在的安全风险，确保个人安全无虞。

职业体验劳动是大学生提升职业素养和实践经验的重要机会，但安全永远是首要考虑因素。只有通过合规操作、安全教育和预防措施，才能确保大学生在职业体验劳动中的人身安全，同时也提高了他们的职业素养和就业竞争力。

一、职业体验劳动场地的安全用电

实验室、实训车间和实习单位电路复杂、电气设备较多，大学生实践教学需要频繁与电接触，不规范的用电行为将导致人身伤亡，同时必然对实验实训仪器设备和企业的生产设备、厂房等造成严重财产损失，情节严重将导致重大伤亡事故。

（一）安全用电相关要求

（1）实验室、实训车间和实习单位内不得使用非常规电器取暖烧水（如电炉、电暖器、热得快等）。严禁与照明线路共用电路；严禁超负荷用电；严禁抽烟；严禁超容量乱拉乱接，避免电起火。不要随意移动安全用电标志牌；不要随意触碰以上场所内的电气设备，变压器、配电盘及裸露的电线或涂有红、黄、绿色铜、铝导电排等，可能带电，切忌触摸，特别是不能用潮湿的手接触以上场所电气设备。

（2）实验室、实训车间和实习单位场所中应确保所有电路连接点牢固，电路元件两端接头不要互相接触，以防短路。室内的用电线路和配电箱、配电柜等装置及电路系统中的各种开关、插头、插座等应进行定期检查，保持完好状态；电线的安全通电量应大于所承载的电气设备最大用电功率，电闸中使用的电路保险丝要匹配实验室用电量，严禁为了防止频繁更换熔断保险丝而采取使用导线或者大功率保险丝替代的行为。

（3）实验实训实习时，应先确保电路连接好，经指导教师检查确认无误同意后，方可接通电源。在电器、仪表使用过程中，如发现异响或者有发热并产生的焦味、煳味，则应马上断开使用电器、仪表的电源，并立即上报指导教师进行检查。电线、电器不能被水淋湿，更不能浸泡在导电的液体中，比如实验室加热用的灯泡接口千万不要浸泡在水中，否则将引发触电。任何电气设备，在未测试其是否通电时，一概认为有电，一定不能先行触碰。在实验结束后，应先断开电源后再进行电路拆除。实验室和实训室对于临时用电有着非常严格的要求，通常如用电设备使用期限超过一个月则必须安装正式电路，较短时间内使用的临时设备必须严格按规定安装临时电路线路，严禁私拉乱接，并在约定时间内按时拆除。

（4）修理或安装各种电气设备时，应首先切断所在电路电源。特别是如电风扇、照明灯、电焊机等可移动非固定安装的电气设备，必须先切断电源再移动。同时各电气设备导线一定要按规定收拾好，禁止直接在地面上拖拉移动，以避免磨损。如果导线被重物卡住或者压住，千万不要生拉硬拽，以防止导线受力被扯断。

（5）所有电气设备必须严格采取防护性接地或接零措施，按期检查电气设备电路：防护性接地或接零的导线必须保证完好无损，不得有任何断路，确保电路顺畅。同时各电气设备应配备防护设备或防护罩，严禁电源裸露，配电箱、配电板、闸刀开关、按钮开关、插座以及电路导线等必须保持完好，确保安全。

（6）使用电气设备工具时，必须使用具备漏电保护器的开关或者插头，特别是使用手电钻、电砂轮等手持电动工具时，必须使用专用的保护插头、插座，严禁将导线直接插入插座这种极其不安全的取电方式。使用电气设备工具时严禁超负荷使用，以免电荷超载，引起电路发热造成电起火。

（7）如电气设备出现报错、报警、电路故障或硬件损伤等情况，严禁使用者擅自修理，更不能让设备带故障运行，应立即关闭设备电源，通知电工或机电维修工检修、修理。严禁将工件等重物碾压导线和电气设备部件，防止压断导线，或者发生漏电情况。

（8）应熟练掌握静电标记和各类警示警告，了解实验室、实训车间和实习单位可能产生静电的电气设备仪器具体部位，掌握消除静电的具体措施和方法，对静电可能造成的危害要有预防措施。在进行一些特殊操作时，要特别预防容易产生静电火灾、爆炸事故的操作，如使用汽油等易挥发油脂清洗、擦拭机器零件等，必须有良好的接地装置，及时有效地导除静电。

（9）在使用电气设备仪表前，必须先了解所使用的电器仪表额定的电压类型，电压、电流、功率大小等，首先要确定其究竟是使用交流电或是直流电，确认使用电压大小（380V、220 V、110V 或 6V）以及直流电器仪表的正、负极等。所使用的仪表量程应大于待测量的大小。当待测量大小不确定时，应从电气设备仪表最大量程开始测量。

（10）按期检修高压、高频电气设备，在容易散布易燃、易爆气体或粉体的建筑或封闭实验室内，必须掌握电气设备电路和各种用电装置的防爆装置设置与使用。

（11）实验实训实习时，如遇雷雨天气，严禁靠近或躲避于高压电杆、铁塔、避雷针附近，以免被雷电击中；使用高压电源应有专业的防护措施，千万不能使用普通试电笔去测试高压电；高压电线坠落地面时，严禁靠近导线断落点周围 20m 内，如果此时已有人在断落点周围，一定不能跨步行走，应采取单足或并足的方式跳离危险区，以防跨步电压导致触电。

（二）触电事故发生的原因和处理方法

大学生在实验实训实习时必须做好防止触电的安全措施，不得违规操作。

1. 触电事故的原因

（1）缺乏安全用电知识；

（2）违反安全用电操作规程、违章作业；

（3）电路老化电线裸露、电气设备接地出现问题等。

2. 触电处理方法

一旦发生触电情况应首先迅速切断电源。人体触电后，由于痉挛或缺失知觉等，会出现紧抓带电体、不能自行摆脱电源情况，抢救触电者，首先应使触电者尽快脱离电源。

（1）立即拉闸或将插头拔掉彻底切断电源。

（2）找不到开关或插头时，可用干燥木棒、竹竿、绝缘手套等使触电者脱离电源。

（3）用绝缘工具（如绝缘电工钳、木柄斧头等）砍断电线以切断电源。

（4）遇高压触电事故，要注意跨步电弧，应立即通知有关部门停电救援。

（三）电起火的处理

如发生电起火，应立即拉闸切断电源。

只能使用黄沙、四氯化碳、二氧化碳等灭火器材灭火，水或泡沫灭火器有导电的危险，切忌用于电起火。

灭火过程中，切忌身体或灭火器具直接与电线、电气设备接触，避免触电或烫伤。

二、职业体验劳动场地的消防安全

实验室、实训车间和实习单位是重点消防单位。大学生在以上场所如果违反规定和处理不当地使用明火、强电、易燃液体和气体，极易引发火灾。大学生应进一步提高消防安全意识，熟记消防安全标志（图 9-1），积极推进防止各类火灾事故的发生，减少人员伤亡和经济损失。

图 9–1　常见消防安全标志

（一）消防安全相关要求

（1）进入实验室、实训车间和实习单位应严格遵守消防管理规定，严格按规程操作、使用、看管设备和物料；在实验室、实训车间和实习单位应认真检查所使用、看管设备的安全性能状况，如发现电路、设备存在故障或消防隐患，应及时报告相关管理人员。特别要注意的是操作继电器和开关电闸等电气设备时，极易产生电火花，为确保安全，一定要确保此类电器接触点完好，如出现接触不良情况应及时修理或更换。

（2）经批准的无人监督实验，必须严格履行防火措施。在规定时间段的实验也必须通告相关老师或同学，实验过程中必须确保实验室照明，并在指定位置公布紧急情况联络人、电话、可能造成实验灾害及简易得当的处理措施等。

（3）使用煤气、酒精灯等明火后，一定要关好阀门、完全熄灭，防止煤气管、煤气灯漏气、酒精灯复燃；应详细掌握实验室内存放的各类化学药品特性，严格按规程进行实验操作，严禁混装、混放；一定要严格处理实验剩余各类试剂，严禁将其带出实验室或直接倒入下水道。实验室内存放大量使用乙醚、乙醇、丙酮、酒精、二硫化碳、苯等易燃有机溶剂或室内有氢气、煤气等易燃易爆气体时，应避免使用明火，特别是要防范电火花或静电放电。

（4）严禁在实验室、实训车间和实习单位抽烟、乱扔烟头，按规定使用、处理、保管易燃物。严格按规程操作使用电气设备，使用完电气设备应马上切断电源。严禁长时间通电，以免导致电器温度过高和电线发热起火。实验实训工作没有完结，一律不能提前离岗或擅自脱岗，要严防火灾事故发生。

（5）强化火灾防范意识，了解各类灭火器材品种、储存位置，熟练掌握使用方法。一旦发生火灾，要立即报警，并立即采取灭火措施，防止火灾蔓延、扩大。同时，要熟悉实验室的安全通道，以便一旦发生大火时能够利用安全通道迅速逃离火场。

（6）实验室有机溶剂必须严格存放，使用完毕要及时回收处理，切忌直接倒放至下水道。黄磷、电石、金属钠、钾、铝粉等也必须按规定使用、存放，切忌与水直接接触。部分活跃金属粉末如铁、锌、铝等，也容易在空气中氧化自燃，必须隔绝空气保存。

拓展阅读

火场逃生十三诀

第一诀：逃生预演，临危不乱。

第二诀：熟悉环境，暗记出口。

第三诀：通道出口，畅通无阻。

第四诀：扑灭小火，惠及他人。

第五诀：保持镇定，明辨方向，迅速撤离。

第六诀：不入险地，不贪财物。

第七诀：简易防护，蒙鼻匍匐。

第八诀：善用通道，莫入电梯。

第九诀：缓降逃生，滑绳自救。

第十诀：避难场所，固守待援。

第十一诀：缓晃轻抛，寻求援助。

第十二诀：火已及身，切勿惊跑。

第十三诀：跳楼有术，虽损求生。

（二）消防事故原因及处理方法

学生在实验室内不按实验规程使用明火、强电，错误使用易燃液体和气体，极易引发消防事故。

1. 消防事故的主要原因

（1）抽烟或乱扔烟头引燃易燃物。

（2）未定期检查电路老化情况、电线超负荷。

（3）实验结束后，忘记及时关闭电器，导致长时间发热，引发高温起火。

（4）电器操作不慎或使用不当。

（5）易燃物品保管或使用不当。

（6）实验进行中违反规程擅自离开。

2. 消防事故的处理方法

职业体验劳动中一旦发生了火灾如不慎着火，千万不要惊慌，应首先立即切断室内一切火源和电源，再根据不同情况进行灭火。

常用的灭火剂有：水、黄沙、泡沫灭火器、干粉灭火器二氧化碳灭火器和四氯化碳灭火器等。

应根据具体情况正确地采取对应措施进行抢救和灭火。

（1）在可燃液体燃着时，应立即采取隔绝措施，拿开着火区域内的一切可燃物质，关闭通风器，防止扩大燃烧。若着火面积较小，可用抹布、湿布、铁片或沙土覆盖，采用隔绝空气方法灭火，同时要注意进行覆盖的时候要轻拿轻放，避免碰坏或打翻盛有易燃溶剂的玻璃器皿，导致更多的溶剂流出引发更大的火灾。酒精及其他可溶于水的液体汽油、乙醚、甲苯等有机溶剂着火时，应采用石棉布或黄沙等隔绝空气方法灭火，切不可用水灭火，避免引发更大的火灾。

（2）如衣服烧着，切忌乱跑，可用大衣或毛毯等包裹身体或就地打滚进行灭火。

（3）如遇电线起火，立即切断电源，用沙或二氧化碳、四氯化碳灭火器灭火，禁止用水或泡沫灭火器等导电液体灭火。

（4）可根据起火的原因选择使用不同的灭火材料进行灭火，以下几种情况严禁使用水灭火：

- 金属钠、钾、镁、铝粉、电石、过氧化钠等着火时，应使用干沙灭火。
- 易燃液体如汽油、苯、丙酮等比水轻着火时，应使用泡沫灭火器灭火。
- 有灼烧的金属或熔融物着火时，应使用干沙或干粉灭火器灭火。
- 电气设备或电路着火，应使用二氧化碳灭火器或四氯化碳灭火器灭火。

（5）发生火灾时应注意保护现场。发生较大的着火事故应立即拨打 119 报警。

拓展阅读

不同灭火器的适用范围

干粉灭火器——适宜于扑救石油产品、油漆、有机溶剂火灾，也适宜于扑灭液体、气体、电气火灾（干粉有 5 万伏以上的电绝缘性能），有的还能扑救固体火灾。

注意：干粉灭火器不能扑救轻金属燃烧的火灾。不宜逆风喷射。

二氧化碳灭火器——适宜于扑救贵重仪器设备、档案资料、计算机室内火灾。它不导电，也适宜于扑救带电的低压电气设备和油类火灾，但不可用它扑救钾、钠、镁、铝等物质火灾。

1211 灭火器——特别适用于扑救精密仪器、电子设备、文物档案资料火灾，也适宜于扑救油类火灾。

泡沫灭火器——最适宜扑救液体火灾，不能扑救水溶性可燃、易燃液体（如：醇、酯、醚、酮等物质）的火灾和电器火灾。

三、化学药品安全

部分实验室、实训车间和实习单位需要储存和使用化学药品及试剂溶液，这些物质大多具有一定的毒性和危险性，部分甚至属于剧毒品种。如果管理不严格，可能造成严重后果。

（一）化学药品安全相关要求

大学生在实验室、实训车间和实习单位应严格遵守化学药品使用管理规定，应了解所用药品、试剂的毒性及化学特点。

1. 化学物品

化学药品必须按有机物、无机物、生物培养剂分类存放。无机物须按酸、碱、盐分类存放，盐类按金属活跃性顺序分类存放，生物培养剂按培养菌群不同分类存放。属于危险化学药品中的剧毒品储存于毒品柜中，由管理员加锁保管，实行经申请、审批、双人登记签字的领用制度。

化学药品按其物质特性，可分为着火性物质、易燃性物质和爆炸性物质。其特性不同，存放要求也不一样。

（1）着火性物质的特性及存放要求

着火性物质的特性如表 9-1 所示。

注意事项：着火性物质须保存于阴凉的地方，隔绝烟火和热源？碱金属过氧化物能与水起反应，必须防潮。强酸性物质不能与有机物或还原性等物质混合。

表 9-1　着火性物质

类型	特性	典型代表
强氧化性物质	此类物质因加热、撞击而发生爆炸	氯酸盐、高氯酸盐、近氧化物
强酸性物质	若与有机物或还原性物质混合，容易氧化发热而着火	无机酸、氯磺酸、铬酸等
低温着火性物质	在较低温度下着火而燃烧迅猛的可燃性物质	黄磷、红磷、金属粉等
自燃物质	在室温下一经接触空气即可燃烧	有机金属化合物、金属催化剂等
禁水性物质	与水反应着火或生成气体爆炸的物质	如 Na、K 等

（2）易燃性物质的特性及存放要求

易燃性物质的特性如表 9-2 所示。

注意事项：易燃性物质由于燃点及着火温度极低而容易着火，所以使用易燃性物质时，必须熄灭附近的火源，并保持良好通风。

表 9-2　易燃性物质

类型	特性	典型代表
特别易燃物	燃点在零下 20℃，着火温度 100℃	如乙醚、二硫化碳、乙醛
高度易燃性	燃点在 20℃以下，室温下易燃性的物质	如丙酮、醇类、石油醚、汽油
中等易燃性物质	燃点在 20 ~ 70℃加热，易燃性的物质	如煤油、轻油、松节油
低易燃性物质	燃点在 70℃，高温加热时由于分解气体而燃烧的物质	如重油、乙二醇、二甘醇、乙酰乙酸乙酯

（3）爆炸性物质的存放

易爆性物质主要是可燃气体、分解爆炸性气体。

可燃性气体的爆炸限浓度下限在 10% 以下，如氢气、乙炔。

分解爆炸性气体指由加热或撞击而爆炸的物质，如硝基酯、硝基化合物。

注意事项：高压气瓶必须存放在阴凉通风处，严禁阳光直射。

2. 有毒物质

毒气：毒气容许浓度在 200 毫克 / 立方米，如碳酰氯、氢化氰。

剧毒物：口服剂量在 30 毫克每公斤以下的物质，如氰化钠、汞。

注意事项：要定期使用气体检验器检测空气中毒气的浓度。

3. 腐蚀性物质

避免与对人的皮肤器官，特别是对皮肤、呼吸器官有腐蚀性的物质的接触，如各种酸和碱、三氯化磷、溴、苯酚等。

（二）化学药品伤害事故处理方法

受到化学物品伤害，须根据化学物品特点进行针对性处理。

（1）灼伤：切忌使用冷水洗涤伤处，一般采用浓度为 90% ~ 95% 酒精消毒后，再涂上苦味酸软膏进行初步处理。灼伤处皮肤未破时，可将饱和碳酸氢钠溶液涂抹或擦拭，或者使用碳酸氢钠粉调成糊状敷于伤处，也可采取涂抹獾油或烫伤膏等措施；若伤处红痛或红肿（一级灼伤），可使用橄榄油或用棉花沾酒精敷于伤处；若皮肤起泡（二级灼伤），千万不要弄破水泡，防止交叉感染；若伤处皮肤已破，可涂些紫药水或 1% 高锰酸钾溶液进行处理后再到医院进行治疗。若伤处皮肤呈棕色或黑色（三级灼伤），应紧急送往医院治疗，前期可采取使用无菌消毒纱布包扎的方式进行简单处理。

（2）强酸等触及皮肤而致灼伤时，应首先使用大量自来水进行反复冲洗，再以 5% 碳酸氢钠溶液或 5% 氢氧化铵溶液进行洗涤，最后再使用自来水冲洗。如果酸液不慎溅入眼内，应使用大量清水冲洗后，送医院治疗。如酚类触及皮肤引发灼伤，应使用大量的自来水清洗，再用肥皂和水洗涤，但忌用乙醇清洗。

（3）受溴腐蚀致伤：首先使用苯或甘油洗涤伤口，再使用自来水清洗。

（4）受磷灼伤：用 1% 硝酸银，5% 硫酸铜或浓高锰酸钾溶液洗濯伤口，然后包扎。

（5）吸入刺激性或有毒气体，如吸入氯气、氯化氢气体时，可吸入少量酒精和乙醚的混合蒸气解毒。如吸入硫化氢或一氧化碳气体而感不适时，应首先进行通风，让伤者多呼吸新鲜空气，应注意氯气、溴中毒不可进行人工呼吸，若出现昏迷等严重情况则应立即送医诊治。

（6）毒物进入口内：首先将 5 ~ 10 ml 稀硫酸铜溶液加入温水中吞服后，再用手指伸入咽喉部催吐，待吐出毒物后再送医。

（7）水银容易由呼吸道进入人体，也可以经皮肤直接吸收而引起积累性中毒。严重中毒的征象是口中有金属气味、流唾液，牙床及嘴唇上有黑色；淋巴结及唾液腺肿大。若不慎中毒，前期可用碳粉或呕吐剂彻底洗胃，或强灌蛋白（如 1 升牛奶加 3 个鸡蛋清）、蓖麻油等解毒方式使其呕吐，送医急救。

拓展阅读

实践教学“三废”处理常识

1. 废气

产生少量有毒气体的实验应在通风橱内完成，并通过排风设备将毒气排到室外；产生大量有毒气体的实验必须使用专用毒气装置吸收或处理。

2. 废渣

少量低毒的废渣应深埋于固定地下地点。

3. 废液

废酸液可采用耐酸塑料网纱或玻璃纤维过滤后加碱中和，调至 pH 酸碱度 6 ~ 8 后方可排出。必须采取严格处理措施剧毒废液，要彻底消除毒害作用后再进行处理。

实验室内大量使用冷凝用水，如无污染可直接排放，实验室内洗刷用水如污染不大，可排入下水道。酸、碱、盐水溶液用后分类倒入酸、碱盐污水桶，经中和处置后排入下水道。有机溶剂应分类回收至有机回收桶内，采用蒸馏、精馏等分离办法再进行回收处理。重金属离子使用沉淀法进行集中处理。

四、压力容器安全

压力容器是指工业生产中用于完成反应、传热、传质、分离和贮运等多种工艺过程，并承受一定压力的容器。它们包括反应容器、换热容器、分离容器和贮运容器等不同类型，结构各异。所有这些容器共同的特点是它们都设计成能够承受一定压力的各种形状的外壳。为了有效预防和减少事故风险，压力容器的管理必须制度化、规范化。正确、合理、安全地使用压力容器是确保其安全运行的关键。

（一）压力容器安全相关要求

（1）气瓶应避免阳光直射，储存于阴凉、干燥并远离热源；易燃气体气瓶与明火距离不小于 5m；氢气瓶极其危险，应隔离存放于远离实验室的单独空间内，使用安装防止回火的装置紫铜管导入实验室。

气瓶应专瓶专用，严禁混装，不能填装其他气体，使用时应在气瓶上加装减压阀和压力表。可燃性气瓶气门螺丝应采用反向螺丝；不燃性或助燃性气瓶为正向螺丝。开启气瓶时应站在气压表的一侧，严禁将气瓶总阀对准人头或身体部位，以防阀门或气压表伤人。

使用中的气瓶按期检查漏气、压力表情况，不合格的气瓶不可继续使用。

（2）气瓶搬运吊起不得用电磁铁、吊链、绳子等直接吊运，应使用手推车运输，切不可滚动，放置要直立、牢靠。

（3）气瓶容器外表颜色应保持容易辨认，严禁油污，千万不能让油污或易燃有机物沾染气瓶（特别是气瓶出口和压力表上）。

（二）压力容器安全事故原因及预防

压力容器事故多为爆炸事故。事故将直接带来包括人员伤亡及设备、实验室、实训室、厂房破坏等。

1. 压力容器安全事故发生的原因

（1）未遵守安全管理规定，违规操作压力容器引发爆炸。

（2）压力容器未按时检查，因设备、电路老化、存在故障引发爆炸。

2. 压力容器安全事故的预防

（1）遵循压力容器使用规程

①应熟练掌握气体与气瓶的安全技术知识，在技术熟练人员的指导、监督下进行操作。使用前应对气瓶进行检查，确认气体、气瓶完好。如发现气瓶颜色、钢印等辨别不清，检验超期，气瓶损伤（变形、划伤、腐蚀）等，应拒绝使用并做妥善处理。正确连接调压器、回火防止器、输气橡胶软管、缓冲器、汽化器等，检查漏气情况。

②使用气瓶时，一般应立放（乙炔瓶严禁卧放使用）。不得靠近热源，与明火、可燃与助燃气体气瓶之间的距离不得小于 10 m。使用易起聚合反应气体气瓶，应远离射线、电磁波、振动源。防止日光暴晒、雨淋、水浸。

③移动气瓶应手搬瓶肩转动瓶底；移动距离较远时可用轻便小车运送，严禁抛、滚、滑、翻和肩扛、脚踹。

④禁止敲击、碰撞气瓶。绝对禁止在气瓶上焊接、引弧。不准用气瓶做支架和铁砧。

⑤注意操作顺序。开启瓶阀应轻缓，操作者应站在瓶阀出口的侧后；关闭瓶阀应轻而严，不能用力过大，避免关得太紧。

⑥瓶阀冻结时，不准用火烤。可把瓶移入室内温度较高的地方或用 40℃以下的温水

浇淋解冻。

⑦注意保持气瓶及附件清洁、干燥，禁止沾染油脂、腐蚀性介质、灰尘等。

（2）正确储存

①气瓶的储存：空瓶、实瓶应分开；所装介质接触能起化学反应的异种气体气瓶应分开（分室储存），如氧气瓶与氢气瓶、液化石油气瓶，乙炔瓶与氧气瓶、氯气瓶，不能同储一室。

②气瓶库（储存间）应符合《建筑设计防火规范》，应采用二级以上防火建筑，与明火或其他建筑物应有适当的安全距离。易燃、易爆、有毒、腐蚀性气体气瓶库的安全距离不得小于 15 m。

③气瓶库应通风、干燥，防止雨（雪）淋、水浸，避免阳光直射，要有便于装卸、运输的设施。库内不得有暖气、水、煤气等管道通过，也不准有地下管道或暗沟。照明灯具及电气设备应是防爆的。

④瓶库有明显的“禁止烟火”“当心爆炸”等各类必要的安全标志。瓶库应有运输和消防通道，设置消防栓和消防水池，在固定地点备有专用灭火器、灭火工具和防毒用具。

⑤储气的气瓶应戴好瓶帽，最好戴固定瓶帽。气瓶一般应立放储存。卧放时，应防止滚动，瓶头（有阀端）应朝向一方。垛高放不得超过 5 层，妥善固定。气瓶排放应整齐，固定牢靠，数量、号位的标志要明显，要留有通道。实瓶的储存数量应有限制，在满足当天使用量和周转量的情况下，应尽量减少储存量。容易起聚合反应气体的气瓶，必须规定储存期限。

⑥瓶库账目清楚，数量准确，按时盘点，账物相符，建立并执行气瓶进出库制度。

五、劳动卫生保护

（一）防止粉尘危害

粉尘通过呼吸道、眼睛、皮肤多种途径等进入人体，其中呼吸道是主要途径。长期吸入高浓度粉尘将导致尘肺等，如长期接触吸入镍、铬、铬酸盐、放射性矿物粉尘还将导致肺癌。

防护粉尘对人体的危害主要方法：依据不同粉尘的种类，佩戴不同类型的防尘口罩、呼吸器、防毒面具等隔断粉尘进入呼吸系统；通过穿戴护目镜、头盔、工作服、防护服等隔绝粉尘与皮肤的接触；不在粉尘作业现场饮水、抽烟、进食等，隔绝粉尘进入人体。

（二）防止可燃气体爆炸危害

乙烯、乙炔、乙醇、乙醚、乙酸、乙酯、苯、丙酮、氢气、一氧化碳和氨气等可燃性气体与空气混合是非常危险的，当混合浓度达到爆炸极限，只要有热源就会引发爆炸；过氧化物、高氯酸盐、硝酸铵、三硝基甲苯等属于易爆物质，震动或受热都有可能发生热爆炸。

操作可燃性气体时，应禁止使用明火，杜绝开启能产生电火花的电气设备，并确保通风。实验室应该具备防爆措施。

（三）防止毒害物质的危害

毒害物质易造成人体多器官、多系统中毒。毒害物质主要通过呼吸、消化、血液进入或渗入人体，可造成急性和慢性中毒，可引起鼻炎、喉炎、气管支气管炎、痴呆、精神分裂症、出血性胃肠炎、中毒性肝病、肾损害、贫血甚至引起死亡。

防止毒害物质对人体危害的方法，一是替换或淘汰有毒或高毒原料，尽量采用无毒或低毒原料和辅助材料，用无毒代替有毒，用低毒代替高毒或剧毒；二是进一步改进工艺，以危害性小的工艺代替危害性较大的工艺，研发新工艺取代旧工艺；三是密闭化、机械自动化和隔离操作，由敞开式改为密闭式，以机械自动化取代手工劳动，以隔离操作，减少直接接触操作。

（四）防止噪声和强光的危害

噪声、强光对人体的听觉和视觉器官可造成损伤，长期的噪声、强光不但能导致听力减退、视力下降，还可引发高血压、心脏病、白内障，给大学生造成不可逆转的身体伤害。

为预防噪声和强光危害，一方面要主动减少噪声源、强光源的直接接触；另一方面通过消声器、强光遮挡板控制噪声和强光的传播，主要还是要注重自觉加强个人防护，通过耳罩、墨镜等器具减弱危害源的直接影响。

（五）个人劳动保护用品的使用

1. 合理使用口罩、面罩

按规定检查所使用的防护用品完好情况，了解不同的呼吸防护用品适用场景和具体防护功能；依据不同的劳动环境，根据所面对的有害物质及其危害程度正确佩戴防毒口罩和防毒面罩等；依据产品特性和劳动环境情况适时更换口罩、面罩。如果已经使用过防护工具后仍感到有异味、刺激、恶心等不适症状，应立即离开劳动环境，及时检查或更换呼吸防护用品。科学保存呼吸防护用品。定期检查并及时更换呼吸面罩内的活性炭。

2. 正确使用护耳器

大学生进入工作环境前应了解护耳器降噪功能，掌握护耳器佩戴后的语言、手势等沟通方式，能正确辨别机器声、报警声等，并坚持在噪声环境下佩戴护耳器，经常检查、清洗并适时更换坏损部件。

3. 挑选手套

不同的劳动手套具有不同的防护功能，如抗化手套的穿透性、渗透性、降解性指标决定其防护能力，大学生应根据劳动场所化学品成分、化学品特性和与化学品的接触频率，依据不同防护需求挑选抗化手套，检查其是否有破损、老化情况，同时应注意橡胶、塑料、乳胶等不同类型的防护手套在使用后应及时冲洗、晾干，避高温保存。绝缘手套应定期检验电绝缘性能，严格使用环境；乳胶工业手套则仅适用于弱酸劳动环境。

拓展阅读

部分典型岗位安全操作规范

1. 机械设备安全操作规程

（1）参加实践教学必须正确穿戴劳动防护用具、用品，如女性必须戴防护帽，并把头发放在帽内。

（2）操作前要对设备进行常规检查，刀具、工夹具及加工的零件等要装牢，待空车试机正常运转后方可使用。

（3）设备运行过程加强监督，注意力集中，不允许离开工作岗位，严禁带故障运行，不得用手清扫杂物等。使用结束后，应关闭设备开关，切断电源，将刀具、工件等从设备工作位置完全退出，清理工作场地，将工件、工具摆放整齐。

2. 电气设备安全操作规程

（1）大学生使用电气设备必须穿戴好劳保用品，做好安全防护措施，操作时应佩戴绝缘手套并站于绝缘板上，确保双手及工作服干燥。

（2）在电源未切断时不能进行电气设备的修理、检修工作。停电检修电气设备前，首先要使用试电笔检验是否带电。检修时，应悬挂检修警示牌，以防他人无意合上电闸发生危险。检修完毕后，合闸送电前，要检查电路或电气设备上是否有人作业，以防止送电伤人。

（3）在移动非固定电气设备时，必须先切断电源，理顺电缆，以免磨损或拉断。若电缆有破损，应及时更换或用电工胶布加固。

（4）从事电气工作的人员为特种作业人员，必须取得《特种作业操作证》后方能上岗作业，并定期参加安全技术培训。

3. 化学药品安全操作规程

化学药品及试剂溶液品种繁多，大多具有一定的危险性及毒性，对其加强管理是保证分析数据质量的需要，更是确保安全的需要。

（1）化学药品必须按有机物、无机物、生物培养剂分类存放，其中，无机物须按酸、碱、盐分类存放，盐类中按金属活跃性顺序分类存放，生物培养剂按培养菌群不同分类存放。属于危险化学药品中的剧毒品储存于毒品柜中，由管理员加锁保管，实行经申请、审批、双人登记签字的领用制度。

（2）危险化学药品种类：

①易爆和不稳定物质。如浓过氧化氢、有机过氧化物等。

②氧化性物质。如氧化性酸，过氧化氢也属此类。

③可燃性物质。除易燃的气体、液体、固体外，还包括在潮湿空气中可自燃的物质。

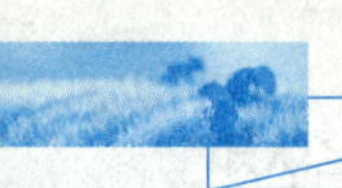

如碱金属的氢化物、碳化钙、白磷等。

④有毒物质。如有机磷、溴甲烷、磷化氢等。

⑤腐蚀性物质。如硫酸，盐酸，硝酸，氢氧化钠等。

⑥放射性物质。如钴60、天然铀、钍矿等。

（3）化验室试剂存放、使用要求：

①易燃易爆试剂应存贮于铁柜中（壁厚1 mm以上），柜子的顶部必须设有通风口，严禁在化验室存放大于20 L的瓶装易燃液体。易燃易爆药品不要放置于冰箱内（防爆冰箱除外）。

②强氧化性物质与还原性物质相互混合或接触后可以产生激烈反应、燃烧、爆炸、放出有毒气体的两种或两种以上的不相容化合物，不能混放。

③腐蚀性试剂宜放在塑料或搪瓷容器中。

④注意化学药品的存放期限，谨防变质。

⑤药品柜和试剂溶液均应避免阳光直射及靠近热源。要求避光的试剂应装于棕色瓶中或用黑纸或黑布包存于暗柜中。

⑥试剂瓶标识清晰。无标签或标签模糊的试剂都要当成危险物品重新鉴别后处理，避免引发事故。

⑦化学试剂定点存放，用后复位，多余试剂不允许倒回原瓶。

⑧库房管理人员严格台账制度，管理有序，保持室内干燥、洁净、通风、避光。

六、职业病防治安全

职业病问题一直是社会关注的热点问题。自2002年5月1日《中华人民共和国职业病防治法》实施以来，公众对于职业病的概念及其具体范围的理解仍存在诸多差异。许多人错误地将因从事某种职业活动导致的健康损害，如精神焦虑、抑郁、神经衰弱综合征等，归类为职业病。但实际上，这些病损并不符合职业病的法定定义。

那么，究竟哪些疾病可以被认定为职业病呢？职业病是如何定义的？又该如何预防职业病的发生？这些问题对于广大劳动者而言，具有重要的健康意义。下文旨在就这些问题进行深入探讨，以期提高公众对职业病防治的认识和重视程度。

（一）职业病与职业性病损

我们在各类职业活动中，常常会因机械设备操作不当导致肢体伤残等工伤事故发生，医院外科大夫进行外科手术、口腔医生进行修牙操作、汽车内饰装配作业、键盘操作等强迫不良姿势常常导致肌肉骨骼损伤多发，工作场所因煤气中毒、硫化氢中毒等导致职业中毒事故，这些事故和损伤往往都是由于操作不当、预防工作的疏忽及技术局限性，使健康受到损害而引起疾病和损伤，这些疾病和损伤我们统称为职业性病损，其中包括工伤、职业病（如职业中毒、职业肿瘤、噪声聋、尘肺病等）和工作有关疾病。

工伤即工业外伤；工作有关疾病则指与工作有联系的多因素相关的疾病，除见于职业人群外也见于非职业人群中，因而不是每一病种和每一病例都必须具备该项职业接触活动。当这一类疾病发生于劳动者时，由于职业病危害因素的接触，会使原有的疾病加剧、加速或复发，或者劳动能力明显减退。

职业病，是指企业、事业单位和个体经济组织等用人单位的劳动者在职业活动中，因接触粉尘、放射性物质和其他有毒、有害因素而引起的疾病。

根据《中华人民共和国职业病防治法》的规定，职业病的分类和目录由国务院卫生行政部门会同国务院安全生产监督管理部门、劳动保障行政部门制定、调整并公布。2013年12月23日，国家卫生计生委、人力资源社会保障部、安全监管总局、全国总工会4部门联合印发《职业病分类和目录》，将职业病分为职业性尘肺病及其他呼吸系统疾病、职业性皮肤病、职业性眼病、职业性耳鼻喉口腔疾病、职业性化学中毒、物理因素所致职业病、职业性放射性疾病、职业性传染病、职业性肿瘤、其他职业病10类132种。

要判断从事职业活动过程中造成的疾病是否能作为法定职业病，首先需要参照这份职业病分类和目录，以及国家卫生健康委员会颁布的《职业病危害因素分类目录》，来确认所接触的职业危害因素是否属于可能导致目录中列出的职业病范畴。

同时，明确职业病危害因素的接触史也是非常重要的。这包括了解劳动者在工作环境中长期接触的具体职业危害因素、接触时间、接触方式等信息。

在此基础上，还需要根据职业病的临床表现、生化检验或影像学检查结果，结合职业病诊断标准进行综合判定。职业病诊断应由省级以上卫生行政部门批准的医疗卫生机构承担，并出具职业病诊断证明书。

一般而言，职业病具有如下特点：

（1）病因有特异性：只有在接触职业病危害因素后才能患职业病；

（2）病因大多可以检测：由于职业因素明确，而发生的健康损害一般与接触水平有关，在一定范围内接触水平越高，发病人数越多；

（3）针对不同接触人群，其发病特征呈现差异性：在暴露于不同职业病危害因素的人群中，往往会出现不同的疾病集中出现的现象；

（4）早期诊断，合理处理，预后较好；

（5）大多数职业病，目前尚缺乏特效治疗，应加强保护人群健康的预防措施。如矽肺患者的肺组织纤维化现在仍是不可逆转的。

（二）如何预防职业病

职业病因为有明确的致病因素一般是可以预防的。预防职业病的关键是控制职业病危害因素的发生，减少劳动者对职业病危害因素的接触。常见的预防措施包括工艺措施、工程措施、个体防护措施、卫生保健措施等等。铸造生产中的型砂采用低游离二氧化硅替代高游离二氧化硅的石英砂、水溶性涂料替代酚醛树脂涂料、二甲苯溶剂替代苯溶剂等等。

这些措施均较大程度地降低了物料对作业者身体健康的危害，从源头上消除或降低危害的产生，属于工艺措施。矿山破碎过程生产产生的粉尘是导致矽肺病的主要职业病危害因素，这些粉尘的产生从工艺上是难以解决的，多采用除尘系统将粉尘通过除尘器净化除尘；许多噪声设备多采用隔音板将噪声隔离；炼钢系统为防止热辐射对作业工人的健康危害常采用的隔热装置；这些措施均为工程技术措施。如果工艺和工程措施难以实现，通常会采取比较被动的防护措施，即要求接触危害因素的人员佩戴个体防护装备，以减少或降低接触危害因素的水平。例如，佩戴防尘口罩防止粉尘接触、佩戴耳塞或耳罩减少噪声影响、佩戴防毒面具防止接触有毒物质等。此外，一些危害因素接触后可能导致体内某些代谢物质丧失，进而引发代谢功能紊乱。例如，接触强高温可能导致体内盐分流失，从而引发中暑或休克等严重危害。应适当补充盐分以控制或减少高温中毒的发生，这些措施被称为卫生保健措施。

我国几十年的职业病防治工作中，总结出了许多职业病防治工作经验，如“革”“水”“密”“风”“护”“管”“教”“查”等防尘“八字方针”，在建国以来的防尘工作中都发挥了非常重要的作用。“革”既是革新技术，改革工艺过程，革新生产设备，使生产过程中不产生或少产生粉尘，以低毒粉尘代替高毒粉尘，是防止粉尘危害的根本措施；“水”为湿式作业，采用湿式作业来降低作业场所粉尘的产生和扩散；“密”即密闭尘源，对不能采取湿式作业的场所，应采取密闭抽风除尘；“风”是通风除尘，通过合理通风来稀释和排出作业场所空气中粉尘；“护”即个体防护，为接尘工人佩戴防尘口罩来减少粉尘接触；“管”即加强管理，建立健全防尘的规章制度，定期监测工作场所空气中粉尘浓度；“教”即宣传教育，对企业的安全生产管理人员、接尘工人应进行职业病防治法律法规的培训和宣传教育，了解生产性粉尘及尘肺病防治的基本知识，使工人认识到尘肺病是百分之百可防的，只要做好防尘、降尘工作，尘肺病是可以消除的；“查”即加强对接尘工人的健康检查、对工作场所粉尘浓度进行监测和各级监管部门对尘肺病防治工作进行监督检查。

综上所述，我们在日常生产活动过程中，首先应了解你所从事的工作是否存在职业病危害因素，可能产生哪些健康危害，如何有效地防止这些危害的发生，是保证我们健康、快乐、体面工作的前提和条件。

七、常见急救措施

学习、掌握先进的基本救护知识，对于在生产生活环境中发生的危重急症、意外伤害的现场，对伤病员进行正确有效的救护，迅速启动救援医疗服务系统，挽救生命、减轻伤残，具有重要意义。

（一）创伤包扎

伤口是细菌侵入人体的入口。如果伤口被污染或血液流失过多就可能引起化脓感染、坏疽及破伤风等病症，严重损害健康，甚至危及生命。所以，受伤以后必须进行清创包扎。

包扎的材料有橡皮筋、绷带、纱布、三角巾等。现场没有上述包扎材料时，可用手帕、毛巾、衣服等代用。

根据伤员不同部位的情况，现场常采用的简易包扎方法有：螺旋式包扎法、螺旋反折包扎法、“8”字环形包扎法等。

螺旋式包扎通常先做环形缠绕开头的一端，再斜向上绕，每圈盖住前圈的三分之一或三分之二。此法适用于四肢、胸背、腰部等处。

螺旋反折包扎先用环形法包扎开头的一端，再斜旋上升缠绕，每圈反折一次。此法适用小腿、前臂等处。

“8”字环形包扎是一圈向上，一圈向下，成“8”字形来回包扎，每圈在中间和前圈相交，并根据需要与前图重叠或压盖一半。此法适用于关节部位。

（二）心肺复苏

强烈建议：普通施救者仅做胸外心脏按压的心肺复苏，弱化人工呼吸的作用，对未经培训的普通目击者，鼓励在急救人员电话指导下仅做胸外按压的心肺复苏。

心肺复苏是在人突然发病造成心跳、呼吸停止时，在医生到来之前所能做的简单高效的急救方法。操作流程如下：

1. 现场评估

观察评估现场环境，保证患者已经脱离危险环境。

2. 判断意识和呼吸，及时拨打 120

拍患者肩膀并大声呼叫，观察患者是否有反应。快速检查颈动脉是否有搏动，快速检查有无呼吸。对于非专业急救人员，可将耳朵靠近病人鼻孔同时注视其胸部观察是否有呼吸、胸部是否有起伏。只要发现无反应的患者没有自主呼吸就应该开始心肺复苏。同时拨打 120 急救电话。拨打 120 时要镇静，说明报告人的姓名、联系方式、所在的准确地点、附近显著的标志、伤病患者的病因（如撞伤、心脏病、蛇咬伤等）、伤病患者人数、病情严重程度等。

切记：如果接线员不挂电话，就不要先挂断，因为可能很多必要的信息还没有汇报完整。

3. 进行心肺复苏

若 120 调度员判断情况允许你作为未经培训的急救员进行心肺复苏，可以在指引下完成以下救护：

（1）胸外按压

首先，让患者仰卧在硬木板或硬地面上，解开衣服和裤头，暴露胸壁，清除口鼻异物。

然后，找到患者胸骨中下段 1/3 处，即两乳头连线的中点位置（年老女性除外），或剑突上两横指。把手掌根部放在两乳头连线中点位置，手掌根部重叠，双手十指交叉相扣，肘部伸直，按压深度为至少 5cm。按压频率控制在 100 ~ 120 次 /min，放松与按压比例为 1 : 1（图 9–2）。

注意：需让胸廓回弹。按压和放松的力量、时间必须均匀，放松时掌根不要离开按压处，否则会改变正确的按压位置。

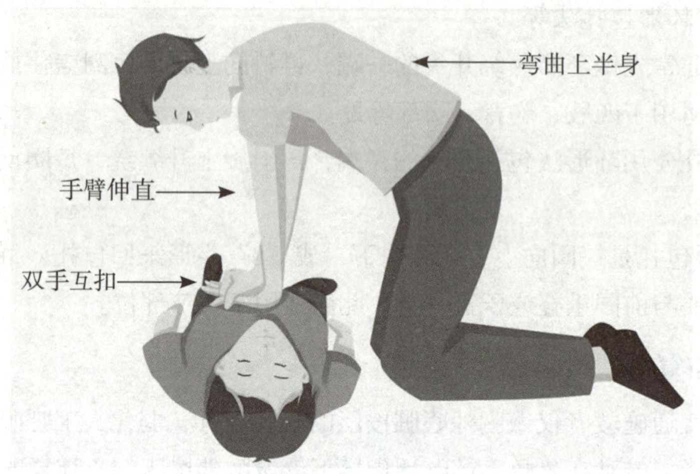

图 9–2　胸外按压

（2）开放气道

救援者需将伤者姿势摆正为仰卧位置，处于伤者右侧以方便施救。左手掌根轻压于伤者额头，并用右手食指与中指将伤者的下巴轻轻抬起（图 9–3）。查看伤者是否还有呼吸或呼吸是否顺畅。

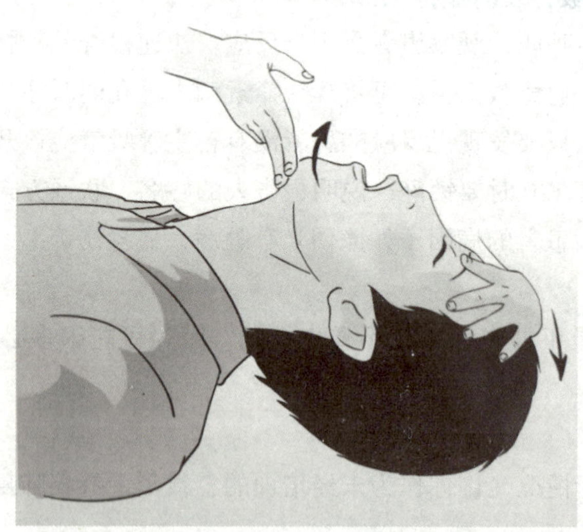

图 9–3　仰头举颏法

开放气道是口对口人工呼吸前的必须动作，对于发生心跳呼吸停止没有意识的患者，其肌肉是松弛的，因此舌根后坠，气道阻塞是非常常见的情况，一定要在人工呼吸前做开放气道动作就是为了避免吹气吹不进去。

（3）人工呼吸

人工呼吸前要注意清理口腔（如可见有液体、固体异物、假牙等阻塞无意识患者的气道时，可采用手指清除法）。一般采用托颌法 / 仰头举颏法。

施行人工呼吸时，将患者松开衣领，置于仰卧位，清除患者口鼻中分泌物或异物，操作者一手置患者前额推头后仰，另一手将患者下颌向上、向前抬起，从而使其头部稍向后仰，使呼吸道通畅。置于前额的手在不移动的情况下，用拇指和食指捏紧病人的鼻孔，以免吹入的气体外溢。然后深吸一口气，紧贴患者的双唇，用中等力量持续吹气 1 秒以上，直至患者胸廓上升。施救者立即抬头撤离一边，捏鼻的手同时松开，让患者胸廓自身的弹力将气呼出。如此重复吹入，吹气的频率为 12 次 /min，以每个周期胸外按压和人工呼吸比例为 30 ∶ 2 进行，直至患者有自主的呼吸（图 9–4）。

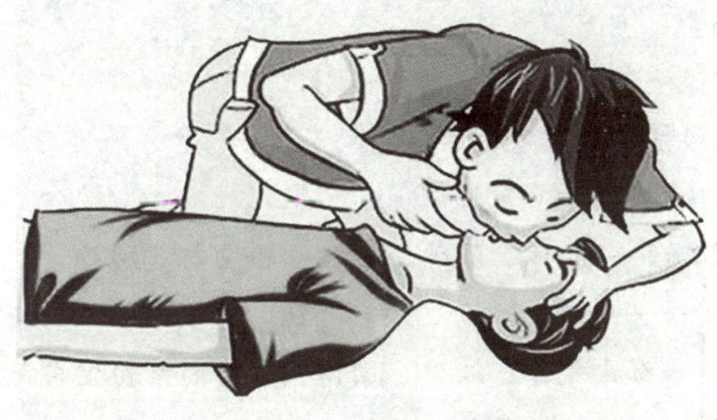

图 9–4　口对口人工呼吸

拓展阅读

劳动保护与员工职业安全卫生分类及防范

伤亡事故和职业病的共同处就是危险、危害因素。

危害是指可能造成人员伤害、职业病、财产损失、作业环境破坏的根源或状态。危险是指特定危险事件发生的可能性与后果的结合。

危险、危害因素是指能对人造成伤亡，对物造成突发性损坏或影响人的身体健康而导致疾病，以及对物造成慢性损坏的因素。

危险、危害因素的区别体现在客体对人体不利作用的特点和作用上。

客观存在的危险、有害物质或能量超过临界值的设备、设施和场所，都可能成为危险因素。

危险因素强调突发性和瞬间性。危害因素则强调一定时间范围内的积累作用。

1. 物理性危险、危害因素

（1）设备、设施缺陷。

（2）防护缺陷。

（3）电危害。

（4）噪声危害。

（5）振动危害。

（6）电磁辐射（电离辐射、非电离辐射）。

（7）运动物危害。

（8）明火。

（9）能造成灼伤的高温物质。

（10）能造成冻伤的低温物质。

（11）粉尘与气溶胶。

（12）作业环境不良。

（13）信号缺陷。

（14）标志缺陷。

（15）其他物理性危险和危害因素。

2. 化学性危险、危害因素

（1）易燃易爆物质——气体、液体、固体、粉尘与气溶胶。

（2）自燃性物质——如钠（Na）、黄磷（P）。

（3）有毒物质——有毒气体、液体、固体、危害因素粉尘与气溶胶。

（4）腐蚀性物质——腐蚀性气体、液体、固体、其他物质。

（5）其他化学性危险、危害因素。

3. 生物性危险、危害因素

（1）致病性微生物——细菌、病毒、其他致病性微生物。

（2）传染病媒介物。

（3）致害动物。

（4）致害植物。

（5）其他生物性危险、危害因素。

4. 心理、生理性危险、危害因素

（1）负荷超限（体力、听力、视力、其他超负荷超限）。

（2）健康状况异常。

（3）从事禁忌作业。

（4）心理异常——情绪异常、冒险心理、过度紧张、其他心理异常。

（5）辨识功能缺陷——感知延迟、辨识错误、其他辨识功能缺陷。

（6）其他生物性危险、危害因素。

5. 行为性危险、危害因素

（1）指挥错误——指挥失误、违章指挥、其他指挥错误。

（2）操作失误——误操作、违章作业、其他操作失误。

（3）监护失误。

（4）其他错误。

（5）其他行为性危险和有害因素。

爱国主义与劳动

爱国主义与劳动安全

爱国主义与劳动安全之间存在着密切的关系，因为劳动安全是国家的经济和社会稳定的一个重要组成部分。它们之间的关系主要表现在以下方面：

（1）保护国家资产和资源：劳动安全措施的实施有助于保护国家的生产资产、资源和基础设施。维护这些资产是爱国主义情感的一部分，因为它关系到国家的经济繁荣和安全。

（2）保护劳动者的生命和健康：爱国主义包括关心国家公民的福祉。通过确保劳动安全，国家可以保护工作人员的生命和健康，表现出对国民的热爱和关怀。

（3）提高生产力和竞争力：良好的劳动安全措施有助于减少工伤和事故，提高工作效率，降低成本，并增强国家产业的竞争力。这有助于国家的经济繁荣，也是爱国主义的一部分。

（4）吸引和留住人才：国家需要吸引和留住有才华的工作者，他们可以为国家的发展和创新作出贡献。提供安全的工作环境和关心员工的健康有助于吸引人才，且表现出国家对人力资源的重视。

（5）遵守国际标准：国际上许多国家都制定了劳动安全标准和法规。遵守这些标准有助于国家在国际舞台上维护声誉，也是爱国主义的一种表现，因为国家需要遵守国际规则和义务。

爱国主义与劳动安全之间的关系在于劳动安全是国家繁荣和国民幸福的一个重要因素。通过确保劳动安全，国家可以保护国家资产、维护国民的生命和健康，提高生产力，吸引人才，维护国际声誉，反过来，这些也都是体现公民对国家深切热爱和责任感的方式。

思政之窗

宁夏加强各类劳动场所劳动安全保护与安全风险防控

2023年7月，宁夏回族自治区人力资源和社会保障厅印发《关于加强各类劳动场所劳动安全保护加大安全风险防控工作的通知》（以下简称《通知》），对全区劳动安全保护工作进行再部署，要求全区人社部门切实履行行业监管与指导服务职责，在各类劳动场所开展“劳动安全保护”大检查，及时对各种劳动安全隐患进行排查、处置，对各种特殊天气、特殊环境的劳动安全保护加强指导、提醒，特别是对密闭空间等场所的劳动安全风险防控进行细致检查、整改。

《通知》要求，各地和宁东地区要严格落实劳动保护责任，针对高温、高空、有毒、

有害、强辐射等特殊劳动场所，以及大风、暴雨、冰雪、严寒、温度骤升骤降等特殊天气，常态化开展检查和行政指导。要严格落实安全防范责任，按照劳动法、劳动合同法和劳动安全保护的相关规定，健全完善劳动保护管理制度和操作规程，督促生产经营单位开展职业病防治，定期开展劳动安全保护培训，检查安防人员岗位配置与劳动用品配置、发放、使用情况。配合相关职能部门深入排查有限空间中毒窒息事故多发的行业领域、场所与施工过程的安全风险。要严格落实应急防护责任，对照本单位制定的突发事件与群体性事件应急处置预案，认真排查人社领域或其他领域传导到人社领域的风险隐患，联合应急、市场监管、商务、住建、交通运输、水利、工会等部门，督促指导生产经营单位制定和落实专项应急预案，配足救援物资装备，开展常态化应急演练，提高生产经营单位管理人员与劳动者的应急意识和自救互救能力。

《通知》提出，全区人社部门与各类用人单位要强化“管行业必须管安全、管业务必须管安全、管生产经营必须管安全”的主体责任，牢固树立“安全生产永远在路上”的工作理念，严守安全生产底线，加强各类劳动场所劳动安全保护，有效防范有限空间作业风险，切实维护职工合法权益和身心健康。

（来源：宁夏加强各类劳动场所劳动安全保护与安全风险防控，情系高铁鉴赤诚，金台资讯 2023 年 7 月 2 日）

劳动教育成长评价手册

请参加一次救火演习活动，然后按要求填空，完成下面的劳动教育成长评价手册。

劳动教育成长评价手册

活动名称	救火演习：在实践中体验劳动安全		
姓名		班级	
活动总结与思考	掌握了哪些知识		
	锻炼了哪些能力		
	体验了哪方面的劳动精神		
自我评价			
同伴评语			
教师评语			

附录 《大中小学劳动教育指导纲要（试行）》

教育部关于印发《大中小学劳动教育指导纲要（试行）》的通知

教材〔2020〕4 号

各省、自治区、直辖市教育厅（教委），新疆生产建设兵团教育局，有关部门（单位）教育司（局），部属各高等学校、部省合建各高等学校：

为深入贯彻习近平总书记关于教育的重要论述，全面贯彻党的教育方针，落实《中共中央 国务院关于全面加强新时代大中小学劳动教育的意见》，加快构建德智体美劳全面培养的教育体系，我部组织研究制定了《大中小学劳动教育指导纲要（试行）》，现印发给你们，请认真贯彻落实。

教育部

2020 年 7 月 7 日

纲要全文：

大中小学劳动教育指导纲要（试行）

为深入贯彻习近平总书记关于教育的重要论述，全面贯彻党的教育方针，落实《中共中央 国务院关于全面加强新时代大中小学劳动教育的意见》，加快构建德智体美劳全面培养的教育体系，制定本指导纲要。

一、劳动教育性质和基本理念

（一）劳动教育性质

劳动是创造物质财富和精神财富的过程，是人类特有的基本社会实践活动。劳动教育是发挥劳动的育人功能，对学生进行热爱劳动、热爱劳动人民的教育活动。当前实施劳动教育的重点是在系统的文化知识学习之外，有目的、有计划地组织学生参加日常生活劳动、生产劳动和服务性劳动，让学生动手实践、出力流汗，接受锻炼、磨炼意志，培养学生正确劳动价值观和良好劳动品质。

劳动教育是新时代党对教育的新要求，是中国特色社会主义教育制度的重要内容，是全面发展教育体系的重要组成部分，是大中小学必须开展的教育活动。它具有鲜明的思想性，必须将马克思主义劳动观贯彻始终，强调劳动是一切财富、价值的源泉，劳动者是国家的主人，一切劳动和劳动者都应该得到鼓励和尊重；倡导通过诚实劳动创造美好生活、实现人生梦想，反对一切不劳而获、崇尚暴富、贪图享乐的错误思想。具有突出的社会性，必须加强学校教育与社会生活、生产实践的直接联系，发挥劳动在个人与社会之间的纽带作用，引导学生认识社会，增强社会责任感；同时注重让学生学会分工合作，体会社会主义社会平等、和谐的新型劳动关系。具有显著的实践性，必须面向真实的生活世界和职业世界，引导学生以动手实践为主要方式，在认识世界的基础上，获得有积极意义的价值体验，学会建设世界，塑造自己，实现树德、增智、强体、育美的目的。

（二）劳动教育基本理念

1. 强化劳动观念，弘扬劳动精神。将劳动观念和劳动精神教育贯穿人才培养全过程，贯穿家庭、学校、社会各方面。注重让学生在学习和掌握基本劳动知识技能的过程中，领悟劳动的意义价值，形成勤俭、奋斗、创新、奉献的劳动精神。

2. 强调身心参与，注重手脑并用。把握劳动教育的根本特征，让学生面对真实的个人生活、生产和社会性服务任务情境，亲历实际的劳动过程，善于观察思考，注重运用所学知识解决实际问题，提高劳动质量和效率。

3. 继承优良传统，彰显时代特征。在充分发挥传统劳动、传统工艺项目育人功能的同时，紧跟科技发展和产业变革，准确把握新时代劳动工具、劳动技术、劳动形态的新变化，创新劳动教育内容、途径、方式，增强劳动教育的时代性。

4. 发挥主体作用，激发创新创造。关注学生劳动过程中的体验和感悟，引导学生感受劳动的艰辛和收获的快乐，增强获得感、成就感、荣誉感。鼓励学生在学习和借鉴他人丰富经验、技艺的基础上，尝试新方法、探索新技术，打破僵化思维方式，推陈出新。

二、劳动教育目标和内容

（一）总体目标

准确把握社会主义建设者和接班人的劳动精神面貌、劳动价值取向和劳动技能水平的培养要求，全面提高学生劳动素养，使学生：

树立正确的劳动观念。正确理解劳动是人类发展和社会进步的根本力量，认识劳动创造人、劳动创造价值、创造财富、创造美好生活的道理，尊重劳动，尊重普通劳动者，牢固树立劳动最光荣、劳动最崇高、劳动最伟大、劳动最美丽的思想观念。

具有必备的劳动能力。掌握基本的劳动知识和技能，正确使用常见劳动工具，增强体力、智力和创造力，具备完成一定劳动任务所需要的设计、操作能力及团队合作能力。

培育积极的劳动精神。领会“幸福是奋斗出来的”内涵与意义，继承中华民族勤俭节约、敬业奉献的优良传统，弘扬开拓创新、砥砺奋进的时代精神。

养成良好的劳动习惯和品质。能够自觉自愿、认真负责、安全规范、坚持不懈地参与劳动，形成诚实守信、吃苦耐劳的品质。珍惜劳动成果，养成良好的消费习惯，杜绝浪费。

（二）主要内容

主要包括日常生活劳动、生产劳动和服务性劳动中的知识、技能与价值观。日常生活劳动教育立足个人生活事务处理，结合开展新时代校园爱国卫生运动，注重生活能力和良好卫生习惯培养，树立自立自强意识。生产劳动教育要让学生在工农业生产过程中直接经历物质财富的创造过程，体验从简单劳动、原始劳动向复杂劳动、创造性劳动的发展过程，学会使用工具，掌握相关技术，感受劳动创造价值，增强产品质量意识，体会平凡劳动中的伟大。服务性劳动教育让学生利用知识、技能等为他人和社会提供服务，在服务性岗位上见习实习，树立服务意识，实践服务技能；在公益劳动、志愿服务中强化社会责任感。

（三）学段要求

1. 小学

低年级：以个人生活起居为主要内容，开展劳动教育，注重培养劳动意识和劳动安全意识，使学生懂得人人都要劳动，感知劳动乐趣，爱惜劳动成果。指导学生：（1）完成个人物品整理、清洗，进行简单的家庭清扫和垃圾分类等，树立自己的事情自己做的意识，提高生活自理能力；（2）参与适当的班级集体劳动，主动维护教室内外环境卫生等，培养集体荣誉感；（3）进行简单手工制作，照顾身边的动植物，关爱生命，热爱自然。

中高年级：以校园劳动和家庭劳动为主要内容开展劳动教育，体会劳动光荣，尊重普通劳动者，初步养成热爱劳动、热爱生活的态度。指导学生：（1）参与家居清洁、收纳整理，制作简单的家常餐等，每年学会1—2项生活技能，增强生活自理能力和勤俭节约意识，培养家庭责任感；（2）参加校园卫生保洁、垃圾分类处理、绿化美化等，适当参加社区环保、公共卫生等力所能及的公益劳动，增强公共服务意识；（3）初步体验种植、养殖、手工制作等简单的生产劳动，初步学会与他人合作劳动，懂得生活用品、食品来之不易，珍惜劳动成果。

2. 初中

兼顾家政学习、校内外生产劳动、服务性劳动，安排劳动教育内容，开展职业启蒙教育，体会劳动创造美好生活，养成认真负责、吃苦耐劳的劳动品质和安全意识，增强公共服务意识和担当精神。让学生：（1）承担一定的家庭日常清洁、烹饪、家居美化等劳动，进一步培养生活自理能力和习惯，增强家庭责任意识；（2）定期开展校园包干区域保洁和美化，以及助残、敬老、扶弱等服务性劳动，初步形成对学校、社区负责任的态度和社会公德意识；（3）适当体验包括金工、木工、电工、陶艺、布艺等项目在内的劳动及传统工艺制作过程，尝试家用器具、家具、电器的简单修理，参与种植、养殖等生产活动，学习相关技术，获得初步的职业体验，形成初步的生涯规划意识。

3. 普通高中

注重围绕丰富职业体验，开展服务性劳动和生产劳动，理解劳动创造价值，接受锻炼、磨炼意志，具有劳动自立意识和主动服务他人、服务社会的情怀。指导学生：（1）持续开展日常生活劳动，增强生活自理能力，固化良好劳动习惯；（2）选择服务性岗位，经历真实的岗位工作过程，获得真切的职业体验，培养职业兴趣；积极参加大型赛事、社区建设、环境保护等公益活动、志愿服务，强化社会责任意识和奉献精神；（3）统筹劳动教育与通用技术课程相关内容，从工业、农业、现代服务业以及中华优秀传统文化特色项目中，自主选择1—2项生产劳动，经历完整的实践过程，提高创意物化能力，养成吃苦耐劳、精益求精的品质，增强生涯规划的意识和能力。

4. 职业院校

重点结合专业特点，增强职业荣誉感和责任感，提高职业劳动技能水平，培育积极向上的劳动精神和认真负责的劳动态度。组织学生：（1）持续开展日常生活劳动，自我管理生活，提高劳动自立自强的意识和能力；（2）定期开展校内外公益服务性劳动，做好校园环境秩序维护，运用专业技能为社会、为他人提供相关公益服务，培育社会公德，厚植爱国爱民的情怀；（3）依托实习实训，参与真实的生产劳动和服务性劳动，增强职业认同感和劳动自豪感，提升创意物化能力，培育不断探索、精益求精、追求卓越的工匠精神和爱岗敬业的劳动态度，坚信“三百六十行，行行出状元”，体认劳动不分贵贱，任何职业都很光荣，都能出彩。

5. 普通高等学校

强化马克思主义劳动观教育，注重围绕创新创业，结合学科专业开展生产劳动和服务性劳动，积累职业经验，培育创造性劳动能力和诚实守信的合法劳动意识。使学生：（1）掌握通用劳动科学知识，深刻理解马克思主义劳动观和社会主义劳动关系，树立正确的择业就业创业观，具有到艰苦地区和行业工作的奋斗精神；（2）巩固良好日常生活劳动习惯，自觉做好宿舍卫生保洁，独立处理个人生活事务，积极参加勤工助学活动，提高劳动自立自强能力；（3）强化服务性劳动，自觉参与教室、食堂、校园场所的卫生保洁、绿化美化和管理服务等，结合“三支一扶”、大学生志愿服务西部计划、“青年红色筑梦之旅”“三下乡”等社会实践活动开展服务性劳动，强化公共服务意识和面对重大疫情、灾害等危机主动作为的奉献精神；（4）重视生产劳动锻炼，积极参加实习实训、专业服务和创新创业活动，重视新知识、新技术、新工艺、新方法的运用，提高在生产实践中发现问题和创造性解决问题的能力，在动手实践的过程中创造有价值的物化劳动成果。

三、劳动教育途径、关键环节和评价

（一）劳动教育途径

将劳动教育纳入人才培养全过程，丰富、拓展劳动教育实施途径。

1. 独立开设劳动教育必修课

在大中小学设立劳动教育必修课程。中小学劳动教育课平均每周不少于1课时，用于活动策划、技能指导、练习实践、总结交流等，与通用技术和地方课程、校本课程等有关内容进行必要统筹。职业院校开设劳动专题教育必修课，不少于16学时；主要围绕劳动精神、劳模精神、工匠精神、劳动组织、劳动安全和劳动法规等方面设计。普通高等学校要将劳动教育纳入专业人才培养方案，明确主要依托的课程，可在已有课程中专设劳动教育模块，也可专门开设劳动专题教育必修课，本科阶段不少于 32 学时；课程内容应加强马克思主义劳动观教育，普及与学生职业发展密切相关的通用劳动科学知识，并经历必要的实践体验。

2. 在学科专业中有机渗透劳动教育

中小学道德与法治（思想政治）、语文、历史、艺术等学科要有重点地纳入劳动创造人本身、劳动创造历史、劳动创造世界、劳动不分贵贱等马克思主义劳动观，纳入歌颂劳模、歌颂普通劳动者的选文选材，纳入阐释勤劳、节俭、艰苦奋斗等中华民族优良传统的内容，加强对学生辛勤劳动、诚实劳动、合法劳动等方面的教育。数学、科学、地理、技术、体育与健康等学科要注重培养学生劳动的科学态度、规范意识、效率观念和创新精神。

职业院校要将劳动教育全面融入公共基础课，要强化马克思主义劳动观、劳动安全、劳动法规教育。专业课在进行职业劳动知识技能教学的同时，注重培养“干一行爱一行”的敬业精神，吃苦耐劳、团结合作、严谨细致的工作态度。

普通高等学校要将劳动教育有机纳入专业教育、创新创业教育，不断深化产教融合，强化劳动锻炼要求，加强高等学校与行业骨干企业、高新企业、中小微企业紧密协同，推动人才培养模式改革。专业类课程主要与服务学习、实习实训、科学实验、社会实践、毕业设计等相结合开展各类劳动实践，注重分析相关劳动形态发展趋势，强化劳动品质培养。在公共必修课中，要进一步强化马克思主义劳动观教育、劳动相关法律法规与政策教育。

3. 在课外校外活动中安排劳动实践

将劳动教育与学生的个人生活、校园生活和社会生活有机结合起来，丰富劳动体验，提高劳动能力，深化对劳动价值的理解。

中小学每周课外活动和家庭生活中劳动时间，小学 1 至 2 年级不少于 2 小时，其他年级不少于 3 小时；职业院校和普通高等学校要明确生活中的劳动事项和时间，纳入学生日常管理工作。

大中小学每学年设立劳动周，采用专题讲座、主题演讲、劳动技能竞赛、劳动成果展示、劳动项目实践等形式进行。小学以校内为主，小学高年级可适当安排部分校外劳动；普通中学、职业院校和普通高等学校兼顾校内外，可在学年内或寒暑假安排，以集体劳动为主，由学校组织实施。高等学校也可安排劳动月，集中落实各学年劳动周要求。

4. 在校园文化建设中强化劳动文化

学校要将劳动习惯、劳动品质的养成教育融入校园文化建设之中。要通过制定劳动公约、每日劳动常规、学期劳动任务单，采取与劳动教育有关的兴趣小组、社团等组织形式，结合植树节、学雷锋纪念日、五一劳动节、农民丰收节、志愿者日等，开展丰富的劳动主题教育活动，营造劳动光荣、创造伟大的校园文化。

要举办“劳模大讲堂”“大国工匠进校园”、优秀毕业生报告会等劳动榜样人物进校

园活动，组织劳动技能和劳动成果展示，综合运用讲座、宣传栏、新媒体等，广泛宣传劳动榜样人物事迹，特别是身边的普通劳动者事迹，让师生在校园里近距离接触劳动模范，聆听劳模故事，观摩精湛技艺，感受并领悟勤勉敬业的劳动精神，争做新时代的奋斗者。

（二）劳动教育关键环节

各地和学校要注重围绕劳动教育的目标和内容要求，从提高劳动教育的效果出发，把握劳动教育任务的特点，抓住关键环节，选择适宜的劳动教育方式。

1. 讲解说明。围绕劳动为什么、是什么问题，有重点地进行讲解，让学生懂得劳动的意义和价值。加强劳动观念、劳动纪律、劳动相关法律法规的正面引导，指明轻视劳动特别是轻视普通劳动的危害，让学生明辨是非。加强劳动知识技能的讲解，让学生认清事理，掌握实践操作的基本原理、程序、规则，正确使用工具的方法和技术。讲解要与启发思考、示范、练习等结合起来。

2. 淬炼操作。围绕如何做的问题，注重示范与练习，让学生会劳动。强化规范意识，注重从最基本的程序学起，严守规则，避免主观随意。强化质量意识，注重引导学生关注细节，每个步骤、环节都要精准到位。强化专注品质，注重引导学生对操作行为的评估与监控，做到眼到手到心到，有始有终。

3. 项目实践。围绕劳动能力的培养，让学生完成真实、综合任务，经历完整劳动过程。注重劳动价值体认，引导学生从现实生活中发现需求，选择和确定劳动项目。强化规划设计意识，充分发挥学生的主动性、积极性、创造性，引导学生对项目实践进行整体构思，综合运用所学知识、技术，不断优化行动方案。强化身体力行，锤炼意志品质，敢于在困难与挑战中完成行动任务。

4. 反思交流。围绕劳动价值意义的建构，引导学生总结、交流，促进学生形成反思交流习惯。指导学生思考劳动过程和结果与社会进步、个体成长的关联，避免停留在简单的苦乐体验上。组织学生交流分享劳动的体验和收获，肯定具有积极意义的认识，纠正观念上的偏差。将反思交流与改进结合起来，使学生在劳动中获得成长。

5. 榜样激励。围绕劳动的精神追求，树立典型，激发劳动热情。注意遴选、树立多类型榜样，不仅要有大国工匠、劳动模范，还要有身边劳动表现优异的普通劳动者和同学。指导学生从榜样的具体事迹中领悟他们的高尚精神和优良品质。明确要求学生在日常劳动实践中努力向榜样看齐。

（三）劳动教育评价

将劳动素养纳入学生综合素质评价体系。以劳动教育目标、内容要求为依据，将过程性评价和结果性评价结合起来，健全和完善学生劳动素养评价标准、程序和方法，鼓励、支持各地利用大数据、云平台、物联网等现代信息技术手段，开展劳动教育过程监测与纪实评价，发挥评价的育人导向和反馈改进功能。

1. 平时表现评价

要在平时劳动教育实践活动中及时进行评价，以评价促进学生发展。要覆盖各类型劳动教育活动，明确学年劳动实践类型、次数、时间等考核要求。关注学生在劳动教育活动中的实际表现，注重从行为表现中分析把握劳动观念形成情况。以自我评价为主，辅以教师、同伴、家长、服务对象、用人单位等他评方式，指导学生进行反思改进。要指导学生如实记录劳动教育活动情况，收集整理相关制品、作品等，选择代表性的写实记录，纳入综合素质档案，作为学生学年评优评先的重要参考。

2. 学段综合评价

学段结束时，要依据学段目标和内容，结合综合素质档案分析，兼顾必修课学习和课外劳动实践，对劳动观念、劳动能力、劳动精神、劳动习惯和品质等劳动素养发展状况进行综合评定。建立诚信机制，实行写实记录抽查制度，对弄虚作假者在评优评先方面一票否决，性质严重的应依法依规严肃处理。在高中和大学开展志愿者星级认证。高中学校和高等学校要将考核结果作为毕业依据之一。推动将学段综合评价结果作为学生升学、就业的重要参考。

3. 开展学生劳动素养监测

将学生劳动素养监测纳入基础教育质量监测、职业院校教学质量评估和普通高等学校本科教学质量评估。可委托有关专业机构，定期组织开展关于学生劳动素养状况调查，注重学生劳动观念、劳动能力、劳动精神、劳动习惯和品质等的监测。发挥监测结果的示范引导、反馈改进等功能。

四、学校劳动教育的规划与实施

（一）整体规划劳动教育

学校是劳动教育的实施主体，应根据国家相关规定，结合当地和本校实际情况，对劳动教育进行整体设计、系统规划，形成劳动教育总体实施方案。方案要明确劳动教育目标内容、课时安排、主要劳动实践活动安排、劳动教育过程组织与指导及考核评价办法等。同时要基于学生的年段特征、阶段性教育要求，研究制定“学校学年（或学期）劳动教育计划”，对学年、学期劳动教育实践活动作出具体安排，特别是规划好劳动周等集中劳动，细化有关要求。使总体实施方案和学年（或学期）活动计划相互配套、衔接，形成可持续开展的劳动教育实施方案。

学校在劳动教育规划时要注意处理以下几个方面的关系：

1. 理论学习和实践锻炼的关系

理论学习和实践锻炼都是劳动教育的必要内容。理论学习重在让学生理解和掌握“劳动创造了人本身”“劳动创造世界”等历史唯物主义基本理论主张以及劳动相关法律、法规、政策，作为行动的指南。实践锻炼重在将所学知识转化为真正有用的实际本领，形成良好的劳动习惯，弘扬劳动精神。规划劳动教育时，要两者兼顾，坚持以实践锻炼为主，切实保证每一个学生都有必要的劳动实践经历，不能只是口头上喊劳动、课堂上讲劳动。要通过学生实践前的计划构想、实践中的观察思考和实践后的反思交流，加深对有关思想理论、法规政策的理解，实现理论学习和实践锻炼的统一。

2. 劳动教育与其他教育活动的关系

在开足专门劳动教育必修课的同时，中小学劳动教育必修课实践环节中与综合实践活动的社会服务、设计制作、职业体验重叠部分，可整合实施。职业院校、普通高等学校劳动教育中学生生产劳动和服务性劳动可以通过专业实习、实训、创新创业等实践环节完成，日常生活劳动可以通过学生管理落实。

3. 劳动的传统形态与新形态的关系

将日常生活劳动教育贯穿大中小学始终。在安排生产劳动和服务性劳动项目时，中小学要以使用传统工具、传统工艺的劳动为主，引导学生体会劳动人民的艰辛与智慧，传承中华优秀传统文化，兼顾使用新知识、新技术、新工艺、新方法的劳动。职业院校、普通高等学校要注重结合产业新业态、劳动新形态，选择现代农业、工业、服务业项目，提升创造性劳动能力。

（二）劳动教育的组织实施

1. 实施机构和人员

学校要建立健全劳动教育组织实施的工作机制。明确主管校领导，设置机构或明确相关部门负责劳动教育的规划设计、组织协调、资源整合、师资培训、过程管理、总结评价等。

要建立专兼职相结合的劳动教育教师队伍。根据学校劳动教育需要，明确劳动教育责任人，进行劳动教育规划、组织实施、评价等，配齐劳动教育必修课教师，保持教师队伍的相对稳定性。要充分发挥教职员工特别是班主任、辅导员、导师的作用，利用少先队、共青团、党组织以及学生社团等各方面的力量，合力开展劳动教育实践活动。充分利用家长及当地人力资源，聘请相关行业专业人士担任劳动实践指导教师。

2. 劳动安全风险防范与管理

学校要把劳动安全教育与管理作为组织实施的必要内容，强化劳动安全意识，建立健全安全教育与管理并重的劳动安全保障体系。

要依据学生身心发育情况，适度安排劳动强度、时长，切实关注劳动任务及场所设施的适宜性。科学评估劳动实践活动的安全风险，认真排查、清除学生劳动实践中的各种隐患。在场所设施选择、材料选用、工具设备和防护用品使用、活动流程等方面制定安全、科学操作规范，强化劳动过程每个岗位的管理，明确各方责任，防患于未然。制定劳动实践活动风险防控预案，完善应急与事故处理机制。要特别关注劳动过程中的卫生隐患，按照疾控、卫生健康部门及行业有关规定，采取相应措施，切实保护学生的身心健康。鼓励购买劳动教育相关保险。

3. 建立协同实施机制

中小学要推动建立以学校为主导、家庭为基础、社区为依托的协同实施机制，形成共育合力。学校要通过家长会、家长学校、社区宣讲、网络媒体等途径，引导家长树立正确的劳动观；明确家长的劳动教育责任，让家长主动指导和督促孩子完成家庭、社区劳动任务；学校要与相关社会实践基地共同开发并实施劳动教育课程。

职业院校、普通高等学校要建立学校负责规划设计，行业企业社会机构主要负责业务指导，双方共同管理的劳动教育实施机制。通过建立劳模工作室、技能大师工作室，设置荣誉教师、实务导师岗位等，多渠道引入社会力量参与学校劳动教育。要联合社会力量，共建共享稳定的劳动实践基地、校外实习实训基地、各类型创新创业孵化平台，多渠道拓展劳动实践场所。

五、劳动教育条件保障与专业支持

地方教育行政部门要切实加强对劳动教育工作的组织领导，明确机构和人员承担区域推进劳动教育的职责任务，切实加强条件保障、专业支持和督导评估，整体提高大中小学劳动教育质量和水平。

（一）条件建设

1. 丰富和拓展劳动实践场所

地方教育行政部门要统筹规划和配置劳动教育实践资源，满足学校多样化劳动实践需求。充分利用现有综合实践基地、青少年校外活动场所、职业院校和普通高等学校劳动实践场所，建立健全开放共享机制，特别是充分利用职业院校实训实习场所、设施设备，为普通中小学和普通高等学校提供所需要的服务。可安排一批土地、山林、草场等作为学农实践基地，确认一批厂矿企业作为学工实践基地，认定一批城乡社区、福利院、医院、博物馆、科技馆、图书馆等事业单位、社会机构、公共场所作为服务性劳动基地。推动学校充分利用校内学习、生活有关场所，逐步建好配齐劳动技术实践教室、实训基地，丰富劳动教育资源。

2. 加强师资队伍建设

要明确劳动课教师管理要求，保障劳动课教师在绩效考核、职称评聘、评先评优、专业发展等方面与其他专任教师享受同等待遇。推动中小学、职业院校与普通高等学校建立师资交流共享机制，发挥职业院校教师的专业优势，承担普通学校劳动教育教学任务。建立劳动课教师特聘制度，为学校聘请具有实践经验的社会专业技术人员、劳动模范等担任兼职教师创造条件。

高等学校要加强劳动教育师资培养，有条件的院校开设劳动教育相关专业。把劳动教育纳入教育行政干部、校长、教师、辅导员培训内容，开展全员培训，强化劳动意识、劳动观念，提升劳动教育的自觉性。对承担劳动教育课程的教师进行专项培训，提高劳动育人意识和专业化水平。

3. 健全经费投入机制

各地要统筹中央补助资金和自有财力，多种形式筹措资金，加快建设校内劳动教育场所和校外劳动教育实践基地，加强学校劳动教育设施建设，建立学校劳动教育器材、耗材补充机制。学校可按照规定统筹安排公用经费等资金开展劳动教育，可采取政府购买服务方式，吸引社会力量提供劳动教育服务。

（二）加强专业研究和指导

1. 加强劳动教育研究与指导

在全国教育科学规划、教育部人文社会科学研究项目中支持劳动教育研究。地方教育行政部门鼓励和支持相关机构设立劳动教育研究项目。设立一批试验区或试验学校，注重开展跟踪研究、行动研究。举办论坛讲座，营造良好学术氛围。

各级中小学教研机构要配备劳动教育教研员，组织开展专题教研、区域教研、网络教研，通过协同创新、校际联动、区域推进，提高劳动教育整体实施水平。鼓励高等学校依托有关专业机构开展劳动教育教学研究。

2. 组织开展劳动教育课程资源研发

基于劳动教育教学的实际需要，省级教育行政部门明确中小学劳动实践指导手册编写要求，体现“一纲多本”，满足不同地区学校的多样化需求，负责组织审查。职业院校可组织编写劳动精神、劳模精神、工匠精神专题读本，由编写院校或委托专业机构进行审查。鼓励学校、学术团体、专业机构等收集整理反映劳动先进人物事迹和精神的影视资料，组织研发展示劳动过程、劳动安全要求的数字资源，梳理遴选来自教学一线的典型案例和鲜活经验，形成分学段、分专题的劳动教育课程资源包，促进优质资源的共享与使用。

（三）督导评估与激励

1. 加强对学校劳动教育实施情况的督查

把劳动教育纳入教育督导体系，完善督导办法。对地方各级人民政府和有关部门保障劳动教育情况进行督导。对学校劳动教育开课率、学生劳动实践组织的有序性，教学指导的针对性，保障措施的有效性等进行督查和指导。督导结果要向社会公开，作为衡量区域教育质量和水平的重要指标，作为对被督导部门和学校及其主要负责人考核奖惩的依据。

2. 建立健全劳动教育激励机制

在国家级、省级教学成果奖励中，将劳动教育教学成果纳入评奖范围，对优秀成果予以奖励。依托有关专业组织、教科研机构等开展劳动教育经验交流和成果展示活动，激发广大教师实践创新的潜能和动力。积极协调新闻媒体传播劳动光荣、创造伟大思想，大力宣传劳动教育先进学校、先进个人。

参考文献

[1] 蒋开全，杨光强，陶文芳 . 劳动教育 [M]. 北京：中国人民大学出版社，2022.
[2] 朱国苗，窦祥国，潘新 . 劳动教育（职教版）[M]. 合肥：安徽大学出版社，2022.
[3] 段福生 . 劳动教育 [M]. 北京：中国人民大学出版社，2022.
[4] 韩剑颖 . 大学生劳动教育教程 [M]. 北京：清华大学出版社，2021.
[5] 柳友荣 . 新时代大学生劳动教育 [M]. 北京：高等教育出版社，2021.
[6] 李效东 . 大学生劳动教育概论 [M]. 北京：清华大学出版社，2021.
[7] 陈斌蓉，杨晶，易今科 . 新时代大学生劳动教育 [M]. 长沙：中南大学出版社，2021.
[8] 潘维琴，王忠诚 . 劳动教育与实践 [M]. 北京：机械工业出版社，2021.
[9] 宿晖，张冬梅，梁亮 . 劳动实践教育（职教版）[M]. 北京：中国商业出版社，2021.
[10] 庄铭星 . 福建职业院校劳动教育教程 [M]. 福州：福建科学技术出版社，2021.
[11] 汪永智，郭宏才，荣爱珍 . 劳动教育 [M]. 北京：北京理工大学出版社 .2021.
[12] 罗宏亮，汪亮，李小燕 . 劳动教育读本 [M]. 北京：高等教育出版社，2021.
[13] 曾天山，顾建军．劳动教育论 [M]. 北京：教育科学出版社，2020.
[14] 李琦、鲍鹏、刘强 . 劳动教育实践活动手册 [M]. 北京：电子工业出版社，2020.
[15] 张文胜，彭勇军，柴全喜．劳动创造美好生活 [M]. 镇江：江苏大学出版社，2020.
[16] 孟一凡，孙秀娟，展海燕．工匠精神 [M]. 北京：航空工业出版社，2020.
[17] 洪应党，朱浩，向米玲．新时代劳动教育教程 [M]. 北京：航空工业出版社，2020.
[18] 张瀚文，韦国．家政服务员上岗手册 [M]. 北京：化学工业出版社，2020.
[19] 李景升．大学生活安全手册 [M]. 长沙：中南大学出版社，2020.
[20] 袁国，徐颖，张功．新时代劳动教育教程 [M]. 北京：航空工业出版社，2020.
[21] 刘向兵．劳动通论 [M]. 北京：高等教育出版社，2020.
[22] 檀传宝．你不全知道的劳动世界 [M]. 北京：中国劳动社会保障出版社，2020.
[23] 方艳丹 . 劳动教育实践活动设计 [M]. 北京：电子工业出版社，2020.
[24] 梁辉，刘良军，钟国文 . 新时代劳动教育读本 [M]. 北京：电子工业出版社，2020.